KB233834

현대문화의 한계를 넘어서

현대문화의 한계를 넘어서

엮은이 · 임성빈
초판 1쇄 펴낸날 · 1997년 10월 6일
초판 3쇄 펴낸날 · 2002년 3월 10일
펴낸이 · 김승태
편집장 · 최창숙
편집, 교정 · 김순덕, 이선경
표지디자인 · 한영애
영업 · 윤여근
등록번호 · 제2-1349호(1992.3.31)
펴낸곳 · 예영커뮤니케이션
주소 · 110-616 서울 광화문우체국 사서함 1661
    (출판사업부) T.(02)766-8931 F.(02)766-8934 E-mail: jeyoungedit@chollian.net
    (출판유통사업부) T.(02)766-7912 F.(02)766-8934 E-mail: jeyoungsales@chollian.net
    E-mail: jeyoung@chollian.net

ISBN 89-8350-115-4   03230

값 7,500원

■ 잘못 만들어진 책은 언제든지 교환해 드립니다.

예영커뮤니케이션

현대문화의 한계를 넘어서

임성빈 엮음

머리말

21세기를 목전에 두고서 세기말을 살아가는 오늘의 화두(話頭)는 문화이다. 어떤 이들은 '우리도 한번 잘 살아보세'로 상징되는 경제 제일 시대를 벗어난 한국 사회이기에 이제는 문화를 논할 때가 되었다고도 한다. 그러나 사회와 문화의 관계는 그러한 관찰로는 만족될 수 없을 정도로 더욱 근본적이다. 인간활동의 장이라고 할 수 있는 사회는 곧 인간활동의 산물이라고 할 수 있는 문화로 구성되기 때문이다. 이러한 관점에서 본다면 인간 구원을 목표로 하는 교회가 그 인간들의 활동의 장인 사회와 문화에 관심을 갖는다는 것은 너무도 당연한 일이다.

한국교회는 문화에 더욱 치열한 관심을 가져야 한다. 20세기 말의 한국이라고 하는 한정된 시·공간을 함께 하는 한국교회와 사회가 문화라는 매개를 통하여 서로 만나기 때문이다. 그러나 불행히도 오늘의 한국교회는 한국문화에 뿌리를 내리지 못하고 있다는 지적을 받고 있다. 이러한 지적은 아직도 많은 한국인들이 한국교회를 한국의 종교보다는 서양종교로 이해하려는 경향이 농후하다는 것으로 뒷받침 된다. 이러한 양상은 80년대 이후에 더욱 본격적으로 대두되기 시작한 민족주의적 정서와 문화를 강조하는 사회적 추세에서 기독교를 주변화시키는 역할을 하고 있다.

전통문화와의 관계 설정이 그러하였듯이 한국교회는 대중문화와의 관계에 있어서도 어려움을 겪고 있다. 전통문화와 한국교회의 관계가 역사적인 의미에서의 신앙의 모판 형성이라는 측면에서 의미가 있는 것이라면, 대중문화는 매우 현재적이고 미래적인 의미에서 한국교회에 영향을 미치고 있다. 전통문화가 어제의 우리 선조들이 신앙을 해석하고 실천하는 데에 영향을 끼쳤다면, 대중문화는 오늘을 살아가는 우리들이 신앙을 해석하고 살아가는 데에 점차로 큰 변수의 역할을 하고 있다. 그러므로 미래의 한국교회와 한국 기독교인의 틀은 전통문화와 대중문화와의 만남을 통해서 그 기본적인 성격이 형성되고 있다고 볼 수 있다.

문화와 교회의 관계는 선교적인 관점과 윤리적인 관점에서 그 중요성이 더욱 강조되어야 할 것이다. 선교를 위한 공감대의 형성은 문화를 통하여 이루어지는 것이다. 이러한 관점으로부터 우리는 다음의 질문들을 제기할 수밖에 없다. 과연 오늘의 한국교회는 한국의 어제와 오늘의 문화 안에 어떠한 자리매김을 하고 있는가?(기독교 문화가 주변문화에 머물고 있는 것은 아닐까?) 많은 한국인들과 충분한 접촉점을 마련하고 있는가? 또한 그러한 문화의 복음화를 위하여 어떠한 노력을 기울이고 있는가?

오늘 한국교회의 위기는 문화와의 관계 설정이 취약한 것으로부터 비롯된 점이 크다고 볼 수 있다. 더욱이 21세기로 상징되는 새로운 문화양상의 대두는 한국교회에 벅찬 도전으로 다가오고 있다. 장로회신학대학교 부설 교회와사회연구원이 〈기독교문화교실〉이라는 시·공간을 통하여 모색했던 것은 한국교회의 문화관에 대한 아쉬움을 21세기라고 하는 새로운 도전에 대한 철저한 준비와 응전으로써 극복하고자 함이었다. 처음 모임이라 아쉬움도 많았다. 그러나 이제 여러 참여자들의 옥고를 모아 한 권의 책으로 묶어냄으로써 더욱 체계적인 발걸음을 내딛게 되었음을 하나님께 감사드린다.

1997년 8월
엮은이 임성빈

차 례

머리말 · 4

기독교와 현대문화 · 9
급변하는 흐름 속의 문화와 그리스도인의 문화적 책임/강영안 · 11
기독교 신앙과 대중문화/맹용길 · 33

현대문화의 비판과 수용 · 55
영상문화의 특성과 올바른 활용 방안/김기태 · 57
90년대 한국 문학계의 성 담론에 대한 기독교 윤리학적 입장/정재후 · 81
성서의 문학성과 한국의 기독교 문학/현길언 · 113
뉴에이지의 특성과 영성훈련/유해룡 · 133
교회음악에서 대중음악의 수용 문제/홍정수 · 155
정보화시대의 목회를 위한 인터넷 특강/강진용 · 175

21세기의 교회와 기독교문화 · 187
21세기와 기독교문화/임성빈 · 189
기독교문화 형성을 위한 기독교 교육적 대안/박원호 · 219
문화 변동에 따른 21세기 예배의 변화/김세광 · 243
인터넷 시대의 미래 교회/오해석 · 265

기독교와 현대문화

급변하는 흐름 속의 문화와 그리스도인의 문화적 책임

강영안(서강대학교 철학과 교수)

1. 현대문화의 기조 : 개인주의와 다원주의

그리스도인에게 과연 문화적 책임이 있는가? 아니, 그 이전에, 그리스도인들이 문화에 관심을 가져야 할 이유가 과연 있는가? 문화는 세상 사람들의 관심일 뿐 그리스도인의 관심이 아니라고 생각하는 목회자와 교인이 의외로 많다. 만일 그리스도인이 문화에 관심을 가져야 한다면 그것은 이른바 '성문화(聖文化)'에 제한된 것처럼 생각한다. 기독교적 내용을 담고 있는 소설이나 시, 성화나 성극. 찬송가나 복음송을 제외하고는 그리스도인들이 즐기고 누릴 수 있는 문화는 없다고 생각하는 사람들이 아직도 많이 있다. 문화에 대한 부정적인 관점이 아직도 한국교회의 지배적 정서인 것처럼 보인다. 그러나 지난 수 년간 교회 안에서, 젊은 그리스도인들 사이에 문화에 대한 관심이 고조되었다. 하지만 안타까운 것은 목회자들이나 그리스도인들이 문화에 관심이 있으면서도 문화를 어떻게 다루어야 할지 잘 모르고 있다는 것이다. 지금은 조금 상황이 바뀌고 있는 듯 하지만 어떤 음악가가 뉴에이지 음악가인가 아닌가, 그 사람의 연주를 들어야 하는가 아닌가, 이런 것을 두고 논란이 있었다. 문화에 대한 관심은 뉴에이지 운동에 제한되거나 '대중문화 속에 침투한 사탄'

의 음모를 밝혀내는 것으로 생각했다. 문화에 대한 관심은 과연 그런 것인가? 그리스도인이 문화에 관심을 둔다는 것은 어떤 것을 말하는가?

이런 문제를 생각해 보기 전에 필자가 최근 경험한 일을 하나 소개하겠다. 필자는 지난해(1996년) 벨기에 루뱅대학교에서 초빙교수로 지냈다. 그곳에 있는 동안, 국내에서도 신문이나 방송 보도를 통해 알려졌던 커다란 사건이 있었다. 어린 아이들을 납치해 가서 성인용 포르노를 찍고 아이들을 죽인 뒤 암매장까지 서슴지 않았던 조직이 발견된 것이었다. 불어를 쓰는 지역인 리에쥬, 몽스, 샤를로와에 거점을 둔 조직인데 정치가들이나 사업가들과 관련이 있었고 사법 조직도 깊이 관련된 사실이 밝혀지기도 했다. 비밀 조직의 두목은 심리학자들의 소견에 따라 몇 년 전 석방된 사실도 밝혀졌다. 사법 개혁에 대한 요구가 엄청나게 거세진 것은 말할 필요가 없다. 이 사건이 한참 관심을 끌고 있을 때 부수상이자 재무장관인 사람이 미성년자와 동성애 관계가 있다는 것이 폭로되어 정치적 문제가 되기도 하였다. 그 정치가는 자신이 상대한 남자는 미성년자가 아니었고 동성애 문제는 단지 개인의 취향 문제일 뿐 정치적 능력이나 행정 수행 능력과는 전혀 관계가 없다는 사실을 누누이 강조하였다. 사생활이야 어떻든 공인으로서의 직무 수행만 잘 하면 될 것 아니냐는 것이었다.

암매장된 아이들 네 명이 발견된 뒤, 매우 엄숙한 분위기 가운데 장례식이 있었고, 10월 19일에는 '실종자 부모들의 모임'의 호소로 벨기에 수도 브뤼셀에서는 대규모의 시위 행렬이 이어졌다. 81년 11월 11일 근 50만 명이 모여 암스테르담에서 벌였던 반핵 시위에 이어, 내가 본 가운데 두 번째 큰 시위였다. 기차나 버스를 타고 어린 아이에서 할아버지, 할머니에 이르기까지 먼 도시에서 모여들었다. 국민 대다수가 시위에 참여한 사람의 생각에 공감을 가졌다. 사법계의 개혁에도 대부분 동의했고 어린이를 대상으로 한 성행위와 포르노 제작이나 유통을 금해야 한다는 목소리도 높았다. 그러나 그날 저녁에도 여전히 포르노에 가까운 영화가 텔레비전을 통해 방영되었고 사람들의 거센 항의가 잇따랐다. 그런데 나에게 매우 괴이하게 들린 것은 "어린 아이들을 납치, 이용한 것은 잘못이지만 그렇다고 해서 어린이와 성행위즈차 잘못된 것이라고 매도해서는 안 된다."는 주장이었다. 동성애가 이미 허용되었듯이 다른 방식의 성행위도 당연히 허용되어야 하는 것이 아니냐는 것이었다. 어린 아이들을 납치, 포르노를 만들고 굶겨 죽인 것은 잘못이지만 그렇다고 어린 아이를 성적으로 좋아하는 것조차 나쁘다고 할 수 없지 않느냐 하는 주장이었다. 여기에는 우리가 반드시 눈여겨 보아야 할 일이 두 가지 있음을 실감하였다. 공공 질서도 중요하지만 가인의 사생활에 대해서는 "배 놔라, 감 놔라." 해서는 안 된다는 생각이 어느새 서구인들의 머리 속에 깊숙이 자리잡고 있다는 것이 하나고, 다른 하나는 성(性) 뿐만 아니라 모든 것이 이제는 단지 취향의 문제가 되었다는 사실이다. 정치도 취향이고, 윤리도 취향이고, 종교도 취향이고, 어떠한 신념 체계를 가질 것인가 하는 것도 취향의 문제가 되어 버렸음을 몸으로 체험하였다. 현대문화의 흐름을 이해하기 위해서는 이 두 가지의 상호 관련에 대해서 반드시 이해해야 한다고 생각한다.

"개인의 사생활에 대해서 간섭해서는 안 된다." 이것은 근대 자유주의 사상의 핵심임은 설명하지 않아도 누구나 잘 알고 있다. 동성연애자인 벨기에 부수상은 바로 이것에 호소한 것이다. 공인으로서 직무 이행을 잘하면 될 뿐, 사생활은 그와는 상관이 없다고 보는 것이다. 공적 직무 수행 능력과 개인의 성적 취향은 엄밀히 구별할 뿐 아니라 철저히 분리해야 한다는 주장이다. 이것은 전통적으로 공(公)과 사(私)를 구별하던 생각과는 조금 다르다. 공과 사를 분명히 해야한다고 할 때는 공적인 것은 사적인 이익을 위해 오용해서는 안 된다그 보는 것이다. 공공성과 공정성에 강조가 있다. 하지만 근대 자유주의의 '사생활 불간섭'은, 이와는 달리, 공적 공간에 의해 개인의 사적 공간이 침해되는 것을 막자는 의도에서 나온 것이다. 자신의 삶을 스스로 결정할 수 있는 '자기 결정권'이 누구에게나 있다는 생각이 이 아래 깔려 있다.

취향에 관해서 생각해 보자. 우리는 취향에 따라 피자를 먹거나 자장면을 먹을 수 있다. 어떤 음식을 좋아하느냐 하는 것에 대해서 논란할 필요가 없다. 어떤 옷을 입을까 하는 것도 상식을 크게 벗어나지 않는다면 취향에 따라 할 수 있다. 어떤 연주를 들을 것인가 하는 것도 취향과 관련될 수 있다. 교향곡을 즐기는 사람이 있고 사물놀이에 빠진 사람도 있다. 취향은 '하나'만 있는 것이 아니라 '여럿'이 있을 수 있다. 취향의 다수성은 곧 취향과 관련된 다원주의를 형성한 것은 두 말할 필요없다. 무엇을 먹을 것인가, 어떤 옷을 입을 것인가 하는 것에 대해서는 적어도 상식의 범위를 벗어나지 않는다면 다양하고 다원적인 것이 좋다. 그러나 이 때마저도 어느 정도 기준과 규범이 있다. 어떤 것을 아름답다고 생각하는 것은 지극히 개인적인 행위이지만 한 사람이 아니라 여러 사람이 다같이 한 대상을 아름답다고 여기는 데는 하나의 '공통적인 지각' 즉 상식(common sense)이 깔려 있다고 칸트는 생각하였다.[1]

도덕적 규범이 통용될 수 있는 것도 이 상식, 즉 공통 지각 때문에 가능하다. 이런 의미에서 상식은 의사 소통의 조건이며 공동체를 이룰 수 있는 능력이다. 하지만 현대의 상황은 이러한 상식마저도 거부되고 있다는 데 문제가 있다.

개인주의와 다원주의는 '현대'라는 시대의 문화가 만든 것임은 긴 설명이 필요하지 않다. '현대'는 그 무엇보다 이성적 자기 반성을 요구하는 시대라고 할 수 있다. 전통과 권위에 대한 암묵적 수용보다 비판적 반성과 논의를 통해 검증해야 할 것은 검증하고 수용할 것은 수용해야 할 것으로 이해된 것이다. 어떤 것도 이성적 검토없이, 정당성에 대한 논거없이 수용될 수 없다고 보게 된 것이다. 따라서 정당성과 확실성을 보증할 수 없는 것은 지식의 영역에서 추방될 수밖에 없었다. 과학 영역

---

1) Immanuel Kant, *Kritik der Urteilskraft* (1790), pp.20–22, p.40. 한나 아렌트는 칸트의 공통 지각 또는 '상식'을 '공동체 의식'(the sense of community)으로 해석한다. Hannah Arendt, *Lectures on Kant's Political Philosophy*. Edited and with an Interpretive Essay by Ronald Beiner (Chicago: The University Press of Chicago, 1982, pp.65–77을 보라).

을 제외한 그 외 영역, 예컨대 종교나 도덕, 예술은 공적 의미 영역에서 쫓겨나 사적 의견의 문제로 보게 되는 결과가 초래되었다. 그렇다고 종교나 도덕, 예술이 당장 쓸모없게 된 것은 아니다. 합리성과 객관성이 결여되어 있지만 인간에게는 매우 중요한 영역으로 생각된 것이 종교나 도덕, 예술 분야였다. 하지만 이 분야에 대해서는 누구도 객관적인 기준을 가지고 무엇이 옳다든지, 어느 것이 우월하다든지, 어떤 것이 전범(典範)이라든지 할 수 없게 된 것이다. 내가 어떤 종교를 가지든, 어떤 도덕적 규칙을 따르든, 어떤 예술적 경향을 좋아하든 간에 그것은 취향의 문제고 선호의 문제일 뿐이라는 생각을 하게 되었다. "취향에 대해서는 논란하지 말 것(De gustibus non disputandum est)." 이것이 곧 우리가 경험하는 다원주의의 표어가 되었다.

다시 부언해 보자. '현대'라는 시대의 문화, 즉 현대성의 문화는 세 가지 특징을 가지고 있다. 삶의 전 영역이 하나님의 관할 권역이던 것이 인간의 자율적 관할 권역으로 전환된 것이 우선 두드러진 특징이다. 이러한 과정을 전문 용어로는 '세속화'라고 일컫는다. 세속화는 서양에서만 일어난 것이 아니다. 근대 문화가 유입된 곳이면 어느 곳에나 세속화라는 현상이 일어났다. 전통적 가치는 비판받고 권위는 도전받고 신성한 설화와 전통으로 채색되었던 생활 공간은 빛을 잃게 되고 과학적, 합리적으로 관리되는 공간으로 전환한다. 종교와 도덕, 이른바 '가치'와 관련된 분야는 공적 영역에서 발언권을 상실하고 개인적인 삶의 영역에 제한 되었다.

이와 관련해서 현대문화의 두 번째 특징으로 '개인화'를 들 수 있다. 현대인은 개인화를 통해서 다양한 선택 가능성을 가지게 된 것은 두 말할 필요없다. 신앙, 정치 이념, 세계관 등 다양하게 제공되는 체계들은 객관적 진리 문제가 아니라 (앞에서도 얘기했듯이) 취향의 문제가 되었다. 이것을 일컬어 '다원화'라고 부른다. 현대문화는 이렇게 세속화, 개인화, 다원화의 연속적인 사슬을 통해 이해될 수 있다.[2]

오늘의 한국교회와 한국 그리스도인들이 직면한 상황도 사실은 유럽인과 미국인들의 상황과 크게 다르지 않다. 이미 우리에게도 문화 다원주의, 그 가운데도 특히 감성적 개인주의(aesthetic individualism)가 점점 퍼지고 있다.[3]

단지 어떤 옷을 입느냐, 어떤 음식을 먹느냐, 어떤 주거 형태를 취하느냐 하는 것 뿐만 아니라 독신으로 사느냐 결혼을 하느냐, 순복음교회로 가느냐 장로교회로 가느냐, 큰 교회로 가느냐 작은 교회로 가느냐 하는 것 조차도 개개인의 취향과 느낌, 선호의 대상이 되고 있다. 다원주의와 개인주의 또는 이것이 좀 극단화된 형태로 나타난 감성적 개인주의가 우리에게까지, 심지어 한국의 그리스도인들에게까지 영향을 미치게 된 것은 좀 도식적으로 말하자면 '현대화' (또는 좀 더 익숙한 역어를 쓰자면 '근대화')의 결과라 하겠다. 이것은 최근 이른바 '세계화' 라는 과정을 통해 우리 주변의 문화 현상을 빚어내고 있다.

2. 하나의 세계, 다양한 문화

그리스도인들이 문화와 관련해서 무엇을 해야 할 것인가, 어떤 문제에 좀 더 관심을 가져야 할 것인가 하는 것을 생각해 보기 전에 "왜 문화인가?" 하는 물음을 먼저 던져보자. 무엇 때문에 사람들이 문화를 문제삼는가? 문화가 왜 관심 대상으로 떠올랐는가? 화란의 철학자 반 퍼슨은

---

2) 이 세 가지 개념을 현대 대형 교회 현상을 분석하는 틀로 사용한 예로 Os Guiness, Dining with the Devil. *The Megachurch Movment Flirts with Modernity*(Grand Rapids, Michigan: Baker Book House, 1993), pp.47-53 참조.

3) 이 표현은 '유미적 개인주의' 또는 '심미적 개인주의' 로 번역할 수도 있다. 그러나 어떤 경우든 사실상 '미적' 차원 보다는 감각적, 감성적 차원이 강조되고 있다는 점에서 '감성적 개인주의' 라고 이름 붙인다. 현대 철학자 중에 가장 두드러지게 이러한 주장을 하고 있는 사람으로 리처드 로티를 들 수 있다. 좀더 자세하게 알고 싶은 사람은 Richard Rorty, *Contingency, Irony and Solidarity* (Cambridge, 1989), 한국어 번역판으로는 『우연성 아이러니 연대성』(김동식 · 이유선 역)(민음사, 1996)을 보길 바란다.

우리가 처한 상황을 이렇게 그리고 있다.

세계는 점점 넓어지고 있다. 지구 반대편에서 일어난 사건을 텔레비전을 통해 안방에서 볼 수 있고, 햄버거와 콜라, 청바지는 세계 도처에 넘쳐 흐르고 낯선 사상과 입장은 벽과 경계를 넘나들고 있다. 그러면서 세계는 점점 좁혀지고 있다. 나라와 나라 사이는 그 어느 때보다 가까워지고 있고, 다양한 문화가 공존했던 세계는 하나의 세계가 되고 있다. 그래서 우리는 많은 사람들이 지적하고 있듯이 마치 '지구촌'이라는 한 마을에 살고 있는 듯한 느낌을 받는다.[4]

우리 주변을 돌아보면 주거양식, 식생활, 옷차림은 서구 신흥 도시와 크게 다를 바 없다. 행동양식과 사고방식마저도 갈수록 그들과 비슷해지고 있다. 우리 민족은 대체로 한 동족과 하나의 언어로만 소통하며 지내왔으나 이제는 피부 색깔이 다른 사람들과 함께 일해야 하고 때로는 다른 언어로 의사 소통을 하지 않을 수 없게 되었다. 우리는 그야말로 '세계화'의 추세에 편입되어 있다. '세계화'는 김영삼 정부가 구호로 내세우지 않더라도 지금 우리가 처한 상황을 가장 잘 그려주는 낱말이 되었다.

문화와 관련해 볼 때 세계화에는 크게 두 가지 측면이 있는 것으로 보인다. 하나의 측면은, 세계는 문화적으로 점점 하나가 되고 있다는 것이다. 건축, 도시 설계, 교통시설 뿐만 아니라 패션이나 영화, 패스트 푸드점도 세계 어느 곳이나 거의 비슷하게 되고 있다. 서울에서 〈늑대와 춤을〉이란 영화를 상영할 때 뉴욕과 파리, 암스테르담에서도 거의 같은 때 같은 영화를 상영한다. 동경 시내를 활보하는 여인들의 옷차림과 화장은 서울 거리에서 볼 수 있는 것과 별로 다르지 않다. '지구촌'이란 말이 암시하듯 세계는 그야말로 한 마을처럼 보인다. 사람들은 다른 문

---

4) C.A.반 퍼슨, 『급변하는 흐름 속의 문화』(강영안 역), 서광사, 1994, 3쪽.

화에 대해 훨씬 많이 알게 되었고, 상호 이해의 폭도 그만큼 점점 커지고 있다. 세계가 이렇게 하나가 되는 데는 자본주의 체제의 세계적 확산과 매체 및 통신 수단의 발전이 크게 기여하였다. 세계적인 패션 업계, 화장품 회사, 할리우드를 중심한 영화 산업, 세계적인 음반 회사, 음료 회사 및 패스트푸드 회사들은 과거보다 훨씬 더 강화된 자본주의의 첨병으로 세계 곳곳에서 뛰고 있다. 온 세계는 이들의 기획 상품과 선전 광고에 놀아난다고 할 정도로 이들은 막강한 힘을 발휘한다. 세계의 거대 기업은 대중문화 생산에 열을 올리고 있고 미국이나 유럽 뿐만 아니라 아시아나 아프리카 사람들도 그들의 소비자가 되고 있다. 이와 같은 경향은 마침내 경제력에 기초한 문화 제국주의의 조짐을 이미 보이고 있다.

나라와 나라, 민족과 민족이 서로 다르다는 사실을 과거 어느 때보다 강하게 의식하게 된 것은 세계화의 또다른 측면이다. 사람들은 따로 살 때는 별로 의식하지 못하였지만 교류가 잦아지면서 서로 다르다는 사실을 발견하게 되었다. 먹고 자고 시집가고 장가가는 데는 화란 사람이나 한국 사람은 서로 차이가 없다. 하지만 먹고 자는 방식이 서로 다르며 다같이 자식을 키우고 결혼을 시키지만 기르는 방식과 혼사를 치르는 방식이 서로 다르다. 이러한 차이는 문화 때문에 생긴 차이라는 사실을 사람들은 이제 깨닫게 되었다. 차이에 대한 인식은 문화 자체에 대한 관심을 불러일으켰다. 문화의 차이는 과거에는 서구 국가들에게 문화적 우월감을 갖게 해주었으나 이제는 대체로 문화의 다양성을 인정하고 상호간의 차이를 존중하는 태도로 바뀌고 있는 추세이다. 상호 인정과 관용의 원칙은 다른 문화 속에서 살고 있는 사람들이 평화롭게 상호 공존하기 위해서도 따르지 않을 수 없는 원칙이 되었다. 하지만 이것은 생활 수준과 환경 여건이 낙후된 나라조차 그것이 그들의 고유의 문화라는 미명 아래 어떠한 외부적 개입이나 개선의 노력없이 현상태를 벗어날 수 없게 하는 결과를 초래할 수도 있다.[5]

여기서 잠깐 우리가 주목해야 할 사실이 있다. 세계는 점점 다양성과 차이성, 타자(他者)성을 의식하게 되었다. 나 또는 우리와 다른 생각을 가진 사람들이 있고 나 또는 우리와 다르게 사는 사람들이 있다는 사실을 의식하게 되었다. 하지만 타자성에 대한 의식과 요구에도 불구하고 세계는 생활양식이나 사고방식에 있어서 점점 하나가 되고 있다는 사실을 인식해야 한다. 이제 어디에서나 다원주의의 수용이 요구되고 있는 점도 세계가 하나가 되고 있다는 증거라고 하겠다. 다원주의는 삶의 여러 양상들이 고정적이고 불변하는 것이 아니라 가변적이고 유동적이며 역사적 우연에 의해 생산된 것일 뿐 아니라 하나의 주도적, 중심적 양상 외에도 주변부로 밀려났던 다른 것들, 이른바 '낯선 것들', '이질적인 것들', '타자들'이 이제 선택 가능한 항목들 가운데 하나로 등장했다는 의식을 반영하고 있다. 한마디로 도덕이나 윤리, 종교나 정치, 이 모든 것들이 이제는 취향에 따라 '선택 가능한 것'이 되었다는 것이 다원주의가 담고 있는 핵심이다.[6]

3. 문화 개념이 바뀌고 있다

세계가 점점 하나가 되고 동시에 서로 간의 차이를 의식하게 되면서 '문화'라는 개념이 과거에 비해 외연이 훨씬 넓은 개념으로 이해될 수밖에 없게 되었다. 그리스도인들이 눈여겨 보아야 할 대목이 바로 이것이다. '문화'는 과거에는 주로 정신 문화를 가르키는 말이었다. 인간의 정

---

5) 문화 다원성에 대한 인정은 19세기 말부터 발전되기 시작한 문화 인류학이 끼친 공헌이 크다. 좀더 자세한 논의는 강영안, 「문화 개념의 철학적 배경」, 『문화철학』(한국철학회 편), 190—222쪽 참조.

6) 다원주의에 대한 논의에 대해서는 예컨대 Peter Berger, *The Heretical Impaerative* (New York: Anchor Books, 1979), 1장 참조. 다원주의 유형을 여러 가지로 나누어 볼 수 있는 가능성에 대해서는 Richard J. Mouw & Sander Griffioen, *Pluralisms and Horizons* (Grand Rapids, Michigan: Eerdmans, 1993) 참조.

신을 갈고 닦고 세련되게 하므로써 인간으로서의 도덕적 가치를 실현하는 활동을 문화라고 일컬었다. 철학이나 종교와 같은 고도의 정신적 노력을 요구하는 활동이 곧 문화요, 문화를 일구는 수단이었다. 따라서 정신적인 활동과 무관한 분야에 대해서 '문화'라는 말을 쉽게 붙이지 않았다. '문화'는 학문이나 예술, 그리고 좀더 구체적으로는 책이나 예술 작품을 통해 개인의 정신적 삶의 성숙을 가져오는 과정을 뜻하는 말이었다. 정신 활동의 결과를 즐기고 감상할 줄 알아야 '문화인'이 될 수 있었다. 그러므로 문화 생산자와 향유자는 특정 계층에 제한될 수 밖에 없었다. 교육 받지 못한 사람과 대부분의 시간을 의식주를 위해 소모해야 하는 사람들은 문화 생산과 향유에서 제외되었다.

하지만 이제는 사람이 의식적으로 하는 일은 무엇이나 문화와 관련되어 있다고 보게 되었다. 음식, 의복, 스포츠, 관광, 여행 등 신체와 관련한 일도 모두 문화에 포함된다. 어느 한 특정 계층 또는 특정 인물만이 문화를 생산하고 향유할 수 있는 것이 아니라 적어도 원칙적으로는 누구나 문화를 생산하고 향유할 수 있는 자격과 권리를 부여받게 되었다.[7] 사람이 의식적으로 하는 일을 모두 '문화'란 말로 표현할 수 있게 된 것은 문화 개념이 정적인 개념에서 동적인 개념으로 바뀌게 되었음을 뜻한다. 화란의 철학자 반 퍼슨(C.A. van Peursen)은 이런 배경에서 "문화는 명사가 아니라 동사"라고 말한다.[8] 예술 작품, 책, 도구, 박물관, 대학 건물 뿐만 아니라 작품을 생산하고 도구를 만들며 아이를 키우고 지체장애자를 돌보며 회사 경영을 하는 것도 문화가 되었다. 문화는 역사적 유물에만 있는 것이 아니라, 현실 속에서 타인과 더불어 살아가는 가운데 함께 생각하고 행동하고 평가하는 인간의 모든 노력에도 들어 있

---

7) 반 퍼슨은 이런 변화를 '좁은 문화 개념'에서 '넓은 문화 개념'으로의 변화라고 부른다. C.A. van Peursen, "Theoretische achtergrond van het cultuurbegrip", in: *Cultuurbegrip en cultuurbeleid* (Den Haag: Nationale Unesco Commissie Nederland, 1974), pp.7-20 참조.

8) C.A. 반 퍼슨, 『급변하는 흐름 속의 문화』, 15쪽.

다. 이제 문화는 그야말로 '일상적인 것'이 되었다.

좀더 쉽게 얘기해보자. 우리가 먹되 어떻게 먹고, 잠을 자되 어떻게 자며, 여가를 보내되 어떻게 보낼 것인가 하는 것이 문화의 문제이다. 가족들과 생활하되 어떻게 생활하며, 손님들을 대접하되 어떻게 할 것인가 하는 것도 문화의 문제이고, 텔레비전을 보되 어떻게 보며, 물건을 사되 무엇을 어떻게 살 것인가 하는 것도 문화의 문제이다. 하나님을 섬길 것인가, 돈을 섬길 것인가 하는 것도 문화의 문제이다. 요컨대 문화는 "어떻게 사는가" 하는 문제이다. 그렇다면 누구나 문화와 관계가 있다고 할 수 있다. 누구도 문화를 벗어나 있지 않을 뿐만 아니라 문화를 벗어날 수도 없다. 모두가 문화를 함께 생산하고, 함께 소비하며, 함께 보존하고 때로는 함께 타락시킨다. 예술계 인사나 이른바 '문화계' 종사자 뿐만 아니라 안방에서 텔레비전을 시청하는 주부들이나 강단에서 설교하는 목회자들, 심지어 거리를 청소하는 미화원까지도 문화와 관련돼 있고, 단지 관련돼 있을 뿐 아니라 문화에 대해 책임이 있다. 그러므로 문화를 만들고 소비하는 것은 특별한 재능을 가진 사람들의 몫이 아니라 일상 세계에 살고 있는 모든 사람들의 몫이며 누구나 책임지고 참여해야 할 일이다.[9]

문화 개념을 이렇게 정리하는 것에 대해서 의아스럽게 생각하는 사람이 있을 것이다. 왜냐하면 방송이나 신문 등 언론 매체를 통해 일반적으로 통용되고 있는 문화 개념은 사실 지금까지 얘기한 것과는 다르기 때문이다. '문화'라고 하면 대개 영화나 연극, 음악이나 미술로 한정해서 생각하는 것이 아직도 우리에게 지배적인 도식으로 통하고 있다. 그러므로 좀더 균형잡힌 문화 개념을 갖도록 하자면 통상적인 문화 개념과 넓은 문화 개념을 서로 관련시켜 정리해 둘 필요가 있다. 일단 이렇게 정리해보자. 언론 매체를 통해 통용되고 있는 문화 개념, 즉 이른바 '문화

---

9) 문화 개념의 변화에 관해서 좀더 자세하고 긴 논의는 강영안, 앞의 논문을 참고하기 바란다.

예술'로 통용되는 문화 개념은 전통적 문화 개념에 비춰 보더라도 매우 좁게 이해된 것이라 할 수 있다. 왜냐하면 전통적 문화 개념에는 법과 종교, 철학과 문학, 과학과 예술이 포함되어 있었기 때문이다. 그럼에도 불구하고 언론 매체를 통해 통용되는 문화 개념이 전통적인 개념과 차이가 있다면 과거의 '고급문화'가 '하급문화' 또는 '대중문화'로 전환되었다는 점이다. 대중문화는 문화 생산과 소비가 일부 엘리트가 아니라 '대중'이라는 새로운 사람들에 의해 주도된다는 의미를 담고 있다. 이 점에서 대중문화는 넓은 문화 개념과 관련이 있다. 과거의 고급문화 개념은 적어도 그 이상에 있어서는 인간이 '인간다움'을 실현하기 위해 지향해야 할 가치로 문화를 보았다면 대중문화의 문화 개념은 문화를 여가 시간을 즐겁게 보내기 위한 재밋거리(entertainment)로 본다.[10] 우리가 문화를 말할 때 이 두 가지 측면을 언제나 고려할 필요가 있다. 문화는, 한편으로 삶 전체를 포괄한다. 살되 어떻게 살 것인가, 삶의 형식과 틀이 무엇인가, 어떤 세계관과 가치관을 가질 것인가 하는 것이 문화의 한 측면이라면, 현대문화의 또 다른 측면은 향유와 즐김의 대상으로서 문화가 이해되고 있다는 점이다.

4. 문화, 일상적 삶, 신앙 생활

문화의 문제가 "어떻게 사는가" 그리고 "어떻게 살 것인가"하는 문제라면 그리스도인들은 문화에 무관심할 수 없다. 그리스도인은 문화에 눈을 떠야 한다. 문화에 눈을 뜬다는 것은 일상적 삶에 관심을 갖는다는 것이다. 성경은 우리의 일상적 삶에 대해서 말하고 있다. 먹되 어떻게

---

10) 이러한 변화에 대해서는 예컨대 William D. Romanowski, *Pop Culture Wars. Religion and the Role of Entertainment in American Life* (Downers Grove, Illinois: IVP, 1996) 참조.

먹고, 성관계를 하되 어떻게 하며, 돈을 갖되 어떻게 가지며, 일을 하되 어떻게 하며, 휴식을 취하되 어떻게 취하고, 이웃과 관계하되 어떻게 하고, 하나님을 예배하되 어떻게 할 것인가 하는 것을 성경은 풍부하게 가르치고 있다. 성경의 가르침은 성도들이 어떻게 지극히 일상적인 생활을 통해서 하나님께 영광 돌리는 삶을 살 수 있을까 하는 것에 관심을 두고 있다. 현실적 삶을 끌어 안고 그 안에서, 그것을 통해, 하나님의 선하시고 기뻐하시는 뜻을 이루는 삶을 성경은 가르치고 있다. 먹고 마시는 일에서부터, 결혼, 성, 가정, 노동과 여가, 돈, 이웃과의 관계, 예배 등에 이르기까지 우리의 신체적, 사회적, 경제적, 윤리적, 종교적 삶 전체, 곧 우리의 일상 생활 전체가 하나님과 관련이 있고 우리의 신앙 생활과 관련이 있다.

그럼에도 불구하고 문화와 교회의 가르침과 프로그램이 문화와 동떨어진 경우가 많은 것은 무슨 까닭인가? 엄밀히 말하자면 그리스도인들은 교회 설교와 성경공부, 구체적인 삶을 통해 이미 문화에 관여하고 있다. 그리스도인 가운데 삶을 살지 않는 사람은 아무도 없다. 그럼에도 불구하고 오늘날 설교와 성경공부가 실제로는 문화와 동떨어진 까닭은 목회자와 교인의 관심이 교회 생활에 초점이 맞추어져 있기 때문이 아닌가 생각한다. 특히 목회자들이 삶을 다룰 때 그 폭은 우주적이고 전체적이라 하더라도 대부분 교회 생활에 초점이 맞추어지고 있는 것은 어쩌면 당연한 일인지 모른다. 목회자의 일터가 교회이고 성경은 주로 교회 공동체와 관련해서 교훈하고 있는 것으로 보이기 때문이다. 그렇기 때문에 목회자들은 기도 생활과 성경 읽기, 전도와 헌금 생활, 교회 출석과 교회 봉사 등에 관해서 주로 많이 이야기 할 수밖에 없다. 일과 봉사에 관해서 가르치되, 교회 일과 교회 봉사를 주로 가르칠 수밖에 없고, 돈에 관해서 가르치되 주로 헌금에 대해서 가르칠 수밖에 없다. 그 외, 교회 밖의 생활은 목회자들이 잘 모를 뿐만 아니라 목회자들에게는 직접 관련이 없는 것처럼 생각된다.

하지만 시야를 조금 넓혀보자. 신앙 생활의 내용과 의미를 교회를 관리 해야 할 목회자의 관점이 아니라 하나님의 백성, 그리스도의 제자의 관점에서 보아도 과연 마찬가지일 수 있을까? 신앙 생활은 우리 자신의 삶이 관련된 모든 부분에서 하나님의 백성으로, 하나님의 자녀로서 사는 것이다. 하나님의 백성이면 하나님이 원하시는 바를 따르고 지켜야 한다. 하나님의 백성의 삶은, 우리가 아무리 실패하고 넘어진다 하더라도, 하나님이 원하시고 기뻐하시는 대로 순종하고 의롭게 사는 것이다. 순종과 의로운 삶은 교회 안에서 뿐만 아니라 물건을 사고 파는 가운데, 먹고 마시고 일하는 가운데, 다른 이와 만나고 얘기하는 가운데, 돈을 관리하고 사용하는 가운데, 하나님이 주신 성(性)을 즐기고 절제하는 가운데, 집을 짓고 다리를 건설하는 가운데, 과학 기술을 이용하고 그 힘을 제한하는 가운데, 한마디로 우리의 삶 전체 어느 한 곳도 빠짐없이 하나님의 백성, 하나님의 자녀들이 그렇게 살도록 원하시는 것이다. 올바른 문화는 하나님께서 창조해 주신 삶을 하나님이 주신 대로 올바르게 사는 것, 그것 외에 다른 것이 아니다. 그러므로 그리스도인이 문화에 관심을 둔다는 것, 문화에 눈을 뜬다는 것은, 우리의 일상적 삶의 성화(聖化)에 관심을 둔다는 것이라고 할 수 있다.

　만일 지금까지 말한 것을 받아들인다고 가정해보자. 도대체 일상적 삶의 성화는 어떻게 가능한가? 먹고 마시되 하나님께 영광되도록 먹고 마시고, 음악을 만들고 즐기되 마땅히 그렇게 해야 할 바대로 행하고, 일을 하되 참으로 의미있게 할 수 있는 길이 무엇인가? 이와 같은 물음을 던질 때 우리는 문화의 문제가 결국 근본적으로 영성(靈性)의 문제임을 깨닫게 된다. 그리스도인들이 관심을 두어야 할 부분이 바로 이 부분이 아닐까 생각한다. 주의해야 할 것은 문화는 영성의 문제이되 초월적 또는 초자연적 영성의 문제가 아니라 일상적 삶의 영성, 즉 일상성의 영성과 관련되어 있다는 사실이다. 먹고 마시는 일, 성, 돈, 권력과 같은 일상적 삶 속에서의 욕망과 관련된 영성이다. 우리가 하나님께 순종할 때도 이와 같은 일상적 삶을 통해서 순종하고, 하나님께 불순종할 때도 이와 같은 일상적 삶을 통해서 불순종한다.

예수님의 가르침 가운데는 돈의 영성에 관한 가르침이 있다. 돈은 단순히 물질적인 것이 아니라 근본적으로 영적 힘을 가지고 있다는 것이다. 그렇기 때문에 돈을 사랑하고 하나님을 미워하거나 하나님을 사랑하고 돈을 미워할 수 있다고 예수님은 가르친다(마 6:24 이하). 그러나 우리가 알고 있는 대로 돈과 재물은 하나님의 선물이다. 그런 의미에서 돈과 재물은 유용하게 사용되어야 한다. 돈과 재물은 사용될 것이지 섬김을 받아야 할 것이 아니다. 돈과 재물이 섬김을 받을 때 돈은 우리에게 우상이 된다. 돈이 우상이 되는 까닭은 그것이 원래 신적 존재이기 때문이 아니라 우리의 욕망이 돈을 신적 존재로 격상시키기 때문이다. 우상은 언제나 창조 세계 안에 있는 피조물에게 구원과 희망을 걸 때 우리 자신의 욕망을 통해 만들어지는 것이다.[11] 우상은 하나님을 하나님으로 바로 섬기지 못하는 죄악된 본성의 산물이다. 그러므로 돈을 유용하게, 올바르게, 그것이 주어진 목적대로 사용하려면 그 존재가 상대화되어야 한다. 그러나 돈은 그것이 가진 힘, 즉 구매력과 구매력이 '힘'으로 통할 수 있게 하는 체제, 즉 사고 팔거나 주고 받거나 하는 거래 체제가 무너지지 않고서는 상대화될 수 없다. 예수 그리스도가 아무런 대가없이, 즉 무상으로 우리를 위해 목숨을 버렸다는 것, 즉 예수 그리스도의 '은혜'와 그 은혜에 따른 삶만이 돈의 힘 자체를 깨뜨릴 수 있다.[12] 이것은 성과 권력에도 동일하게 적용될 수 있다. 성은 원래 하나님께서 주신 것이다. 하나님은 자기의 형상대로 사람을 짓되, 남자와 여자로 짓고

---

11) 화란의 기독교 경제학자 봅 하웃즈바르트는 우상 숭배 과정을 네 단계로 제시한다. 첫째, 주변 환경에서 어떤 것을 취하여 특별한 장소에 세운다. 둘째, 의식을 집행하여 성별하고 그것이 마치 생명이 있는 것처럼 무릎을 꿇는다. 셋째, 희생 제물을 바치고 충고와 지시를 기다린다. 넷째, 경외와 복종과 희생을 드리는 대신, 그것에 상응하는 건강과 안녕과 번영과 행복을 보상해 줄 것을 기대한다. Bob Goudzwaard, *Genoodzaakt goed te wezen* (Kampen: Kok, 1981), pp.22-23. 『현대 우상 이데올로기』(이재영 역) (서울: IVP, 1987) 22-23쪽. 한국어판은 영역본에서 중역한 것이다.

12) 이것과 관련해서 매우 유익한 논의를 하고 있는 Jacques Ellul, 『하나님이냐 돈이냐』 (양명수 역) (서울: 대장간, 1991) 참조.

"생육하고 번성하라(창 1:28)"는 복을 주셨다. 만일 인간에게 성욕이 없다면 이 축복은 실현될 수 없다. 하지만 성은 타락으로 인해 왜곡되고 일그러졌다. 권력도 마찬가지로 섬김을 위해 주신 것이나 오히려 지배와 군림으로 변하고 말았다. 하나님께서 주신 선한 선물이 우리 자신의 욕망에 의해 우상으로 역할하게 된 것이다. 바로 여기에 인간의 불순종으로 인한 죄의 근원이 있다. 죄는 개인의 삶 뿐만 아니라 사회 속에, 그리고 문화 속에 하나님의 창조 세계를 파괴하는 힘으로 여전히 작용하고 있다.

여기서 우리는 그리스도의 구속(救贖)의 의미를 찾을 수 있다. 이는 하나님의 자녀를 죄의 세력으로부터 건져내기 위한 것이었다. 그리하여 하나님을 하나님으로 바로 알고 사랑할 뿐 아니라 이웃을 사랑하도록 하기 위한 것이다. 그리스도의 구속은 좁은 의미에서 영적인 것에 국한되지 않는다. 하나님의 창조가 우주적이고, 인간의 죄가 우주적이듯이, 그리스도의 구속도 우주적이다. 어떤 하나도 빼놓을 수 없다는 말이다. 그리스도의 속죄 행위를 통한 구속은 하나님의 창조 세계 '전체'를 '각각' 모두 새롭게 하는 결과를 가져온다. 월터스는 그래서 그리스도의 구속의 사상이 우리 삶 전체에 미치는 영향을 이렇게 요약한다.

신학자들은 종종 구원을 '재창조'라는 개념으로 설명한다. 물론 이것은 하나님께서 당신의 처음 창조계를 폐기하시고 그리스도 안에서 다른 새로운 것을 지으셨다는 의미는 아니다. 그보다는 하나님께서 타락한 원래의 창조계를 계속 붙들고 계시다가 다시 건져 내셨다는 의미이다. 그는 당신의 손으로 지으신 작품들을 포기하지 않으셨고 당신의 본래 계획을 이루기 위하여 당신 자신의 아들을 희생시킨 것이다. 본원적 명령을 어겼고 불순종과 함께 피조계 전체를 엉망으로 만들어 버렸던 인류는 이제 그리스도 안에서 다른 기회를 얻었다. 즉 하나님의 지상 경영자들로서 재임용된 것이다. 본래의 선한 창조계는 다시 회복되어야 한다.

이러한 내용이 실제로 함축하는 바는 아주 풍부하다. 그리스도인들은 결혼을 회피할 것이 아니라 거룩하게 만들어야 한다. 감정은 억눌러야 할 것이 아니라 정화되어야 한다. 성행위는 단순히 거부되어야 할 것이 아니라 구속(救贖)되어야 한다. 정치는 출입금지 구역이 아니라 개혁되어야 할 영역이다. 예술은 세속적이라고 선언할 것이 아니라 그리스도의 것으로 주장해야 한다. 사업은 더 이상 세속 세계에 떠넘겨 버려서는 안 되고 다시금 하나님의 영광을 드러내는 표준에 일치하도록 재조정해야 한다. 이러한 예는 인간 삶의 모든 영역에 가득차 있다. [13]

좀 긴 인용이지만 그리스도의 구속이 우리 삶 전체에 미친다는 사실을 월터스는 적절하게 강조한다. 성경적 관점에서 문화를 본다는 것은 이렇게 인간의 타락, 그리스도의 구속, 그리고 그리스도의 구속을 통한 창조의 회복(우리의 표현으로는 '일상성의 회복')을 통해 보는 것이다. 이것은 그리스도인이 문화의 문제를 그래도 가장 균형있게 볼 수 있고 성경의 어떤 한 구절을 해석하고 그것을 삶에 적용하기 전, 가장 기본적으로 갖추어야 할 사고의 틀이라고 볼 수 있다. [14]

이와 아울러, 성경적 관점에서 문화를 볼 때 삶의 지향점, 삶의 방향 설정, 삶의 가치와 삶을 추동하는 힘을 떠나서 문화를 생각할 수 없다는 점도 강조해 두어야 하겠다. 반 퍼슨이 "문화는 명사가 아니라 동사"라고 했을 때도 이와 같은 방향 설정, 가치 평가, 그리고 인간을 움직이는

---

13) Al Wolters, *Creation Regained* (Grand Rapids, Michigan: Eerdmans, 1985), p.58, 한국어판, 『창조 · 타락 · 구속』(양성만 역) (서울: IVP, 1992), 80-81쪽.

14) 유감스럽게도 한국 교회는 삼위일체 하나님 안에서 창조, 구속, 타락, 완성의 과정을 깊이 생각하고 이것을 구체적 삶에 적용하지 못하고 있기 대문에 신앙과 삶, 교회와 세상, 하나님 것과 세상 것, 하나님의 일과 세상 일 등의 이원론적 사고를 벗어나지 못하고 있다. 이러한 사고틀이 얼마나 유용하게 현대의 여러 문제를 생각하는 데 도움이 되는가 하는 것은 John Stott목사의 *Issues Facing Christions*(Marshall Pickering, 1990)이 단적으로 증명한다. 창조-타락-구속-완성이라는 기독교적 사고의 틀에 관해서는 이 책 31-36쪽에 간단하게 서술되어 있다.

'힘'과의 관계가 문화에 있어서 핵심적인 문제임을 시사하고 있다. 그러면 그와 같은 지향점과 배후의 동력은 무엇인가? 문화가 나아가는 방향과 지향점은 결국, 아우구스티누스의 말을 빌리면, '하나님 사랑'이거나 아니면 '자기 사랑'이고 문화를 움직이는 힘은 바울의 표현을 빌리자면 '육적인 것(psychikos)'이거나 아니면 '영적인 것(pneumatikos)', 다시 말해 인간 자신에게서 나온 힘이냐 아니면 하나님으로부터 성령을 통해 선물로 주어진 힘이냐, 이 둘 중의 하나라고 할 수 있다(고전 2:14 참조).

5. 그러면 우리는 어떻게 할 것인가?

이제 우리는 문화에 대해서 더 이상 가치 중립적인 태도를 취할 수 없다. 문화는 평가되어야 한다.[15] 옳고 그름, 좋은 것과 나쁜 것, 바람직한 것과 바람직하지 못한 것에 대한 평가없이 문화는 생산될 수 없고 소비될 수도 없다. 더욱이 대중 매체를 통해 전파되는 문화 상품은 아무런 가치 판단없이 소비될 수 없는 상황에 이르렀다. 예컨대 영화나 비디오를 통해 전달되는 메시지들, 성과 결혼에 대한 태도, 인간의 생명과 인간의 가치에 대한 태도 등이 문제시 되고 토론되며 평가되어야 한다. 이 점에 대해서 그리스도인들은 관심을 가져야 한다. 그리스도인 가운데도 특히 목회자는 말씀의 적용을 통해서 현재 진행되고 있는 문화를 비판적으로 검토하고 수용할 수 있는 눈을 교인들에게 열어 주어야 한다.

문화를 평가하고 또한 문화에 대해서 바른 책임을 지기 위해서는 문화 생산과 소비 운동이 함께 있어야 한다. 문화는 특수 계층의 전유물이 아니다. 누구나 문화를 생산하고 소비한다. 그런데 모든 생산이 그렇듯이 문화에도 얼마든지 불량품이 나올 수 있다. 텔레비전이나 자동차와 같은

---

15) C.A. 반 퍼슨, 앞의 책, 24쪽 이하 참조.

공산품의 경우, 불량품을 쉽게 가려낼 수 있고 반품이나 교환을 요구할 수 있다. 하지만 문화 불량품은 비판적 안목이 없이는 쉽게 가려낼 수 없고 때로는 불량품이 더 많은 인기를 모을 수도 있다. 건강한 '문화 소비자 운동'이 있어야 할 이유가 여기에 있다. 불량품에 대해서 그것이 불량품임을 지적해야 하고 소비를 거부해야 한다. 텔레비전 연속극, 신문의 연재 소설, 잘못된 선거 풍토, 때로는 부당한 세금 부과 등에 이르기까지 소비자들이 스스로 불량품을 감시하고 고발하는 운동이 있어야 한다. 대량 생산과 대량 소비 시대에 생산의 질을 높일 뿐만 아니라 올바른 소비 방식과 소비 대상을 찾기 위해서도 소비자 운동은 필수적이다.

문화 소비자 운동은 무엇보다 '건강한 삶'에 관심을 두는 것이어야 한다. 운동이나 휴식, 영양 상태가 너무 지나칠 때는 건강이 유지될 수 없다. 건강한 몸을 유지하기 위해서는 적당한 운동과 휴식, 적당한 영양 공급이 있어야 하고 삶의 태도에 있어서 절제가 있어야 한다. 문화와 관련해서도 마찬가지로 말할 수 있다. 건강한 문화, 건강한 삶을 위해서는 절제와 검소의 원칙이 적용된다. 문화를 즐기되, 그것이 일상적 삶을 건강하게 유지하고 타인에게 동시에 유익을 줄 수 있는 것이어야 한다. 바울 사도가 고린도 교회 교인들에게 우상 제물에 관하여 말할 때 요구한 것이 바로 이것이라고 생각된다. 어떤 것이나 가하고 어떤 것이나 합당하지만 그렇다고 해서 모든 것이 다같이 유익한 것이 아니다. 특히 약한 사람의 양심을 생각하고 다른 사람의 유익을 먼저 생각하라. 이것이 바울 사도가 한 충고였다. 건강한 문화 운동을 위해서도 이것이 적용된다. 문화 생산과 소비는 언제나 연약한 사람, 그로 인해 피해를 볼 수 있는 사람을 고려하고 그들을 먼저 생각해야 한다. '표현의 자유'나 이른바 '자본주의 시장 원리'라는 것이 절대화될 수 없고 우선 원칙으로 통용될 수 없다. 건강한 삶은 약한 자의 고통에 관심을 두는 삶이다. 음란물이 청소년들에게 미칠 영향을 고려해야 하고, 잘못된 건물 구조나 교통 시설이 시각 장애자나 지체 장애자들에게 주는 고통을 고려해야 한다. 그래야 문화는 도덕성을 확보할 수 있다.

그리스도인에게는 문화를 지킬 책임이 있다. 앞에서 정리한 문화 개념을 토대로 그리스도인의 문화적 책임을 두 갈래로 나누어 생각해 볼 수 있다. 하나는, 거듭 거듭 강조했듯이 일상적 삶을 말씀대로 순종하면서 사는 것이다. 물건을 사고 파는 일이나 사업을 하는 일이나 남편이나 아내와 관계하는 일이나 자녀를 양육하는 일이나 타인을 대하는 일이나 여가를 보내고 예술 작품을 감상하는 일이나, 이 모든 일에서 선하시고 온전하시고 기뻐하시는 하나님의 뜻을 분별하고 사는 것이다. 이렇게 사는 것이 그리스도인으로서 문화적 책임을 다하는 것이다. 다른 하나는, 그렇다고 해서 주변에 대해 무관심하게, 나만 제대로 살면 된다고 생각해서는 안 된다. 나 한 개인이 말씀대로 사는 것만으로 충분하지 않다. 나만 깨끗하게 살겠다고 해 보아야 그렇게 살 수 없다. 뇌물이 통용되고, 촌지가 오고 가며, 부정 선거가 자행되고, 힘없는 자, 약한 자가 불의하게 손해를 입는 사회라면 나 홀로 아무리 깨끗하게 살려고 해 보아야 그렇게 되기도 힘들 뿐 아니라 우리의 자녀, 우리의 이웃이 그로 인해 피해를 입게 된다. 그러므로 깨끗하게 살려고 하는 노력과 함께 좀더 깨끗하고 정의로운 사회와 문화를 형성시키려고 하는 노력이 있어야 하고 이러한 노력은 교회를 통해서, 기독교 시민운동을 통해서 실천될 수 있다는 사실을 잊어서는 안 된다.

이 글 시작 부분에 언급했던 사건으로 되돌아 가보자. 어린 아이들을 대상으로 한 포르노와 그것을 만들기 위해 아이들을 유인, 납치, 그리고 결국에는 암매장한 것이 문제였다. 그런데 조금만 생각해 보면 이러한 일은 현재 우리의 삶과 직접 관련된 것임을 금방 알 수 있다. 대부분의 포르노 비디오의 소비자는 어른들이다. 개인적인 취향에 따라 성인들이 등장하는 포르노보다 어린 아이들이 등장하는 포르노를 선호한다고 이들은 말할 수 있다. 그게 그들의 취향이라고. 이런 취향은 아무에게도 피해를 주는 것이 아니지 않으냐고 강변할 수 있다. 이와 같은 강변은 우리 주변에도 많다. 어린이 포르노를 보는 사람들은 보스니아 내전의 경우처럼 수많은 사람들을 죽이지도 않았고 직장에서 열심히 일하고 동료에게는 매우 사려 깊고 우애로운 사람일 수 있다. 단지 성적 취향이 그런 것에 지나지 않을 수 있다. 그리고 성적 취향은 지극히 개인적인 일이라고 주장할 수 있다. 그러나 그러한 포르노를 계속 구입하는 동안, 그러한 포르노의 생산은 계속될 것이며, 그러기 위해서는 어린 아이들이 착취될 수밖에 없고, 마땅하지 않을 경우에는 우인, 납치해 올 수밖에 없는 상황을 만들 수밖에 없다. 문화 소비자로서의 한 개인의 삶은 결코 타인의 삶과 완전히 분리될 수 없다. 나의 삶의 방식과 소비 형태는 타인에게, 그리고 우리의 환경에 여러 경로를 거쳐 곁국어는 영향을 주고 받게 된다.

그러므로 우리는 한 개인으로서 좀 정직하고 깨끗하게 살려고 노력할 뿐만 아니라 좀더 건강하고 깨끗한 사회를 만들려고 애써 노력해야 할 이유가 여기에 있다. 우리의 잘못된 행위는 사회 전체에 영향을 미치고 또 사회 전체가 잘못될 경우 내 개인 뿐만 다니라 우리 자식조차도 그로 인해 피해를 받게 된다. 마찬가지로 선하고 올바른 삶은 사회를 좀더 깨끗하게, 좀더 정의로운 사회로 만들 수 있고 이것은 내 자신이 선하고 올바르게 사는 데 도움을 줄 뿐 아니라 우리 자식들과 이웃에게 좋은 영향을 미칠 수 있다. 그리스도인들은 누구보다도 이런 일에 앞장 서야 할 사람들이다. 왜냐하면 문화는(그리고 윤리는) 그리스도인들에게는 '취향의 문제'가 아니라 '하나님이 주신 명령에 따라 순종하는 삶'을 사는 것이요, 그리스도인은 자기를 위한 삶과 타인을 위한 삶을 분리하는 자가 아니라 '타인을 위한 삶을 통해 자신의 삶을 가꾸어 가는 사람들'이기 때문이다.[16]

---

16) 나를 위한 삶과 타인을 위한 삶을 그렇게 엄격하게 구별하고 이 둘이 아무 상관 관계가 없다고 주장하는 로티조차도 '타인을 위한 삶을 통해 자신의 삶을 가꾸는 사람들'로 소수 그리스도인들을 예외로 들고 있다. Rorty, 앞의 책 참조.

기독교 신앙과 대중문화

맹용길(장신회신학대학교 기독교윤리학 교수)

이 글의 목적은 기독교 신앙과 대중문화의 관계를 밝히며 결국 기독교 대중문화 형성의 가능성을 드러내어 그 형성을 실천하는 데 도움을 주고자 하는 것이다. 따라서 기독교 신앙이란 무엇인지를 먼저 살펴보고 다음으로 대중문화가 어떤 것인지 살펴본 다음 기독교 신앙과 대중문화의 관계를, 그리고 그 다음으로 한국 기독교 대중문화의 형성에 도움이 되는 것들을 찾아보려고 한다. 이것은 제한된 범위 안에서 논의되는 하나의 시안적 성격을 갖고 있음을 전제로 한다.

I. 기독교 신앙이란?

기독교 신앙을 성경은 이렇게 정의한다. "믿음(신앙)은 바라는 것들의 실상이요 보지 못하는 것들의 증거니 선진들이 이로써 증거를 얻었느니라"[1] 신앙에 대한 이 정의를 근거로 하여 그 의미를 다음과 같이 정

---

1) 히 11:1-2.

리한다.

첫째로 신앙은 하나님과의 관계에서 일어난 것이다. 다시 말하면 신앙으로 말미암아 우리가 하나님과 관계를 갖게 된다. 그러나 신앙은 신념과 다르다. 즉 신앙은 하나님으로부터 은혜로 주어지는 것이고 신념은 우리의 결단에 의하여 새로운 표현을 하는 것이다. 전자는 하나님 중심적이고 후자는 인간 중심적이다. 그런데 우리는 여기서 신앙을 생각하고 있다. 신앙은 구원에 이르게 하는 것이다.[2] 구원은 하나님으로부터 주어지는 것이다. 그래서 신앙은 하나님의 은혜로 말미암아 주어진 선물이라고 한다. 이것은 우리가 하나님의 은혜 가운데서 살고 행동한다는 것을 의미한다. 그래서 우리는 항상 하나님을 사랑하여야 하고 하나님 중심의 세계관을 가져야만 한다.

둘째로 신앙은 바라는 것들을 그대로 믿는 실상 자체이며 현재 보지 못하는 것들을 확신하여 증거로 삼고 또 다른 사람들에게 증거할 수 있는 것이다. 이것은 시간이라는 범주에서 보면 미래와 현재를 동시에 수용하여 이해하는 것이다. 그렇지만 이것은 결코 시간의 범주를 혼돈하거나 혼란하게 만드는 것이 아니다. 이것은 종말론적 의미를 나타내는 것이다. 다른 한편 신앙은 하나의 디자인도 아니고 계획도 아니면서 우리가 바라는 것을 그대로 나타내는 실상으로서, 지금 바라면서도 그것을 확신할 수 있는 것이며, 따라서 보지 못하면서도 그것을 확신하기 때문에 증거할 수 있는 것이다. 이것은 우리가 현실적으로 체험한 것처럼 나타낼 수 있다는 것을 의미한다.

셋째로 신앙은 실상이라고 정의함으로써 허구가 아닌 실제 사건을 의미한다. 실제 사건은 체험하는 것과 같은 것이다. 이 체험은 사람에 따라 상대적이라고 평가할 수 있지만 항상 실재하시는 하나님, 살아계시는 하나님, 우리와 항상 함께 하시는 하나님으로부터 오는 것이다. 그러므로 신앙은 결코 인위적으로 만들어지거나 조작될 수 있는 것이 아니다.

---

2) 엡 2:8.

오히려 신앙은 항상 하나님 앞에서 점검되고 바른 신앙인가 아닌가를 분별할 수 있다. 최근에 가상 현실(virtual reality)이라는 것이 논의되고 있다. 이것은 컴퓨터를 통하여 인간이 만들어 낸 현실이다. 그러나 신앙은 하나의 실재에서 나오는 약속의 현실이며, 계속해서 삶 가운데서 확인되는 실제 사건이다. 따라서 신앙은 실제 그 자체이며 실제를 계속해서 표현하는 것이다.

넷째로 신앙은 바라는 것들의 실상을 현재의 체험적 실제로 믿는 것이며 보지 못하는 것들의 증거이므로 확신과 자신감을 나타내는 것이다. 이러한 자신감을 갖는 사람은 확신에 차있는 사람이며 자존감이 넘치는 사람이다. 이 사람에게는 거짓이 없기 때문에 의심도 없고 도덕적으로 부끄럽거나 꺼림직하지도 않다. 오히려 신앙이 있는 사람은 자기가 믿는 것을 자신감 있게 나타낼 수 있으며 증거할 수 있게 된다. 그리고 신앙은 미신이나 맹신 등과는 다르다. 미신은 망령된 것을 믿는 것인데 망령된 것이란 허탄한 것을 말한다. 허탄한 것은 거짓이기 때문에 성경은 그것을 하지 못 하도록 철저하게 금지하고 있다. 맹신은 옳고 그름의 분별이 없이 덮어놓고 믿거나 까닭도 모르면서 무작정 믿는 것을 의미한다.[3] 신앙은 살아 계시는 하나님을 믿는 것이기 때문에 맹신을 철저히 거부한다. 하나님은 우리와 계약을 맺으시고 생명과 죽음을 앞에 두시고 선택하게 하시며 맹신을 허용하시지 않으신다.

다섯째로 신앙은 죽음의 벽을 넘는 것이다. 그렇지만 신앙은 인간의 결단의 비약은 아니다. 오히려 신앙은 생명이신 하나님을 믿으며 그 동안 있었던 것들이 죽음으로 보이며 그것을 넘어서 생명으로 옮겨지는 것이다. 이것을 예수님은 우리에게 분명하게 말씀하시고 계신다. "내가 진실로 진실로 너희에게 이르노니 내 말을 듣고 또 나 보내신 이를 믿는 자는 영생을 얻었고 심판에 이르지 아니하나니 사망에서 생명으로 옮겼느니라"[4] 이것은 틈이나 단절(간격)을 넘는 것이다. 이것은 모험이며,

---

3) 『동아새국어사전』, (서울: 동아출판사), 1989, 672쪽.

대단한 용기를 필요로 한다. 이것은 대전환이며 변형이다. 이것은 항상 역전될 가능성이 있지만 그때의 신앙은 이미 신앙이 아니며 죽음으로 가는 길에 있음을 나타낸다. 신앙은 결코 변하지 않는다. 사람이 신앙을 가졌느냐 가지지 않았느냐에 따라 다른 결과를 가질 뿐이다. 신앙은 벽을 넘는 것처럼 죽음을 뛰어넘기 때문에 새로운 생명의 세계로 들어가는 사건이 일어나는 것을 체험하게 하는 것이다.

여섯째로 신앙은 증거하는 것이다. 신앙은 보지 못하는 것들을 증거하는 것이라고 하였다. 사실 우리의 선진들이 많은 증거를 하였다. 그래서 선진은 이러한 증거를 한다. "믿음으로 모든 세계가 하나님의 말씀으로 지어진 줄을 우리가 아나니 보이는 것은 나타난 것으로 말미암아 된 것이 아니니라"[5] 세상의 창조는 하나님의 영역이며 보이지 않는 것으로부터 창조된 것을 의미한다. 이것은 창조설의 기반을 놓는 것이며 신앙이 아니고서는 수용될 수 없는 것임을 나타낸다. 이것은 태초에 하나님이 천지를 창조하셨다는 것을 증거하는 것이다. 이것은 신앙으로 얻어진 것을 밝히려는 것이다. 즉 증거는 가진 것을 사실로 나타내는 것이다. 따라서 사실이 아니면 증거할 수 없다. 아벨이나 에녹이나 노아나 아브라함이나 그 밖의 모든 선진들이 신앙을 통해 증거한 사실을 우리는 확실하게 볼 수 있다.[6] 예수님과 바울도 같은 것을 밝히셨다. 그 후 예수님을 믿는 사람들은 확실하게 증거하고 있다. 이것은 교회의 역사에서도 나타난다.

신앙은 기독교의 뿌리이다. 뿌리라고 하는 말은 다른 것들이 거기서 자라나며 열매를 맺는다는 것을 의미한다. 뿌리라고 할 때는 나무를 두고 하는 말이다. 집을 지을 때는 주초라고도 하고 머릿돌이라고도 할 수 있다. 사상적으로 볼 때는 기초라고 할 수 있다. 삶의 구조로 볼 때는

---

4) 요 5:24.
5) 히 11:3.
6) 히 11장.

하부구조라고도 할 수 있다. 어떠한 말을 하든지 신앙은 기독교에서 가장 근본적인 기초가 된다는 것을 의미한다. 그것을 여기서 몇 가지로 정리해 보자.

첫째로 신앙은 우리의 삶에서 출발한다. 예를 들면 아브라함의 신앙을 들 수 있다. 아브라함은 믿음으로 의롭다함을 얻었고 거기서부터 출발하여 새로운 세계를 건설하였다. 이것은 아브라함이 하나님을 믿고 그의 약속을 이행했기 때문이다. 아브라함의 출발을 보자.

"여호와께서 아브람에게 이르시되 너는 너의 본토 친척 아비 집을 떠나 내가 네게 지시할 땅으로 가라 내가 너로 큰 민족을 이루고 네게 복을 주어 네 이름을 창대케 하리니 너는 복의 근원이 될지라 너를 축복하는 자에게는 내가 복을 내리고 너를 저주하는 자에게는 내가 저주하리니 땅의 모든 족속이 너를 인하여 복을 얻을 것이니라 하신지라"[7]

히브리서 기자는 아브라함에게 삶의 출발이 된 신앙을 이렇게 해석하고 있다.

"믿음으로 아브라함은 부르심을 받았을 때에 순종하여 장래 기업으로 받을 땅에 나갈새 갈 바를 알지 못하고 나갔으며 믿음으로 저가 외방에 있는 것같이 약속하신 땅에 우거하여 동일한 약속을 유업으로 함께 받은 이삭과 야곱으로 더불어 장막에 거하였으니 이는 하나님의 경영하시고 지으실 터가 있는 성을 바랐음이니라"[8]

둘째로 신앙은 근본가치로서 기본가치인 자유를 진정한 의미에서 가능하게 한다. 다시 말하면 우리의 인권을 나타내고 살아가는 데 진정한 의

---

7) 창 12:1-3.
8) 히 11:8-10.

미의 공존(共存)을 가능하게 하는 자유가 근본적인 의미로서는 믿음에서만 나온다는 것을 알게 한다. "그러므로 예수께서 자기를 믿은 유대인들에게 이르시되 너희가 내 말에 거하면 참 내 제자가 되고 진리를 알지니 진리가 너희를 자유케 하리라"[9] 가치가 우리의 삶의 내용과 질과 방향을 제시하는 역할을 할 수 있다면 근본가치인 신앙은 우리의 삶의 내용과 질과 방향을 제시할 수 있어야 한다. 이것은 바울 사도에게 적용된 것을 잘 볼 수 있다. 신앙은 바울에게 있어서 의와 소망을 기다리게 하며 사랑으로써 역사하게 하며 자유하게 하는 역할을 하였으니[10] 오늘 우리에게도 근본가치로서 작용할 수 있다.

셋째로 신앙은 행함의 과정의 결과로 보인다. 다시 말하면 신앙은 행함으로써 순종함을 보이고 그 순종함으로써 반석 위에 집을 짓는다. 그렇지만 순종하지 않을 때 모래 위에 집을 짓는 것과 같다.

"그러므로 누구든지 나의 이 말을 듣고 행하는 자는 그 집을 반석 위에 지은 지혜로운 사람 같으리니 비가 내리고 창수가 나고 바람이 불어 그 집에 부딪히되 무너지지 아니 하나니 이는 주초를 반석 위에 놓은 연고요 나의 이 말을 듣고 행치 아니하는 자는 그 집을 모래 위에 지은 어리석은 사람 같으리니 비가 내리고 창수가 나고 바람이 불어 그 집에 부딪히매 무너져 그 무너짐이 심하니라"[11]

신앙은 기독교인에게 삶의 뿌리가 되어 과정을 거쳐 결과로서 나타난다. 신앙은 우리의 삶에서 뿌리로서 투입(input)과 과정(process)과 산출(output)을 연결하고 계속하게 하며 좋은 결실을 맺게 한다. 그리고 그 결실을 사람들에게 보게 할 수 있다. 그러므로 신앙은 표현을 요구한

---

9) 요 8:31-32.
10) 갈 5:5-6, 13-15.
11) 마 7:24-27.

다는 것을 알 수 있다. 그것을 좀더 상세히 살펴 보기로 하자.

첫째로 신앙은 착한 행실을 보이라고 한다. 예수님은 신앙인들을 세상의 빛이라고 말씀하시고 이어서 이 빛을 사람들에게 비취게 하여 즉 사람들로 하여금 착한 행실을 보게 하라고 하셨다.[12] 기독교 신앙은 반드시 나타내 보여야 한다. 이것은 경건과 같은 의미이며[13] 종교 곧 신앙으로 나타난다. 사실, 신앙은 행위와 동일시 되지는 않는다 하더라도 행위로 말미암아 보완되는 것은 사실이다.[14] 또 신앙인은 좋은 나무로 인정되고 있다. 그리고 좋은 나무는 좋은 열매를 맺어야 한다.[15] 예수님은 좋은 열매 맺는 것을 권장하고 계신다. 사실, 이 권장은 명령이다.[16] 그래서 바울 사도는 이렇게 행할 것과 피할 것을 구분하여 가르쳐 준다.[17]

신앙은 하나님과의 관계를 맺어 주는 것으로서 죄의 벽을 넘어 자유롭게 하며 신앙인에게 기초를 놓아주어 신앙인의 정체성을 나타내고 좋은 열매까지 맺게 한다. 이 열매는 신앙인의 학습된 행위로서 삶의 양식(문화)을 만들어 준다. 이러한 의미에서 신앙은 문화와 관계가 있음을 보여 준다. 즉 우리는 신앙인이 삶을 통해 문화를 형성한다는 것을 알 수 있다.

2. 대중문화란?

문화란 학습된 삶의 양식이다. 이것이 가지는 특징을 보면 다음과 같다.

---

12) 마 5:16.
13) 약 1:27.
14) 약 2:22.
15) 마 7:17-20.
16) 눅 10:25-37.
17) 딤전 6:11-16.

첫째, 문화는 인간을 중심으로 하는 활동이다.

둘째, 문화는 인간의 가치에 따른 정신활동이다.

셋째, 문화는 특수한 집단, 민족, 지역, 국가 등과의 관계나 거기에서 삶의 양식을 통해 사회적인 특성을 갖는다.

넷째, 문화는 다원적 특성을 갖는다. 그러면서도 문화는 고유성과 시대성을 갖는다.

그러면 대중문화란 무엇인가? 대중문화는 하나의 문화인 한 대중의 학습된 삶의 양식이다. 이것은 대중문화를 문화의 한 지류로 볼 수도 있지만 다른 한편 독자적인 영역으로도 볼 수 있다. 그렇다면 '대중문화가 대중의 학습된 삶의 양식이면서도 고유한 특성을 지니고 있다.'고 정리할 수 있을 것이다. 여기서는 자연스럽게 '대중은 누구이며 대중문화와 관련하여 어떤 관계를 가지는가?' 라는 질문을 할 수 있다.

대중은 "대다수의 사람들로 이루어지는 집합체"이면서도[18] 대중 사회론의 입장에서 쓰여지는 개념으로써 사회적 지위, 계급, 직업, 학력, 재산 등의 사회적 장벽을 초월해서 구성되는[19] 사람들을 말한다. 대중사회는 "대중이 정치, 경제, 사회, 문화의 모든 분야에 진출하여 그 동향을 좌우하는 사회 상황 내지 사회 형태"를 말한다.[20] 대중문화는 대중이 주도하는 문화로서 대중의, 대중에 의한, 대중을 위한 문화이다. 이것은 대중사회의 삶의 양식이다.

대중문화를 대중의 문화라고 하는 것은 대중에 의해서 형성된 문화라는 말이다. 이것은 대중이 학습하여 형성하는 문화이다. 다시 말하면 대중들이 익혀서 삶의 양식을 만든 것을 의미한다. 여기서 생활양식으로서의 문화는 대중과 동일시 되는 것이다. 다시 말하면 문화로서 대중 그

---

18) 『동아원색 세계대백과사전』, 8권, 589쪽.

19) 앞의 책.

20) 앞의 책, 592쪽.

자체를 표현해 준다. 이것은 대중문화가 대중의 객관화작용(客觀化作用, objectivation)을 말한다. 그렇지만 이것은 문화와 대중을 혼합하거나 혼돈하는 것은 아니지만 대중의 삶이 곧 대중문화이기 때문에 굳이 문화 형성의 주체인 대중을 구별하면서도 그들을 동일하게 나타내는 것으로 이해하는 것이다.

대중문화는 대중에 의한 문화이다. 이것은 대중문화가 대중에 의해 주도 된다는 것이다. 이것은 대중이 대중문화를 형성한다는 의미만이 아니고 그것의 질과 내용과 방향을 결정한다는 의미도 갖는다. 이것은 대중문화의 외화작용(外化作用, externalization)을 말한다. 인간은 잠정성과 가능성을 가지고 출생하기 때문에 외화작용을 통해 삶의 생활양식을 창출하게 된다. 이것은 완성을 향한 시작이며 과정을 포함한다.

대중문화는 대중을 위한 문화이다. 이것은 대중문화가 대중을 향해 규범적 역할을 하기도 하고 삶의 한계를 정하기도 한다. 이것은 대중문화의 내화작용(內化作用, internalization)을 의미한다. 대중문화는 내화작용을 통해 사회화 과정을 가지며 대중의 문화로 된다. 여기서 대중문화는 대중의 삶 전체에 영향을 미치며 다른 사람들과 더불어 사는 가운데 작용하는 것을 나타낸다. 대중문화의 이러한 작용은 절대다수가 대중인 대중사회에서 나타남으로 말미암아 그 힘을 크게 보여준다. 대중문화는 대중이 또 다른 대중문화를 창출할 때까지 계속해서 힘을 발휘한다.

여기서 우리는 오늘에 있어서 대중문화의 특성을 생각해 보기로 하자.

첫째로 대중문화는 세계화가 되어간다. 사실, 오늘의 시대는 대중문화에 관한한 민족, 국가의 국경을 넘어 자유롭게 넘나든다. 예를 들면 미국의 대중음악 가수의 황제라고 하는 마이클 잭슨이 우리나라에서 공연을 하며 젊은이들의 마음을 흔들어 놓았다. 우리나라의 대중음악 가수 김완선은 홍콩과 대만에서 장기간 활동하고 돌아왔다. 우리가 이제는 서울에서 외국의 풍물을 쉽게 볼 수 있고 외국어나 외국 노래를 쉽게 들을 수 있다.

둘째로 대중문화는 민주화가 되어가고 있다. 과거에는 고급문화가 귀족들에게 한정된 문화로 인정되었다고 하고 대중문화가 저급문화라고 하더라도 결코 대중들의 것이라고 말하기 어려운 시절이 있었다. 그러나 지금은 점점 특히 우리나라에서는 대중에 의해 대중에게 확산되고 대중에 의해 창출됨으로 말미암아 평등화를 의미하는 민주화가 되어가고 있는 것을 감지할 수 있다. 민주화란 평등화를 의미하고 다른 사람들을 존중하면서 자유로운 공존을 의미하는 것이다. 대중문화는 그것을 현실적으로 나타내 주고 있다.

셋째로 대중문화는 정보와 연결된다. 대중문화는 대중의 편의함에 따라 대중에게 손쉽게 다가오고 있으며 대량으로 밀려 오고 있기 때문에 선택을 불가피하게 만든다. 그러나 대중문화에 대한 선택의 방법과 우선순위와 그것의 질을 몰라 당황할 수도 있지만 그저 되는대로 받아들일 수도 있다. 대중문화는 정보와 연계되면서 대중에게 더욱더 빠른 속도로 전달되고 접촉되면서 대중들에게 대안적 제단(alternative altars)의 기능을 하는 경우도 많이 일어나고 있다. 심지어 대중문화는 대중에게 빠른 속도감 때문에 정신을 빼거나 긴장 시킴으로써 강한 스트레스를 주기도 한다.

넷째로 대중문화는 정보 이후시대에 들어서면서 컴퓨터와 결합하여 기계적 특성을 나타낸다. 다시 말하면 작곡도 컴퓨터를 이용하고 교환도 컴퓨터를 이용하여 이행하고 표현도 컴퓨터를 이용하여 실현한다. 이제는 컴퓨터가 없이 대중문화를 형성하고 표현하고 전수하는 것이 어렵다는 말을 할 정도가 되었다. 대중문화는 소위 인포미디어 혁명(the infomedia revolution)에 의하여 대중문화의 새로운 시대를 맞고 있다. 오늘의 대중문화는 대중에게 컴퓨터와 일체가 되게 하며 컴퓨터에 의해 생활양식을 창출하도록 유도하고 때로는 소리 없이 명령한다.

다섯째로 대중문화는 통합화 되어가고 있다. 이것은 대중의 삶이 통합되어가고 있다는 것을 의미한다. 방송과 통신이 통합되어 가기 때문에 그것을 굳이 구별하려고도 하지 않고 그것을 구별하기도 어렵게 되어 있다. 보는 라디오와 시청하는 텔레비전이 어떻게 다르며, 컴퓨터와 텔레비전, 컴퓨터와 전화, 컴퓨터와 팩스, 컴퓨터와 타자기 등 어떻게 구별할 것인지 분간이 잘 가지 않는다. 이것은 인포미디어 혁명과 같은 수준에서 이루어지고 있다. 대중의 삶의 양식이 통합되어 간다는 것은 간편해지는 것인가, 아니면 복잡해지는 것인가는 아무도 판단할 수 있는 시점에 있지 않다. 그러나 모든 것이 통합되어 갈 수밖에 없는 상황에 있는 것은 확실하며, 대중문화도 같은 상황에 있음이 분명하게 나타나고 있다.

여섯째로 대중문화는 새로운 것을 요구하고 있다. 이것은 대중문화의 양식이 급속도로 변화하고 있기 때문이다. 변화하는 것은 항상 새것을 요구하고 있고 새것으로 가고 있고 더 나아가 새것을 창출하기를 기대한다. 그렇지 않으면 항상 거기서는 충돌이 일어나거나 진부하다는 느낌을 갖게 한다. 대중은 여기에 대해 불만족스럽기 때문에 새것을 찾아 헤매게 되고 이상하게 느껴지는 것까지라도 만들거나 그러한 것을 보면 수용하게 되고 처음에는 거부감을 느껴도 곧 거기에 적응하거나 그것을 수용하게 된다. 새것으로 변화할 때 지난 것을 송두리째 버리는 결과를 가져옴으로써 오늘이 과거와 철저한 단절을 가져온다. 그러나 오랜 후에 다시 이전 것으로 돌아가는 것을 보지만 옛것을 그대로 복사하지는 못한 것으로 나타난다.

일곱째로 대중문화는 새시대를 맞아 소위 포스트모더니즘의 문화를 향하고 있다. 이것은 철저하게 과거의 문화를 철거하려고도 하고 그것과 타협하려고도 하고 변형을 하여 새것을 바꾸려고 하기도 하지만 원칙적으로 과거의 것을 철거하고 새로운 것을 만들려고 한다. 우선 형식에 있어서 틀에 박힌 것을 철거하여 새로운 형식을 만들려는 것이 아니고 형식이 없는 새로운 것을 만들어 형식 없는 형식을 만들어 내기도 한다. 이것은 전체를 보고 자체 내에서 자정능력과 조정능력을 보고 스스로의 변형작업을 거쳐 새것으로 발전하는 모습을 볼 수 없게 하며 오히려 개인주의적이고 자기중심적이며 따로 노는 것을 장려하는 것처럼 사회를 분해 또는 와해하여 모래알처럼 나뒹굴게 하는 느낌을 준다. 그래서 생존을 위한 연계의 필요성을 갖게 되고 이것이 발전하여 통합으로 가는 모습도 보게 된다. 이러한 연계가 없이는 삶을 지탱하고 지속하기 어려울 것으로 보인다.

우리는 대중문화를 생각하면서 문명(civilization)과의 관계를 살펴보아야만 한다. 왜냐하면 오늘에 있어서 가장 큰 관심은 문명의 충돌이기 때문이다. 사실, 문화는 고정하여 지역이나 민족이나 종족에 따라 창출되고 후세에 전수되기도 하고 알려지기도 한다. 오늘날 그 문화를 보면서 문화유산이라는 말을 하기도 한다. 그렇다면 문화는 단절되며 재창출될 수 없는 것인가? 하는 질문도 할 수 있다. 동시에 문화가 문명과 어떤 관계를 가지고 있으며 문명이 충돌을 일으킬 때 문화는 어떻게 되는 것일까? 하는 질문은 매우 흥미롭고 중요한 것이라고 판단된다.

토플러(Alvin Toffler)가 신문명 창조를 외친 것은 지금까지의 문명이 더 이상 지탱될 수 없기 때문이다.[21] 다시 말하면 우리는 제3의 물결의 문명을 창조해야 한다는 것이고 또 그것은 불가피하다는 것이다. 여기서 문명은 문화와 동일시 되고 있다. 더 구체적으로 말하면 문화는 문명 가운데 포함되어 있다. 그러나 여기서는 더 이상 '문화는 정신적인 것이고 문명은 물질적인 것이다.' 라는 말을 할 수 없게 되어 있다.

문화는 문명 창조의 힘이며 내용이지만, 문명이 문화의 형식이라고 더 이상 말할 수 없다. 문화는 한 시대 사람들이 창출해내는 학습된 생활양식이라고 한다면 문명도 그러한 것이지만 보다 거대한 국가적 또는 세계적 차원에서 이해되며, 문화와 일치되게 학습된 생활양식을 포함하는 모든 영역을 가시화 하고 구분할 수 있게 만든다. 여기서 우리의 관심은 대중문화이지 대중문명은 아니다. 왜냐하면 대중은 세계적이라 하더라도 세계 자체는 아니다. 그러나 문명을 말할 때에는 세계 자체를 말할 수도 있게 된다. 예를 들면 미국의 문명은 전 세계에 영향을 미치고 있고 심

---

21)Alvin Toffler, *Creating a New Civilization : The Politics of the Third Wave*, Atlanta : Turner Publishing, Inc., 1995.

지어 미국화 하고 있기도 하다. 문화는 이것을 거부하면서 자체의 문화를 지키려는 노력을 하기도 한다. 대중문화는 대중이라는 한계 안에서 표현되는 문화를 의미하게 된다. 그러나 대중문화도 문명과 무관하지는 않다는 것이 위에서 말한 특징에서 나타난다.

3. 기독교 신앙과 대중문화의 관계

1) 성경적 관계

성경적 관계는 기독교 신앙과 대중문화 관계의 기초이며 기반이다. 이러한 기반 위에 세워진 관계가 건전한 관계라고 판단된다. 따라서 우리는 먼저 성경적 관계를 살펴보기로 하자.

첫째로 성경적 관계는 마태복음 28장 19-20절에 나타난 대로 예수님께서 제자들에게 온 세상을 교구로 삼고 복음을 전파하고 세례를 주고 예수님이 분부하신 것을 가르쳐 지키게 하라는 명령을 기초로 하여 세워진다. 우리는 세상이 교구로 인정되는 한 세상에서 문화를 형성하는 관계를 갖게 된다. 이것은 분명히 세상에서의 기독교문화 형성을 과제로 명령받는 것을 나타낸다. 이것은 우리의 선택이 아니고 다만 실천할 수밖에 없는 과제로서의 명령이다.

둘째로 성경적 관계는 로마서 12장 1-2절에 나타난 대로 먼저 하나님을 믿는 신앙으로 하나님과의 친밀한 관계를 형성하고 그것을 기초로 하여 세상에서 문화를 형성하되, 세상(세대)을 본받지 말고 오직 마음을 새롭게 함으로 말미암아 변화를 받고 하나님의 기뻐하시고 온전하신 뜻이 무엇인지 분별하여 세상에서 기독교문화를 형성해야 하는 과제를 받는다. 이것 또한 우리의 선택이 아니고 다만 실천할 수밖에 없는 과제로서의 명령이다.

셋째로 성경적 관계는 요한복음 3장 16-18절에 나타난 대로 세상은 본받지 않는다 하더라도 세상을 사랑하고 세상을 구원하고 세상에서 좋은 나무로서 좋은 열매를 맺고 동시에 좋은 행실을 사람들이 볼 수 있도록 해야 한다. 특별히 우리가 세상을 사랑한 것은 하나님께서 먼저 세상을 사랑하시고 하나님의 독생자를 죽게 하시고 세상을 구원하신 것처럼 세상을 사랑하는 가운데 기독교문화를 형성해야 하는 과제를 받는다. 이것 또한 우리의 선택이 아니고 실천할 수밖에 없는 과제로서의 명령이다.

넷째로 성경적 관계는 요한복음 1장 14절에 나타난 대로 우리가 세상 안에서 기독교문화를 형성하는 과제를 직접 실천해야 한다. 사실, 이것은 말씀이 육신이 되신 것, 즉 예수님께서 세상 안에서 사람이 되시고 육신으로서의 문화를 형성하심으로써 기독교문화 형성과제를 직접 실천하셨다. 우리는 이것을 본받아 기독교문화 형성을 과제로 명령 받았다. 이것은 구약성경에 나타난 문화명령과 일치한다. 즉 창세기 1장과 2장에 나타난 문화명령은 '세상을 정복하고 다스리며 지키라'고 하신 것인데 말씀이 육신이 되시는 사건 안에서 수렴되고 있다. 우리는 이러한 문화명령을 세상에서 실천하므로 기독교 대중문화 형성의 가능성을 본다.

2) 성경적 관계와 지식사회에서의 대중문화

첫째로 지식사회는 지식의 사회이며, 지식에 의한 사회이며, 지식을 위한 사회임을 인식하되 지식에 매몰되어서는 안 되는 사회로서 대중문화도 지식사회 안에서 형성되기를 요구한다. 오늘의 대중문화는 분명하게 지식사회의 특징을 드러내고 있다. 여기서 경영혁명이 일어나고[22] 디자이너스 라이프스타일(designer's lifestyles)이 일어나고[23] 인포미디아

---

22) Peter F. Drucker, *Post-Capitalist Society*, 이재규 역, 『자본주의 이후의 사회』(서울: 한국경제신문사 1993), 46쪽.

23) Russell Chandler, *Racing toward 2001: The Forces Shaping America's*, 1993, p.101 이하.

혁명(the infomedia revolution)이 일어나고[24] 제3의 문화 (the third culture)가 일어나고[25] 신세대 문화가 형성된다.[26] 지식사회는 그 자체가 혁명이며 그 혁명을 통해 패러다임 이동을 일으켰으며 지금도 계속해서 일으키고 있으며 대중문화의 성격을 규정하여 형성하고 있다. 다시 말하면 대중은 지식에 의해 주도되면서 지식의 대중이 되고 있으며 대중에 의하여 지식의 확산과 지배가 가능한 것을 나타내고 있다. 지식사회가 대중사회를 주도하고 있으며 대중은 거기서 지식의 주도에 순응하고 있다. 여기서 기독교 신앙의 의미를 찾아야 하고 기독교 대중문화 형성의 길을 찾아야 한다.

둘째로 지식사회는 산업사회 이후의 연속선상에서 형성된 것으로 대중문화의 성격을 규정하고 있다. 산업사회는 표준화, 분업화 또는 전문화, 동시화, 집중화, 거대화, 중앙집권화 등의 원칙에 따라 형성된 사회이지만[27] 지식사회는 탈표준화, 탈분업화 또는 탈전문화, 탈동시화, 탈집중화, 탈거대화, 탈중앙집권화 또 지방분권화 등의 과정에서 형성되는 사회이다. 이러한 차이는 단순히 탈과정에서 형성되는 것만이 아니고 그 과정 안에서 많은 변화를 거쳐 새로운 의미를 갖게 된다. 여기서는 전문계열화, 지역화 등의 의미가 강하게 나타나면서 대중의 개인주의 또는 개별화의 중요성 그리고 자유에 근거한 자기결정 행위 등이 요구되는 문화를 형성하게 한다. 여기서 기독교 신앙의 의미를 찾아야 하고 기독교 대중문화 형성의 길을 찾아야 한다.

셋째로 지식사회는 전문화 또는 전문가를 선호하기 보다는 전문가의 기능과 역할을 할 수 있는 것을 포함하여 그것을 확대하기를 희망하는

---

24) Frank Koelsch, *The Infomedia Revolution: How It Is Changing Our World and Your Life*, Toront: McGraw-Hill Ryerson, 1995.

25) John Brockman, *The Third Culture: Beyond the Scientific Revolution*, New York: Simon & Schuster, 1995.

26) 송재희 외, 『신세대: 네 멋대로 해라』, (서울: 현실문화연구, 1993).

27) Alvin Toffler, *The Third Wave*, Toronto Bantam Books, 1980.

사회이다. 여기서 창출된 것이 일반론자(generalist) 또는 통합론자들이다. 다시 말하면 전문가의 지식을 가능한한 가지면서도 자기가 당면한 문제를 해결하고 변화가 일어나는 과정을 고려하여 변화를 일으키는 행동자(change agent)가 되는 것을 요구한다. 여기서는 전문가와 일반론자의 충돌을 원하지 않는다. 사실, 일반론자들은 더욱더 전문적 지식을 쌓아(advanced generalist) 지식사회에서 적절하게 대처할 능력(coping capacity)을 가지고 상황에 임해야 한다. 여기서 고려되는 것은 제3의 문화(the third culture)와 같은 것이다. 생명과 죽음이 혼돈 없이 생명의 맥락에서 이해되며, 혼돈(chaos)이나 프랙틀(fractals)이 질서(order)와 함께 이해되며, 오히려 혼돈으로부터 질서(order out of chaos)라는 새로운 질서(cosmos)를 생각하게 된다. 기독교 신앙은 이러한 세상의 빛으로 작용하기를 희망하며 착한 행실을 사람들에게 보이기를 요구받는다.[28] 그래서 빛과 어두움이 빛의 맥락에서 수용되며 개인과 대중이 손상 없이 존재하는 것을 요구받는다. 다시 말하면 대중 안에서 개인이 말살되거나 고독한 존재가 되지 않으며 개인주의의 강요 가운데 대중이 분해되어 사회까지 지탱되지 못하고 지속되지 못하는 결과를 낳지 않기 바란다. 지식사회는 혁명을 통해 패러다임을 이동시킴으로써 새로운 기독교 대중문화를 형성하기를 요구하고 있다.

3) 기독교 신앙과 대중문화의 관계 원칙

기독교 신앙은 기독교 대중문화를 형성하는 원칙을 제시한다. 즉 기독교 대중문화는 기독교 신앙의 실천성, 구체성, 추진성, 현실성, 지역성, 다양성 등의 원칙 아래 형성되기를 희망한다. 왜냐하면 기독교 대중문화도 기독교인들의 복지를 위해 형성되어야 하기 때문이다.[29] 이 원칙들은

---

28) 마 5:14-16.
29) 맹용길, 『복지목회론』, (서울: 장로회신학대학교 출판부, 1997).

법률적 성격을 가지는 것은 전혀아니다. 오히려 이 원칙들은 기독교 대중문화 형성의 안내요 지침이다. 그러나 이 원칙들이 지도와 같은 것도 아니다. 오히려 이 원칙들은 기독교 대중문화를 형성하는 사람들이 창의성을 발휘하고 하나님이 기뻐하시는 뜻을 실현하기를 희망한다.

4) 기독교 신앙과 대중문화 영역

기독교 신앙은 벽에 갇혀 있거나 고정되거나 사장되는 것과 같은 정태적 입장을 취하지 않고 살아서 움직이고 역사하고 새로운 것을 계속해서 만들어 내기를 바라며 인간의 창의력을 존중하여 창조적 삶을 창출하는 것을 희망한다. 그러므로 기독교 신앙이 기독교 대중문화를 형성하기 위한 영역도 고정시키거나 한정된 것으로 묶어 놓으려 하지 않는다. 그렇지만 우리가 21세기를 향하여 살아가면서 가장 빈도수 높게 우리의 삶에 깊은 관계를 맺을 가능성으로 나타나는 영역을 고려해 볼 때 우선 전통적으로 기본적인 것들로 인정되고 있는 가정과 국가, 거기에 기독교인이면 교회를 고려할 수 있을 것이며, 우리의 환경에서 인위적 환경과 자연 환경을 고려할 수 있을 것이며, 삶의 양식(patterns)으로서 노동과 문화를 고려할 수 있을 것이며, 종말론적 시간으로서 미래를 고려할 수 있을 것이며, 삶의 이슈로서 폭력, 기술, 경영 건강 등을 고려할 수 있을 것이며, 삶의 목표로서 복지를 고려할 수 있을 것이다. 이러한 영역들은 우리의 삶 전체를 포괄하지는 못한다 하더라도 21세기를 향하여 다음 천년의 기독교문화를 형성하는 중요한 영역들이 될 것이며 특히 오늘의 기독교 대중문화를 형성하는 주요 영역들이 될 것은 틀림없다.

5) 기독교 신앙과 대중문화의 "대단절(chasm)"을 넘어서

기독교 신앙은 지탱 가능하고 지속 가능한 기독교 대중문화의 형성을 강하게 요구한다. 왜냐하면 기독교 신앙은 처음부터 세상 안에서 살아

움직이고 생명을 살리는 일을 하여 기독교문화를 형성하기를 요구하기 때문이다. 따라서 우리는 기독교문화가 기독교 대중문화를 형성하는 포괄적 모형으로서 길잡이가 된다는 것을 인정하게 된다. 기독교 신앙은 기독교 대중문화를 형성함에 있어서 패러다임 이동을 감지하고 그것을 변형하거나 그 속에서 형성하려고 한다. 여기서 기독교 대중문화는 e-mail 문화, 양방향 문화(interactive culture), 첨단기술 문화, 자유시장 문화, 디자이너 문화, D-day 전략문화, 특공대를 결성하고 공격 목표를 설정하고 온갖 장애를 극복하며 형성하는 문화, 전략적 경영문화, 철저한 개인주의 문화, 신세대 문화, 가격파괴의 문화, 가치 약화와 탈가치 거부의 문화, 중심 상실과 질서의 충돌없는 문화, 통제 불능과 사회의 지탱과 지속의 문화, 브레이크가 없는 가운데 지탱되고 지속되는 질서의 문화, 스포츠와 레저가 혼합하는 레포츠 문화, 무와 배추가 하나로 되는 문화, 스키와 골프가 대중화 되는 문화, 가정 전화와 이동 전화가 구분이 안 되는 문화, 스포츠의 선수, 관중, 치어리더들이 하나가 되는 문화, 초롱초롱한 정신과 마약으로 인한 몽롱함이 구별되지 않는 문화, 우리의 현실과 가상현실과 과학소설의 공상이 하나로 연결되는 문화, 걷고, 타고, 나는 것이 하나로 이어지는 문화 등 다 표현할 수 없는 문화가 형성되고 있다.

앞으로도 계속 새로운 이름의 문화가 형성될 것이 틀림없다. 이러한 현상 가운데 기독교 신앙은 대중문화를 경멸하거나 파괴하거나, 반대로 대중문화가 기독교 신앙을 철거하려 하거나 파괴하려는 대단절이 일어나는 경우가 많을 것이다. 이것은 반대로 충돌로 일어나는 경우도 많을 것이다. 이것은 새롭게 넘어야 할 장벽이다. 기독교 신앙은 본래의 문화명령을 다시 수용하고 대단절을 넘어서는 방안을 모색하여 기독교 대중문화를 형성하는 새로운 명령을 이행해야 한다. 이것은 기독교 신앙이 육신이 되는, 즉 현실화 되는 과정을 의미한다. 기독교 대중문화는 사람들이 더불어 살아야 한다는 하나님의 뜻을 지탱하고 지속하며 인간의 복지추구를 가능하게 하려는 삶의 양식이다. "사랑하는 자여 네 영혼이 잘

됨 같이 네가 범사에 잘 되고 강건하기를 내가 간구하노라"[30]

4. 한국 기독교 대중문화의 형성

1) 지침

첫째로 삼위일체 하나님의 통합성을 다라야 한다. 즉 성부, 성자, 성령의 하나되심과 평화 통일양식을 따라야 한다.[31]

둘째로 기독교 신앙의 통합성을 따라야 한다. 즉 믿음, 사랑, 소망의 하나됨에서[32] 나타난 통합성을 따라야 한다.

셋째로 가치의 통합성을 따라야 한다. 즉 기본가치, 근본가치, 현실가치의 하나됨에서 나타난[33] 통합성을 따라야 한다.

여기서 우리가 정하는 특성은 다음과 같다.

첫째로 기독교 대중문화는 통합(integrative)문화이어야 한다. 마음에 들면 하나가 되고 감격하며 '아멘' 한다. 이것은 통합문화의 특성이다.

둘째로 기독교 대중문화는 보호(care)문화이어야 한다. 이것은 과잉보호와 같은 것이 아니고 동정(compassion), 공감 또는 감정이입(empathy), 따뜻함(warmth), 더불어 삶(life together), 전략적 경영(strategic management)의 개념을 포함한다.

셋째로 기독교 대중문화는 생명을 살리는 문화이어야 한다. 죽어가는 생명을 회복하고 살아갈 수 있는 길을 마련하는데 전력을 다하며 최소한

---

30) 요3서 2절.
31) 맹용길, 『基督敎와 韓國社會』, (서울: 목양사, 1986).
32) 고전 13:7.
33) 맹용길, 『기독교윤리학개론』, (서울: 한국장로교출판사, 1994), 제4장.

의 밥줄은 끊지 않고 그것으로부터 새롭게 살아가는 길을 찾도록 돕는다.

넷째로 기독교 대중문화는 생산성을 높이는 문화이어야 한다. 생산성은 개발이나 양적 증대만을 의미하지 않는다. 생산성은 기독교 대중문화가 형성되는 데 효율성을 높이고 역동성을 나타내게 하는 것을 의미한다.

다섯째로 기독교 대중문화는 현실성이 있는 문화이어야 한다. 현실성은 앞에서 살핀 실천성, 구체성, 추진성, 지역성, 다양성 뿐만 아니라 값싸고 스케일이 크거나 작거나 사람을 의식하며 사실적이고 색감이 있으며 느낌이 뜨겁게 일어나게 하는 것들을 다 포함한다.

2) 주의 사항

(1) 소극적인 면
　① 모방만을 피하라.
　② 종속 또는 식민지화 하는 것을 피하라.
　③ 인기에(popular)만 기울이지 말라.
　④ 돈사랑, 상대의 성(opposite sex), 폭력 등을 전제하지 말라.
　⑤ 대여 상황과 차관(loan)정신을 잊지 말라.

(2) 적극적인 면
　① 창의성을 발휘하라.
　② 지탱하고 지속할 수 있는 것으로 만들라.
　③ 대단절을 극복하라.
　④ 긍정적으로 생각하라.
　⑤ 세상에 대해 관심을 가지라.
　⑥ 성실하게 심는 문화를 실천하라.
　⑦ 세상을 가능한 자원으로 활용하라.
　⑧ 색감과 분위기를 수용할 수 있는 문화를 디자인하라.

⑨ 항상 뿌리가 있는 문화를 만들라.
⑩ 떳떳하고 자랑스러운 문화를 만들라.

3) 준거틀(frame of reference)

(1) 한국의 토양을 옥토로 만들라.
(2) 복음만을 심고 가라지는 심지 말라.
(3) 복음을 진주로 알고 보전하게 하라.
(4) 믿음의 역사와 사랑의 수고와 소망의 인내 과정이 되게 하라.
(5) 지역사회와 넓은사회에 도움이 되게 하라.
(6) 하나님 나라가 임할 때까지 꾸준히 지속하라.

4) 방법의 단계

(1) 복음의 단순화, 명료화 작업
(2) 복음의 작용화, 실천화, 문화화 작업(복음의 투입, 과정, 산출,
    피드백, 후속 조치 작업 포함)
(3) 복음의 관리 작업(생명 존중, 인간 존중, 상호의존 작업 포함)
(4) 복음의 수확 작업(문화의 결실 포함)

기독교 신앙은 처음부터 세상 안에서 이루어지는 생명 살리기 창조작
업이다. 그러나 세상은 기독교 신앙의 진의를 따르지 못하고 오히려 갈
등을 일으키고 충돌을 하며 세상의 독자적인 길을 가려고 충동하였다.
이러한 대단절은 문화로 나타났다. 기독교 신앙은 이제 이 대단절을 넘
어서 기독교 대중문화를 형성하여 이 세대를 본받지 않으면서도 세상을
사랑하며 더불어 사는 대중문화를 창조적으로 형성해 가야 한다는 결론
을 얻었다. 우리는 하나님 나라가 임할 때까지 꾸준히 기독교 대중문화

를 형성해 감으로써 복음의 문화화, 더 적극적으로 복음의 대중문화화를 통해 기독교 신앙과 대중문화의 관계를 바르게 세우도록 해야 할 것이다.

현대문화의 비판과 수용

영상문화의 특성과 올바른 활용 방안

김기태(서강대 방송아카데미 교수부장, 언론학 박사)

1. 영상매체의 두 얼굴:TV 매체를 중심으로

영상시대라 불리우는 현대사회에서의 올바른 신앙 생활은 이제 이 시대 그리스도인들에게 시급한 해결과제가 아닐 수 없다. 영상의 숲에 둘러싸여 살아가고 있다고 해도 과언이 아닐 정도로 지배적 환경이 되어버린 이른바 영상환경, 영상문화에 대한 올바른 이해가 필요한 이유이기도 하다. 그 중 여기서는 대표적 영상매체라고 할 수 있는 텔레비전 매체를 중심으로 살펴보고자 한다.

현대인 특히 기독교인에게 TV는 어떤 존재일까? 기독교인 다운 경건한 생활을 돕는 도구일까 아니면 경건한 삶을 파괴하는 흉기일까? 'TV의 숲'에 둘러싸여 살아간다고 해도 과언이 아닌 현대 기독교인들에게는 매우 중요한 질문이 아닐 수 없다.

우선 TV 화면은 인간에게 꿈과 희망을 주기도 하지만 좌절과 절망이란 상처를 입히기도 한다. 때론 따뜻한 위로자가 되어 용기를 되찾게 하는 활력소가 될 때도 있지만 의욕을 꺾는 파괴자로서의 칼날을 휘두르기도 한다. 간혹 방송 프로그램은 삶에 찌든 현대인의 피로와 스트레스를 풀어 주는 휴식처이기도 하지만 오히려 더 큰 고통과 불안을 불러일으키는 갈등이기도 하다.

이렇듯 방송은 두 얼굴을 가진 양면적 존재이다.

TV가 인간의 삶과 사회에 미치는 영향력에 대해서도 서로 상반된 두 가지 입장이 공존한다. 우선 그 영향력이 광범위하고 막강하다는 견해가 있는 반면, 생각보다는 훨씬 미미하고 대수롭지 않은 영향력에 머문다는 입장이 그것이다. 그러나 정도의 차이 문제일 뿐 TV가 영향력을 행사하고 있다는 사실 자체를 부정하는 주장을 내세우는 사람은 없다.

영향의 방향에 대해서도 서로 다른 의견들이 있다.

그 하나가 TV의 각종 역기능적 폐해를 들면서 인간의 삶과 사회를 파괴하는 주범임을 강조하는 입장이고, 다른 하나는 현대인의 삶을 풍요롭게 해주는 무한한 가능성을 지닌 이 시대의 총아라는 주장이다. 물론 이 경우에도 정도의 문제일 뿐 역기능과 정기능을 서로 완전히 배제하는 극단적인 주장은 있을 수 없다. 아예 TV라는 물체를 이 지구상에서 영원히 추방해 버려야 한다는 'TV 제거론' 또는 'TV 무용론'을 주장하는 일부 극단적인 사람들이 없는 것은 아니지만 역시 동의의 정도가 매우 약한 주장일 뿐이다. 부분적인 폐해를 인정하는 'TV 유해론'이 비교적 폭넓은 지지를 받고 있는 입장인 셈이다.

TV 화면은 즉각적으로 시청자에게 영향을 미친다는 주장에서부터 장기적이고 누적적인 영향력을 행사한다는 견해까지 다양한 TV 효과론이 제기되고 있기도 하다. 한편, TV 화면은 인간의 삶과 사회현실을 진솔하게 비추어 주는 거울이라는 '현실반영론'과 전혀 현실과는 다른 새로운 세계를 만들어 낸다는 '현실창조론'이 양립하기도 한다. '반영론'에 의하면 TV 화면 속에서 실제 현실을 찾아낼 수 있다는 것이고 '창조론'은 이를 부정한다. 일정한 구조적 틀거리 내에서 TV 화면은 지속적으로 특정 계층의 입장을 담은 가치와 세계를 창조하고 있다는 게 거울로서의 TV 역할을 부정하는 사람들의 주장이다. 그러나 반영과 창조의 양 입장들이 완전히 상호배타적 관계에 있는 것은 물론 아니다. 오히려 서로를 조금씩 받아들임으로써 각자의 입장에 대한 설명력을 높이려 한다는 게 보다 정확한 표현일 것 같다.

이렇듯 TV 화면에 관한 논의는 거의 모든 면에서 서로 다른 주장이 동시에 제기되는 양면성을 지닌다. 따라서 TV는 그것 자체보다 이를 활용하는 사람에 따라 문명의 이기로 쓰여질 수도 있고 문명의 흉기로 돌변할 수도 있는 양면성을 지닌 존재이기 때문에 좋은 시청 습관을 기르는 일이 무엇보다 시급한 일이 되었다. 물론 TV 시대, 올바른 신앙 생활의 지혜를 찾는 일도 이와 다를 것이 없다.

2. 텔레비전 유용론

먼저, TV는 잘 활용만 하면 매우 유용한 매체이다. 막강한 힘을 지니고 있을 뿐 아니라 시청자들의 활용 여하에 따라서는 어떤 매체보다도 많은 유용성을 지닌 가능성 있는 매체이다. 이런 가능성이 곧 현대인 특히 기독교인들이 TV를 잘 활용해야 하는 이유인 셈이다.

첫째, TV는 훌륭한 선교사의 역할을 할 수 있다.

TV 화면을 통해서는 다양한 수준의 선교를 할 수 있기 때문이다. 현대사회에서 TV는 다양한 차원에서의 설득적 기능을 하고 있는데 이를 복음을 전하는 일에 사용한다면 훌륭한 선교사역 도구로 활용할 수 있을 것이다. 이른바 영상세대로 불리우는 오늘날 많은 젊은 세대들이 '영상으로 생각하고 영상으로 말하며 영상으로 듣는 세대' 들 이라는 점에서 보면 TV를 이용한 복음전파는 시대적 과제라고 할 수 있을 정도이다.

아예 선교를 목적으로 하는 라디오 방송과 케이블 TV와 같은 직접적인 선교기능을 담당하는 방송의 프로그램 뿐 아니라 일반 방송의 프로그램 중에서도 사실상 넓은 의미에서의 선교기능을 담당하는 많은 프로그램들이 바로 이런 TV의 선교적 기능을 수행하고 있는 사례인 셈이다.

둘째, 오늘날 TV는 부모, 학교 교사, 교회학교 반사 이상으로 청소년들에게 교육적 영향을 주는 좋은 선생님이 될 수 있다. 물론 이러한 교사로서의 역할은 성인들에게 있어서도 예외가 아니다.

오늘날 TV는 가장 영향력 있는 사회교육 교사로서의 역할을 하고 있기 때문에, TV 속에서 그리고 있는 수많은 유용한 내용의 메시지들은 시청자들에게 올바른 삶을 살아가는 지표의 역할을 할 수 있을 것이다. 특히 가정이나 학교에서의 교육에 의존하던 과거에 비해 오늘날에는 각종 대중매체를 통한 교육이 상대적으로 훨씬 많은 비중을 차지하고 있는 상황에서 TV의 교육적 기능이 보다 강조되고 있는 실정이다.

셋째, TV는 좋은 친구이다.

TV는 전통적인 의미에서의 참다운 친구가 갈수록 사라져가고 있는 현대인의 공허함을 메꾸어 줄 수 있는 좋은 친구의 역할을 할 수도 있다. 진정한 친구란 외로울 때 동반자가 되어주고 슬플 때 위로자가 되어주는 존재인데 이를 TV가 대신해 줄 수 있기 때문이다. 그래서 좋은 TV 프로그램은 진정한 친구가 없는 현대사회의 많은 그리스도인들에게 따뜻한 친구의 역할을 하는 셈이다.

좋은 음악 프로그램을 들으면서 아름다운 꿈을 키운다거나 감동적인 드라마나 다큐멘터리 프로그램을 통해 깊은 내면의 교감을 하는 경우 TV는 다른 어떤 친구보다도 좋은 친구의 역할을 하는 셈이기 때문이다.

또한 실제 생활 속의 친구들 사이에서 화제를 제공해 주고 동일한 화제 속으로 대화를 끌고가도록 만드는 역할을 할 때도 있다.

넷째, TV는 세상을 살아가는 데 필요한 정보를 얻는 창구이다.

TV는 신속하고, 정확하게 정보를 전달해주는 일차적 기능을 수행하고 있다. 따라서 TV를 통해 우리들은 세상을 살아가는데 필요한 각종 소식을 접할 수 있는 것이다. 그런 만큼 공정성, 정확성, 신속성, 균형성을 모두 갖춘 TV 속의 수많은 정보들은 시청자들의 필요에 따라 제대로 취사선택 할 경우 매우 중요한 지식과 지침을 제공하는 기능을 한다.

특히 수많은 정보가 난무하는 가운데 TV는 이를 적절히 선택할 수 있도록 도와주고 올바르게 이해할 수 있도록 안내하는 역할을 수행하기도 한다는 점에서 유용성이 높다.

다섯째, TV는 직접 경험해보기 어려운 다양한 사회적 관계를 경험하게 하고 일깨워주는 좋은 인간관계의 장(場)이다.

현대사회는 다양한 형태의 사람과 관계들이 얽혀 돌아가는 복잡성이 특성이기 때문에 이에 대한 적절한 대비나 교육이 없이는 올바른 사회생활을 기대할 수 없게 되었다. 따라서 TV 속에 등장하는 여러 가지 인간형과 인간관계 유형을 통해 우리는 올바른 사회관계의 방향과 실천과제를 익힐 수 있다. 간혹 사회관계나 인간관계에 있어서 원할치 못한 기독교인들의 경우는 오히려 좋은 TV 프로그램이 이를 극복할 수 있는 안내자가 될 수도 있을 것이다.

여섯째, TV는 올바른 정치적 판단을 할 수 있도록 도와주는 역할을 할 수도 있기 때문에, 올바른 민주시민으로서의 자질과 안목을 기르는 데 도움을 줄 수도 있다.

전자민주주의라는 말이 나올 만큼 오늘날 정치는 각종 뉴미디어를 비롯한 대중매체를 이용해 이루어지고 있다. 방송을 잘 활용할 경우 참다운 민주주의를 실현할 수 있을 것이기 때문이다. 각종 선거시 방송을 통해 입후보자들의 면면을 미리 파악한다든지 평소 방송을 통해 갖가지 정치적 이슈들에 대한 정보를 얻을 수 있기 때문에 방송은 시청자들에게 올바른 정치적 입장과 이념을 정립하는데 도움을 주는 기재라고 할 수 있을 것이다.

일곱째, TV는 복잡한 일상 속에서 정신적, 육체적으로 고통받는 현대인들에게 휴식을 취할 수 있도록 도와주는 오락 기재이다.

소득 수준이 높아지고 생활여건이 향상되면서 점차 전통적인 의미에서의 노동 개념과 휴식 또는 놀이, 레저 개념이 바뀌고 있다. 즉, 어떻게든 많은 일을 해서 소득을 높여야 한다는 절대적 노동가치 개념이 실질적인 삶의 질, 즉 진실한 행복을 찾는 형태로 바뀌면서 '노는 것' 이 죄악이 아니고 오히려 잘 노는 게 필요하다는 새로운 인식이 대두된 셈이다.

이런 놀이나 휴식에 대한 보다 적극적이고 능동적인 인식의 토대 위에서 방송의 오락 기능은 다른 어떤 역할에 비해서도 중요한 기능으로 받아들여지고 있다. TV 속의 주요 프로그램들인 쇼, 코미디, 드라마, 스포츠가 사실은 모두 오락 프로그램이라는 사실이 이를 잘 말해주고 있는 셈이다. 따라서 어쩌면 현대인에게 TV는 오락 매체로서의 유용성을 가장 잘 제공하고 있다고 볼 수도 있을 것이다.

이런 점에서 보면 TV의 오락 프로그램을 단지 오락물이라는 이유 만으로 좋지않은 프로그램의 범주에 포함시키는 것도 사실은 바뀌어져야 할 태도가 아닐 수 없다.

결국 이상과 같은 이유들 때문에라도 TV의 존재는 필요하고 이를 잘 활용할 경우 얼마든지 문명의 이기로 쓰일 수 있는 여지가 충분한 매체라는 사실에 주목할 필요가 있다고 하겠다.

3. 텔레비전 유해론

기본적으로 TV의 세계는 실제 현실 세계와는 다를 뿐 아니라 개인의 내면세계를 비롯하여 갖가지 대인관계 그리고 갖가지 사회관계를 매개해 주는 과정에서 허구적 사실을 마치 진실인 것처럼 조작하고 위장한다는 점에서 현대인에게 매우 위험한 존재이다. 특히 기독교인들에게 TV는 복음적 가치관에 반(反)하는 반기독교적 대중매체 가치관을 지속적으로 심어준다는 면에서, 경계와 선별 등 적극적인 수용자세를 갖추지 못할 경우 경건한 생활을 저해하는 장애물이 될 수 밖에 없다.

결국 TV는 무엇보다도 참된 진리와 정의 그리고 평등, 평화 등 복음적 가치관을 구현하려 하기 보다는 갖가지 반기독교적 대중매체 가치관에 매달릴 수밖에 없다는 한계가 TV 유해론의 첫번째 근거이다. 물론 여기서 일컫는 비기독교적 대중매체 가치관이란 곧 정의롭지 못하고 비인간적인 가치관이란 점에서 반드시 신앙적인 면에서의 개념에 국한되는 의미가 아닌 포괄적인 용어이다.

예컨대 복음적 가치관에서 가장 중요시하고 있는 '참된 사랑'에 관한 가치관에 있어서도 TV는 일반적으로 쟁취하기 위해 속이고 빼앗는 그리고 그 과정에서 파괴되고 슬퍼하는 비뚤어진 사랑의 모습을 주로 다룬다. 다시 말하면 교회가 가르치는 여러 가지 복음적 가치관에 비해서 TV는 현대 자본주의 사회에서 대중매체가 지니고 있는 구조적 한계 때문에 반기독교적 가치관을 보다 즐겨 다루고 이를 마치 현대인이 중시해야 할 가치관인 것처럼 강조한다는 점에 가장 큰 문제가 있다.

둘째, TV는 시청률 경쟁으로 대변되는 치열한 경쟁성의 소용돌이 속에서 다양한 흥미거리를 양산하는데 몰두하게 되는데 이중 가장 큰 두 가지의 문제가 바로 선정성과 폭력성이다.

거의 맹목적이라 할 정도로 TV는 선정성과 폭력성을 강조하고 이를 프로그램 속에 삽입시키고 있는데 TV가 경건한 그리스도인의 삶 뿐 아니라 건전한 평균적 시민의 생활까지도 위협하는 존재라는 지적을 지속적으로 받는 것도 바로 이 때문이다. 특히 TV의 선정성은 성(性)을 상품화 하고 쾌락을 쫓는 탐닉의 대상으로토만 즐겨 다룸으로써 건강한 가정 또는 건전한 성문화를 파괴하는 주범으로 취급받기도 한다. 이런 왜곡된 성적 표현들은 특히 청소년 시청자들에게 잘못된 성의식을 내면화시키고 경우에 따라서는 성적 욕구를 해소하기 위한 범죄까지도 저지를 수 있다는 점에서 심각하기 이를 데 없는 문제가 아닐 수 없다.

또한 TV 속에서 그리고 있는 각종 신체적, 언어적, 심리적 폭력장면이나 내용은 시청자들로 하여금 폭력행위를 일상화시키고 어린 청소년들에게는 폭력성을 배양시킬 수 있다는 점에서 예상되는 폐해가 크다. 더욱이 이런 과도한 TV 폭력물은 시청자들에게 폭력을 통한 문제해결의식을 심어준다는 점에서도 문제가 있다.

셋째, TV는 지나친 소비주의와 잘못된 소비관행을 부추기고 일부 특수층의 과소비나 파행적 소비패턴을 일반화시킨다는 점에서 문제를 찾을 수 있다.

TV 광고를 비롯한 대부분의 TV 프로그램은 결국 시청자들을 소비시장으로 끌어 들여서 많은 소비를 하도록 유혹하는 것을 목적으로 삼고있다고 해도 과언이 아니다. 과대, 과장, 허위광고 시비가 그치지 않고 TV 화면에 비친 갖가지 의상, 가구, 노래, 장식품들이 쉬지않고 유행을 창조하여 결국 판매고를 높이는 등의 순환과정을 거치고 있다는 사실도 이를 잘 설명해주는 셈이다.

넷째, TV는 계획적인 생활리듬을 깨뜨리고 과도한 TV 시청과 몰입시청을 하도록 유혹하기 때문에 대부분의 시청자들을 즉흥적이고, 감각적인 생활을 하도록 유도한다는 점에서 경계가 필요하다.

사실상 TV 수상기를 켤 때 어떤 프로그램을 시청하겠다는 계획 아래 선택하는 시청자는 별로 없다. 대부분 이리저리 스위치를 돌려대다가 눈에 띄는 화면에 이끌려 채널을 고정시키기 때문에 전혀 계획적인 시청이 이루어질 수 없다. 즉흥적인 채널 선택과 무계획적인 TV 시청 습관이 일반화되었기 때문이다. 이럴 경우 스스로 계획한 여러 가지 다른 일들이 지장을 받게 되는데, 학생들의 경우는 학습활동에 그리고 주부의 경우는 집안 일을 하는데 특히 기독교인들의 경우는 성경말씀을 읽는다거나 묵상시간을 갖는 등의 계획들이 전혀 수포로 돌아가는 경우가 허다하다.

최근에는 종일방송을 하는 케이블TV를 밤새 시청해서 다음날 일과에 지장을 받는 경우까지도 생겨나고 있다.

그리고 TV 시청에의 몰입은 독서행위 등 생각하는 시간을 빼앗아 가기 때문에 독서 능력 자체를 저하시킬 뿐 아니라 즉흥적이고 감각적인 자극에만 익숙하도록 만드는 폐해까지도 유발하고 있다.

주일예배시 목사님의 말씀을 차분히 들으면서 묵상하기 보다는 자꾸 지난밤에 시청한 TV의 감각적인 장면들이 어른거린다거나 주일학교 선생님과의 공과공부 시간에 선생님이 자꾸 TV에서의 인물과 겹쳐지는 혼란을 겪는다는 청소년들의 고백도 모두 TV의 이런 속성 때문이다.

다섯째, TV는 시청자들에게 찰라주의, 한탕주의, 물질주의, 편의주의 등 현대 자본주의 사회 자체가 지니고 있는 각종 문제들을 지속적으로

그릴 뿐 아니라 이를 시청자들이 따르도록 우도하고 있다고 할 수 있다.

마치 큰 노력도 없이 하루 아침에 스타가 될 수 있는 듯이 청소년들을 오도하는 프로그램이 있는가 하면 아직 어린 연예인들을 방송국의 스타 제조 시스템에 맞추어 만들어냄으로써 잘못된 스타관을 유포하고 있다.

여섯째, TV는 전통적이고 민족적인 요소 보다는 이국적이고 세계적인 요소들을 주로 사용하기 때문에 지나치게 외래지향적이고 심지어는 사대주의적인 요소까지도 강조하는 경향이 있다.

광고에 외국인 모델이 나오는 것은 이제 당연시 되고 있을 뿐 아니라 매일 TV 화면을 뜨겁게 달구고 있는 농구장에도 외국인 용병선수들이 활개를 치고 있다. TV 광고의 상품명을 비롯해서 가수들의 이름에 이르기까지 어느 나라 말인지를 분간하기 어려울 만큼 혼란스런 언어가 쓰여지고 있는 것도 지적될 수 있을 것이다.

일곱째, TV는 기본 속성상 경제적으로나 권력 면에서 우월한 자 즉 지배권력의 입장을 대변하고 이를 미화하려는 데 적극적이다.

즉, TV는 가난하고 소외 받으며 살아가는 사람들을 외면하고 심지어는 이들을 짓밟는 행위까지도 서슴지 않는 지배권력 지향성을 지니고 있는 셈이다.

낮은 자의 편에서 그들의 아픔과 슬픔을 어루만져 주라고 가르치는 그리스도의 가르침과는 사뭇 다른 가치관이라는 점에 주목할 필요가 있다.

결국 TV는 두 얼굴을 가진 양면성의 존재이다.

따라서 어떻게 활용하느냐가 중요할 뿐이지 유용론과 유해론에 대한 이론적 갑론을박이 필요한 게 아니다. 다만 어떤 폐해가 있고 가능성이 있는지를 알아야 현명한 TV 시청자가 되기 위한 실천이 가능하기 때문에 각각 일곱 가지씩의 이유들을 정리해 보았다.

이제 좋은 시청자가 되느냐의 여부는 우리 시청자 자신의 문제라고 인식할 때가 되었다. 물론, TV 시대 올바른 신앙 생활의 지혜도 결국 TV를 시청하는 그리스도인 자신의 문제임은 당연하다.

4. 대중매체의 도전에 직면한 교회

그리스도인은 교회 안팎에서 무수한 도전을 받으면서 살아간다.

영적인 도전에서부터 정신적이고 육체적인 유혹에 이르기까지 그 도전의 유형과 범위는 다양하다.

그 중 현대사회에서의 도전세력 가운데 대중매체는 이 시대를 살아가는 그리스도인들에게 가장 위협적인 존재의 하나로 자리잡고 있다. 영적, 정신적인 공격은 물론이고 신체적인 파괴위협에 이르기까지 대중매체의 힘은 총체적인 양상으로 우리 그리스도인들을 괴롭히고 있기 때문이다.

삼각의 불륜으로 채워진 진한 애정드라마 시청 후 성경을 읽고 묵상하기가 사실상 어렵고, 숨막히는 사건, 사고현장 보도를 접한 직후 차분한 기도의 시간을 갖는다는 것은 불가능하다. 신나는 만화영화의 파괴장면이 떠올라 주일학교 선생님의 말씀이 귀에 들어오지 않는다는 고백을 하는 어린이들이 있고 슬쩍 훔쳐본 도색잡지의 벌거벗은 모습이 목사님의 설교 말씀을 듣기 어렵게 한다는 청소년들도 많다. 정도의 차이는 있지만 이렇듯 대중매체로 인해 경건한 신앙 생활이 방해를 받는 사례는 성인들의 경우도 결코 예외가 아니다. 한번 TV 시청을 시작하면 교회 가는 시간, 공부하는 시간 심지어는 식사 및 취침시간까지를 어기고 온 정신을 놓고 매달리는 경우는 어른, 어린이를 막론하고 생기는 흔한 일이기 때문이다.

그런데 이런 눈에 보이는 갈등이나 폐해보다도 더욱 심각한 문제점은 그리스도인이 지키고 삶의 기준으로 삼아야 할 복음적 가치관과 배치되는 대중매체 가치관의 영향력이다. 단순히 주변환경을 지배하고 있을 뿐 아니라 사실상 그러한 가치관을 받아들이도록 집요하게 강요하고 있다는 데 문제의 심각성이 있다.

5. 복음적 가치관과 대중매체 가치관

말초적 감각을 자극하고 일시적인 흥기유발이라는 상업적 목적달성에만 치중하는 대중매체의 내용은 전반적으로 교회가 지향하는 복음적 가치관들과는 차이가 난다.

우선 흥미와 쾌락을 지향하는 갈등, 싸움, 반목 중심의 대중매체 가치관에 비해 복음적 가치관은 참 평화를 지향한다. 또한 개인 차원이건 사회구조적 차원이건 대중매체는 잘못된 일에 대한 책임 소재를 남의 문제로 보고 이를 따지려는 데 비해, 복음적 가치관은 자신의 잘못을 먼저 생각하고 깨우치려는 '내 탓'으로부터 출발한다는 데 차별성이 있다.

교회가 가르치는 사랑은 인내하고 겸손하며, 진리에 기초한 즉 '주는 사랑'인데 비해 대중매체를 통해 피상적으로 그려지는 사랑의 모습은 대부분 빼앗고 쟁취하는 투쟁의 대상이고 결국 이별과 아픔을 가져다 주는 모습으로 표현되는 경우가 많다. 교회는 기본적으로 인간의 평등을 전제로 한 인간존중의 가치관을 중시하는 반면 대중매체 가치관은 매체의 속성상 갖가지 인간적, 사회적 차별을 기초로 구며진다.

아름다움에 관한 가치관에 있어서도 서로 그르다.

대중매체를 통해 강조되는 어름다움은 겉으로 보여지는 미의 치장에 치중하지만 복음적 가치관은 내면의 아름다움을 보다 중요시 한다는 데서 차이가 난다. 휴식과 여가활용에 있어서도 대중매체는 주로 순간적 쾌락과 향락에 가까운 자극적인 내용을 제공하는 데 반해 교회에서 강조하는 진정한 휴식은 건전과 절제를 기초로 하여 결국 내일의 일을 보다 즐겁게 준비하도록 해 준다는 점에서 다르다.

따라서 우리의 주변환경이 되어버린 대중매체 환경은 교회가 지향하는 복음적 가치관과는 거리가 먼 비뚤어진 가치관을 확산시키는 도구라고 볼 수도 있을 것이다.

그러나 대중매체는 본래 인간의 삶을 풍요롭고 편리하게 하는 데 탁월한 능력을 가지고 태어난 문명의 이기(利器)이다. 부작용과 문제점이 있다고 해서 대중매체 또는 대중문화 자체가 부정되거나 본래의 다양한 기능을 포기할 수는 없다. 잘만 사용한다면 여전히 풍부한 가능성을 지닌 유용한 존재이기 때문이다. TV 시대 올바른 신앙 생활을 위한 교육과 그 실천을 위한 대안들이 체계적으로 마련되고 실천 가능한 내용부터 실생활에 적용해 보려는 노력이 당장 필요하다.

어떤 매체와 내용을 얼마나 누구와 함께 어떤 방식으로 택하고 수용하는 것이 좋은지를 스스로 찾아내려고 진지하게 생각하는 일부터 먼저 시작해야 할 것이다.

6. 올바른 대중매체 수용과제 : '교육' 과 '운동'

이렇듯 대중매체의 강력한 도전에 직면해 있는 현대교회가 이에 대한 대비는 허술하기 짝이 없다. 개인의 신앙 생활에 미치는 영향력의 차원에서도 그렇고 전체 사회구조 내에서 대중매체가 차지하는 비중의 크기를 감안하면 교회의 개인적, 사회적 역할에 비추어 볼 때 결코 외면하거나 간과해서는 안 될 중요한 사안인데도 그렇다. 이제부터라도 보다 적극적으로 교회 또는 그리스도인들의 대중매체 전략이 필요하게 된 셈이다.

그리스도인의 올바른 매체수용 과제는 '교육' 과 '운동' 이라는 두 가지 차원에서 검토될 수 있다. 즉, 하나는 올바른 매체 수용을 위한 시청자 교육을 통한 실천인 셈이며, 다른 하나는 불건전한 매체를 감시하거나 추방하여 좋은 매체환경을 건설하도록 하기 위한 적극적인 사회운동 또는 시민운동을 통한 실천을 말한다.

여기서는 먼저, 가정에서 어린이를 대상으로 한 올바른 TV 시청 습관들을 사례로 살펴보고 다음으로는 언론 수용자운동을 통한 실천과제를 살펴보고자 한다.

7. 올바른 TV 시청 요령 —가정 교육을 중심으로

여기서 제시하는 가정에서의 어린이 TV 시청 교육에 관한 내용들은 어른들의 경우에도 예외가 될 수 없다. 기본적으로는 모두 능동적 시청자가 되기 위한 노력과 다르지 않기 때문이다.

1) 직접 경험의 기회를 확대할수록 좋다

시청자 교육의 목표가 시청 습관의 주체적 개선에 있다면 우선 직접적인 현실경험의 확대를 통해 TV 시청에의 돌입을 방지하는 것이 가장 근본적인 대책이다. 현실 경험의 확대는 구체적으로 다음과 같은 사항을 어린이들이 실천하도록 함으로써 실현시킬 수 있겠는데 이는 건강한 어린이를 만드는 실천 과제와 같다.

첫째, 규칙적 생활을 습관화 할 필요가 있다. 하루 생활 자체가 계획에 의한 규칙적 생활이 되도록 함으로써 TV 시청에 무분별하게 시간을 할애하지 않도록 하기 위해서이다. 특히 규칙적 생활의 습관화는 어린이에게만 지키도록 강조할 것이 아니고 가족 모두가 노력해야 하는 것이다. 그래야만 어린이에 대한 부모의 TV 시청지도가 실효를 거둘 수 있게 된다. 예컨대 아버지의 귀가시간, 어머니의 외출시간, 전 가족의 식사시간 등이 특별한 사유없이 지켜지지 않으면 안 된다.

둘째, 가능한 한 신체적 운동을 촉진하여 활발하게 행동하는 버릇을 들일 필요가 있다. 뛰어논다거나 무엇을 조립하는 행위, 또는 같은 또래의 아이들과 함께 자유롭게 노는 등의 신체적 활동은 눈과 손을 비롯한 신체사용을 촉진하고 학습능력을 높이며 긴장완화의 효과도 낳는다. 활동적인 신체운동을 기피하는 어린이들은 더 많은 시간 동안 수동적인 TV 시청으로 스스로를 달래게 된다는 것이다.

셋째, 다양한 놀이를 통해 창의성 있는 시간활용을 습관화 한다. 요즈음의 어린이들은 주로 텔레비전을 통해서 제한된 종류의 놀이만 습득하고 있는 경우가 많다. 취학 전 어린이의 경우에는 노는 것을 장려하고 그들의 사회적 욕구를 충족시키기 위해 부모가 직접 어린이를 지도하는 것도 좋다.

넷째, 용도가 제한되어 있지 않은 장난감을 제공함으로써 어린이들의 창조력을 기르도록 유도하는 것도 현실 경험 확대를 위해 유용한 방법이다.

다섯째, 가능한한 상상력을 발휘할 수 있는 활동을 적극 권장할 필요가 있다. 텔레비전 시청에 몰입하는 어린이의 경우는 상상력보다 화면을 통해 보여지는 내용에 수동적으로 빠져드는 경향이 있기 때문이다.

여섯째, 인간 상호간의 사회적 관계를 촉진할 수 있도록 돕는 것이 좋다. 가정 생활 중에서도 다른 식구들을 의식하며 자신의 역할을 스스로 자각해서 행동하도록 유도할 필요가 있고, 밖에 나가서는 다양한 사람들과 원활한 인간관계를 유지하도록 기회를 마련해 주어야 한다.

일곱째, 부모가 자녀와 함께 독서하는 기회를 자주 가지고 읽은 내용을 중심으로 대화를 나누도록 한다.

2) 적당한 TV 시청 시간을 유지해야 한다

시청 시간을 제한하는 문제는 개선해야 할 TV 시청 습관 가운데 가장 중요한 실천과제에 해당된다. 하루 중 어느 정도를 텔레비전 시청에 할애하는 것이 바람직한 지에 대한 여부는 여건과 상황에 따라 다르지만 시청 시간의 절대량을 제한하는 문제는 시청자 교육에 있어서 핵심적 과제이기 때문이다. 계획된 TV 시청 시간을 유지하는 일이 무엇보다도 중요한 시청자 교육의 목표라고 할 수도 있다.

가족들의 일일 시청 시간에 대한 변화 양상을 찾아내어 적당한 시청 시간을 전가족의 합의로 정한 후에 이를 준수하기 위해 노력해야 한다.

TV 시청 시간의 조절을 위해서는 다음과 같은 실천방안을 활용할 수 있을 것이다. 첫째, 하루에 일정량의 TV 시청 시간을 유지하는 방안을 채택할 수 있다. 예컨대 일일 TV 시청 시간을 1시간 이내로 정해놓고 실행에 옮기도록 하는 경우도 있을 수 있고 평소의 시청 시간량에 따라 기준을 적절히 정할 수도 있겠다. 물론 시청 시간의 제한은 서서히 줄여가는 방식으로 실현해야 한다.

둘째, 텔레비전 안 보는 날을 정해놓고 아예 TV 수상기를 치워버림으로써 습관적으로 텔레비전을 찾는 버릇을 고칠 수도 있다. 일주일 중 하루나 이틀을 'TV 안 보는 날'로 정하고 온가족이 이의 실현을 위해 노력함으로써 텔레비전이 없이도 일상 생활을 유지하는 데 큰 어려움이 없다는 사실을 확인하게 한다. TV 시청에 중독된 어린이가 있는 가정에서 유용한 형태로서 온 가족의 협조가 요청되는 유형이다.

셋째, 주말 또는 특정한 날에만 TV 시청을 허용하는 방법도 있다. 약속에 의해 TV 시청일과 시간을 정해놓고 그외에는 아예 TV 수상기를 치우거나 전원을 차단하는 방법을 사용할 수 있겠다.

넷째, 위의 방법들을 적절하게 절충하여 가족의 TV 시청 습관에 따라 바람직한 방안을 채택하는 경우이다. 동시에 이들을 절충하는 유형도 있을 수 있고 시기에 따라 차례로 적용해 보는 방법도 있을 수 있겠다.

어떤 방법을 채택하든 실효를 거두기 위해서는 가족 구성원들 사이에 약속을 지키는 자세가 필요하며 자녀의 교육을 위해서는 단호한 결단을 내리는 의지가 선행되어야 한다. 시청 시간의 제한이 필요한 어린이일수록 잘못된 시청 습관이 몸에 배어있거나 과다시청의 정도가 매우 심한 어린이인 경우가 많을 것이기 때문이다.

3) 프로그램 내용을 선별해서 시청한다

시청 시간의 통제 요령과 함께 프로그램 내용을 선별하는 것도 가정에서의 올바른 TV 시청을 위해서는 필수적인 과정이라 하겠다. 프로그램 내용의 선별 역시 자녀의 연령을 비롯한 여러 상황적 요인에 따라 다양한 평가 기준이 사용될 수 있겠으나 여기서는 일반가정에서 자녀를 위해

응용해볼 수 있는 기본 평가 기준을 제시하고자 한다. 일반적인 프로그램 평가 기준보다는 어린이에게 미치는 영향력에 주목하여 다음과 같은 기준들을 적절히 취사선택하여 사용할 수 있을 것이다.

첫째, 균형잡힌 프로그램 시청이 이루어질 수 있도록 노력한다. 오락물 등 특정 장르에만 치우치지 않도록 골고루 프로그램 선택이 이루어져야 한다.

둘째, 현실의 세계와 공상 또는 상상의 세계를 식별하기 어려운 프로그램인지를 살펴볼 필요가 있다. 어린이들이 즐겨보는 공상만화 또는 가상적 드라마 등이 현실로 착각될 정도로 꾸며져 있는지의 여부를 관찰해서 어린이의 TV 시청지도를 해야 하기 때문이다.

셋째, 어린이들이 프로그램 내용을 이해할 수 있는 수준인지를 평가 기준으로 삼아야 한다. 바로 이 기준 때문에 어린이들이 성인대상 프로그램에 접촉하는 것을 막아야 한다는 논지가 성립되는 셈이다. 이해할 수 없는 성인대상 프로그램에 무비판적으로 접촉되기 때문에 어린이들의 정신건강을 해치는 역기능이 노출되는 것이다. 어린이대상 프로그램의 경우도 이해 수준이 적절한 지를 판단할 수 있어야 한다.

넷째, 텔레비전 프로그램 내용 가운데서 발생된 문제를 해결하는 과정이 적절한지를 관찰할 수 있어야 한다. 돈, 폭력, 권력 등의 파행적 수단으로 문제를 푼다거나 바람직하지 못한 방법으로 문제를 해결하는 내용 등이 포함된 프로그램은 어린이 접촉을 막아야 할 프로그램이라고 할 수 있기 때문이다.

다섯째, 인간묘사 방법에 있어서 문제가 없는지를 살펴보아야 한다. 직업에 대한 차별적 묘사라든가 여성에 대한 잘못된 표현 등은 어린이들에게 좋지 않은 영향을 미칠 수 있을 것이기 때문이다.

여섯째, 언어 사용에 있어서의 문제도 평가 기준이 될 수 있다. 거친 말투, 비속어, 버릇없는 말투 등 어린이들이 배워서는 안 될 언어 사용이 빈번한 프로그램은 경계가 필요하기 때문이다.

일곱째, 광고 내용의 부적절성 여부도 평가 기준의 하나이다. 어린이에게 접촉될 경우 야기될 가능성이 있는 제반 역기능적 폐해를 면밀하게 검토하여 프로그램 선별 기준으로 삼아야 한다. 광고 내용에 있어서의 선정성, 과대과장성, 사치성, 폭력성 등이 고려 대상에 포함될 수 있을 것이다. 특히 어린이대상 상품 광고의 경우는 무비판적으로 수용하는 어린이들의 속성을 고려하여 보다 세심한 검토가 필요하다.

여덟째, 프로그램 시청 후 어린이들의 반응이 어떠한지를 관찰하여 평가 기준으로 삼아야 한다. 시청 후에 어린이가 협조적으로 된다거나, 공격적으로 된다거나, 흥분한다거나, 얌전해진다거나, 어떤 종류의 놀이를 하는가 등에 대해 부모는 늘 세심한 관심을 가지고 살펴보아야 한다. 가능한 한 신체적 운동 등을 촉진하는 프로그램을 권장하는 것이 바람직한 시청지도 요령이라 할 수 있다.

가정에서의 시청 교육을 위한 프로그램 선별을 보다 효율적으로 하기 위해서는 이웃 부모들끼리 같은 나이 또래의 자녀를 가진 가정을 중심으로 공동평가 작업을 하는 것도 시도해볼만한 방법 중 하나이다.

4) 올바른 TV 시청 자세를 유지한다

텔레비전을 시청하는 자세가 올바르게 유지될 수 있도록 어린이에게 좋은 습관을 길들여 주는 일도 중요하다.

먼저, TV 수상기의 크기에 따라 화면으로부터 적절한 거리를 유지하면서 시청에 임하도록 해주어야 한다.

둘째, 옆으로 눕거나 턱을 괸 자세, 또는 베개를 베고 누운 자세로 TV 시청을 하는 것은 좋지 않다. 바른 시청 자세를 유지하도록 해야 한다.

셋째, 한번 시청을 시작한 뒤 장시간 지속적으로 몰입하는 시청 습관은 눈의 피로는 물론 정신적인 면에 이르기까지 건강을 해칠 수 있기 때문에 피해야 한다. 통상적으로 TV 시청 후 20~30분 내외의 시간이 지나면 대부분의 시청자는 무비판적인 멍한 상태에 빠진다는 조사결과도 있다. 따라서 몰입해서 장시간 시청하는 것을 피하고 적절한 간격을 두고 시청에 임하는 습관을 들일 필요가 있다.

넷째, 어린이 혼자 폐쇄적인 상태에서 TV 시청에 몰입하도록 내버려 두어서는 안 된다. 가능한 한 형제, 부모가 같이 대화를 나누면서 시청하는 버릇을 들이는 것이 바람직하기 때문이다. 그래야만 일정한 거리를 두고 텔레비전 내용을 접하는 능력을 기를 수 있다.

8. 시민운동을 통한 실천과제 : 언론 수용자운동

언론 수용자운동은 곧 막강한 언론을 상대로한 일반 수용자(이를 국민 또는 시민으로 표현하기도 한다.)들의 주권선언이자 주체로 서고자 하는 적극적 움직임이다. 따라서 언론 수용자운동을 통해 바른 언론을 지키고자 하는 시민들의 자발적인 행동은 언론의 다양한 공격에 맞서 스스로의 주권을 지키고자 하는 매우 바람직한 태도가 아닐 수 없다.

바람직한 언론구조를 획득하기 위한 운동은 언론 내부에서 노동조합 등이 중심이 되어 스스로 벌이는 언론운동 유형과 언론 외부에서의 언론 수용자운동 그리고 새로운 대안 언론을 건설하기 위한 언론운동 등으로 구분될 수 있다. 이 중 본 글에서는 시민들의 자발적인 주권회복 차원에서 벌이는 언론 수용자운동에 대해 살펴보고자 한다.

먼저 언론 수용자운동이란 "대중매체를 올바로 이해하고 대중매체가 인간에게 미치는 각종 영향력에 대해 체계적으로 인식한 후 이를 능동적으로 선택, 수용함은 물론 나아가서는 대중매체의 구조와 내용을 수용자 중심으로 개선하고자 하는 목표를 달성하기 위해 노력하는 지속적, 집단적 행동"으로 정리할 수 있겠다.

결국 능동적, 적극적 수용자론으로써 대중매체에 대해 수용자가 중심이 되어 기존의 구조와 내용을 변혁하고자 하는 운동이라고 할 수 있다. 이때 대중매체는 거의 예외없이 특정 사회의 정치, 경제 세력과 밀접한 관련하에 있기 때문에 본격적인 언론 수용자운동은 자연히 사회운동, 정치운동의 성격을 띨 수 밖에 없다는 점에 유의할 필요가 있다. 즉, 대중매체의 구조를 변혁함에 있어 사회구조의 변혁이 없이는 불가능하다 하겠으며 대중매체의 내용에 있어서는 더욱 말할 나위없이 종속적이기 때문이다. 다만 언론 수용자운동을 이 글에서는 가능한한 대중매체의 적극적 수용과 개혁이라는 특수성에 입각해서 살펴보고자 하는 것이기 때문에 총체적 사회운동으로써의 접근은 생략하기로 한다.

여기서 우리나라 언론 수용자운동의 주요 유형을 대략 네 가지로 나누어 분류해보면 아래와 같다.

첫째, 대중매체의 본질과 속성을 이하시키고 보다 능동적이고 적극적인 수용자가 되도록 하기 위한 미디어 교육 차원의 수용자 의식화 교육을 들 수 있겠다. 이 유형의 운동은 가톨릭교회를 비롯한 종교단체 중심으로 전개되기도 하였고 여성 및 시민, 사회단체가 중심이 되어 활성화시키기도 하였다. 주로 깨어 있는 언론 수용자가 되도록 하기 위한 자각훈련을 통해 스스로의 매체 수용 능력을 기르도록 하기 위한 교육운동이라고 할 수 있겠다.

둘째, 언론 모니터운동도 우리나라 수용자운동의 중요한 부분을 차지하고 있으며, 현재는 가장 핵심적인 수용자운동 유형으로 자리잡고 있는 셈이다. 대중매체가 표현하는 메시지의 정확한 분석과 평가가 곧 언론에 대한 수용자의 의견을 표시하는 출발점이란 차원에서 사회단체, 여성단체 중심의 언론 모니터운동이 활성화 되고 있다.

언론 모니터운동은 몇몇 단체에서 잡지 및 출판 매체와 비디오 매체를 대상으로 전개되고 있기도 하지만 전반적으로는 텔레비전을 분석 대상으로 하는 TV 모니터운동이 가장 활발한 편이다.

셋째, 집단적 또는 개인적으로 전개하는 언론 비평활동도 수용자운동의 범주에 포함시킬 수 있겠다. 더욱이 비평의 주체가 초기에 그랬던 것처럼 전문가나 학자가 아니고 일반 수용자 중심으로 바뀌고 있다는 사실이 수용자운동 차원의 비평운동을 이해하는 좋은 증거라고 할 수 있다.

넷째, 앞에서 제기된 수용자운동들이 대부분 대중매체에 표현되는 메시지(프로그램, 기사)의 정확한 분석과 평가를 기초로 하여 보다 능동적인 수용자의 자질을 갖추도록 노력하고 나아가서는 좋은 내용에 선택적으로 접촉할 수 있도록 하기 위한 언론 수용자운동이라면 시민운동 혹은 사회운동 차원의 수용자운동은 우리 사회 전체가 관련되어 있는 정치. 경제적 구조 변혁 차원의 언론 수용자운동 성격을 지녔다고 볼 수 있다.

이 외에 몇몇 소비자 단체나 관련기관 중심으로 이루어진 소비자운동 차원의 수용자운동도 포함시킬 수 있다. 소비자를 보호하기 위해서는 대중매체를 통한 광고 내용이 허위 또는 과장에 흐르지 않도록 감시하는 것이 필요하다는 시각에서의 언론 수용자운동이라고 하겠는데 정보 소비자인 언론 수용자의 입장에서는 매우 중시해서 살펴야 할 운동 유형이라고 할 수 있다.

여기서 올바른 언론 수용자운동의 전개를 위해 실천해야 할 과제를 정리하면 다음과 같다.

첫째, 문명의 이기로 만들어 놓은 각종 대중매체가 오히려 인간을 지배하고 있는 현 상황을 문명론적 차원에서 올바로 자각하고 인간이 주체가 되는 커뮤니케이션 질서를 회복해야 한다는 책임의식을 가질 필요가 있다. 그렇게 하므로써 무비판적, 무감각적, 습관적인 매체수용을 극복하고 필요와 목적에 따라 선별해서 수용하는 능동적 수용자가 될 수 있을 것이기 때문이다.

둘째, 대중매체는 메시지를 산출해 내기까지 여러 단계의 과정을 거치며 그 과정에 직간접적으로 관여하는 수많은 구조적 요인들이 존재하는 바 이에 대한 올바른 이해가 필요하다고 하겠다. 대중매체 자체의 구조적 요인은 물론 매체를 둘러싸고 있는 여러 사회, 정치, 경제적 요인들에 대한 정확한 파악도 필수적인 것이다.

셋째, 현재 특정 사회단체, 종교단체 중심으로 전개되고 있는 언론 수용자운동을 범국민적 시민운동으로 확대시킬 수 있도록 노력할 필요가 있다. 정치적 입장이나 판단에 의해 언론 수용자운동에 참여하는 소수의 운동형태보다는 전국민이 참여하는 범시민운동으로 전개될 때 실질적인 힘을 발휘할 수 있을 것이기 때문이다. '86년의 시청료 거부운동이 그 좋은 사례가 되고 있다.

넷째, 대중매체에 관한 의식화 교육이 현재와 같은 사회단체 중심에서 보다 확대되어 정규 교육기관에서도 실시될 수 있어야 할 것이다. 초, 중, 고의 교과과정에도 대중매체의 영향력, 역기능적 폐해, 올바른 이용방법 등을 포함시키는 것이 바람직하다.

다섯째, 기존의 언론 수용자운동 단체들끼리는 가능한한 연대활동으로 힘을 모으는 방안을 모색할 필요가 있다. 운동의 체계성이나 실효성을 높이기 위해서는 교육과정에서부터 운동의 실천차원에 이르기까지 조직적 연대가 필수적이기 때문이다. 산발적이고 일시적인 현재의 수용자운동을 계획성 있고 영속적인 방향으로 이끌기 위해서는 운동단체간 연합활동이 중요하다고 하겠다. 이 때 기독청년들이 연대의 중심에 서서 중추적인 역할을 해야함은 당연하다.

여섯째, 대중매체에 접한 후에 수용자의 입장에서 반응을 나타내고자 할 때 언제 어디서나 이를 수렴해서 언론에 되돌려 줄 수 있는 채널(feed back channel)이 열려 있어야 하며 이와 같은 적극적 수용자 인식이 폭넓게 확산되도록 분위기를 유도하는 일이 필요하다.

끝으로 경건한 신앙 생활을 위한 환경조성의 차원에서 기독인들이 언론수용자운동에 대해 보다 적극적인 참여와 실천을 해야 할 필요가 있다.

참 고 문 헌

권음미(1993), 「미디어읽기 능력을 위한 텍스트 접근법에 관한 연구」, 서강대학교 신문방송학과 석사학위논문.

김기태(1988), 「미디어교육에 관한 연구」, 《언론문화연구》 제6집, 서강대 언론문화연구소.

______(1991), 「시청자 교육의 영역 및 방법연구-실천과제를 중심으로」, 《방송연구》 여름호(통권 32호).

______(1994), 「좋은 가정을 위한 시청자교육」, 《방송개발》 제3호, 한국방송개발원.

______(1995), 「올바른 TV 시청을 위한 실천과제 연구—시청자교육과 시청자운동을 중심으로」, 《방송개발》 방송개발원.

______(1996), 「미디어교육의 전망과 과제」, 한양대 언론문화연구소 주최 세미나 발제문.

______(1996), 「다매체,다채널시대 어린이 미디어교육 정착을 위한 제언」, 여성민우회 주최 정책간담회 발제문.

______(1997), 「대중문화의 이해」, 낮은울타리 문화아카데미 강의노트.

김미란(1994), 「텔레비전의 변혁을 위한 기독교 세계관적 접근—시청자교육을 모색하며」 고신대학교 대학원.

박동숙(1994), 「외국사례를 중심으로 본 미디어교육 현황」, 《신문과 방송》 9월호, 한국언론연구원.

서유석(1997), 「교회학교에서의 미디어교육 실천방안 연구-수련회용 미디어교육 커리큘럼 개발을 중심으로」, 서강대학교 언론대학원 석사학위논문.

서정숙(1983), 「미디어교육을 위한 시안연구」, 서강대 신문방송학과 석사학위논문.

신현철(1995), 「청소년 주일학교 신앙교육에서의 미디어교육을 위한 제
　　　언」, 수원가톨릭 대학교 대학원.

안정임(1994), 「미디어교육 연구」, 방송위원회.

유은희(1994), 「텔레비전 리터러시 훈련자료 개발에 관한 연구」, 한양대
　　　학교 교육공학과 석사학위논문.

이미현(1995), 「중·고등 학교에서의 미디어교육에 관한 연구-
　　　Television Literacy 수업사례를 중심으로」 이화여대 교육공학과
　　　석사학위논문.

최윤덕(1992), 「기독교 교육을 위한 매스 미디어」, 장로회신학대학교 신
　　　학대학원.

최재식(1994), 『TV를 바로봐야 세상을 바로보죠』, 서울:내일을 여는
　　　책.

최창섭(1980), 「초,중,고교생을 위한 미디어교육 커리큘럼 개발연구(상,
　　　하)」《신문연구》, 관훈클럽,여름·겨울호

______(1985), 『미디어 교육론』, 서울:문장.

______(1989), 『언어와 미디어 환경』, 서울:성바오로출판사.

______(1990), 『인간과 미디어 환경-미디어 교육이란 무엇인가』, 서울:
　　　성바오로출판사.

한경희(1994), 「텔레비전 시청지도에 관한 연구」,경희대학교 신문방송학
　　　과 석사학위논문.

90년대 한국 문학계의 성 담론(性 談論)에 대한 기독교윤리학적 입장

정재후(장신대 교회와사회연구원 연구원, 목사)

I. 왜 성(sex, sexuality, gender)[1]이 화두인가?

1) 합리성(권력의 구조와 토대)에 대한 반기

80년대 말에 우리 문단에 본격적으로 들어 온 해체적이고 해방적인 포스트모더니즘은 주로 프랑스 철학자들—푸코, 데리다, 들뢰즈 등등—의 사상과 깊은 관련을 맺고 있다. 특히 미쉘 푸코는 합리성이 항상 지배 이데올로기와 연결이 되어 있었음을 지적하고 니체와 같이 합리성에 반기를 든 '계보학적인 방법'(Genealogical Method)을 통해서 '지식·권력'의 복합체로서의 담론들을 분석의 대상으로 삼는다. 그의 말을 들어 보자.

---

1) sex는 생물학적인 남녀의 차이, sexuality는 권력의 장 안에서 작동하는 하나의 사회적 구성물, gender는 사회문화적인 차이에 의해 형성된 성차를 말한다. 이에 대해서는 이반 일리치, 최효선 역, 『젠더』(도서출판 따님, 1996)와 고갑희의 「1990년대 성 담론에 나타난 성과 권력의 문제」, 《세계의 문학》 (민음사, 97년 봄호) 참조.

"해석은 그러므로 항상 누구에 의한 해석이 될 것이다. 기의 속에 무엇이 들어 있는가를 해석하는 것이 아니라 궁극적으로 누가 해석을 제기했는가를 해석하게 될 것이다."[2]

푸코는 그의 박사학위 논문인 「광기의 역사」에서 권력과 지식이 서로를 포함하고 있다는 점을 지적하고 있다. 푸코는 유럽의 17세기가 '대감금의 시대'였음을 고발한다. 이 시대에 파리시민의 1%의 인구가 감금을 경험했을 정도로 그 감금은 대규모적이었고 전유럽적이었다. 그러나 푸코의 이러한 지적도 많은 비판을 받고 있다. 그 내용들은 주로 '중세 시대에도 광인들에 대한 잔혹성들이 발견되고, 대감금의 목표는 그들의 고립이 아닌 빈곤(기아)으로부터의 보호였다'는 비판이다.[3] 그러한 반론에도 불구하고 포스트모더니즘은 형이상학(특히 독일 관념론)에 심대한 타격을 입혔다. 푸코는 이 책에서 광인에 대한 담론과 감금, 수용소는 '비이성'(기존 질서에 대항하거나 맞지 않는 것)을 단죄하며 그러한 비이성들에 대한 재판권이 기득권의 권력 유지와 정당화에 쓰여졌다는 실례들을 지적했다.

예전에는 비이성은 판단의 대상이 아니었다. 단지 자의적으로 이성에 맡겨졌다. 그러나 이제 비이성이 수용소에 들어갈 때에는 물론 판단의 대상이었다. 비이성에 대한 판결은 비이성을 인식하고 분류하며, 나아가 영원히 결백하게 해 주기 위해서이다. 즉, 비이성은 언제나 판결의 대상이 되는 것이다. 언제나 비이성을 대상으로 하는 이 판결을 통해 이성은 비이성에게 제재를 가하고, 비이성의 과오를 증명해 보이고, 고귀한 교정을 시도하며, 마침내 사회적 질서를 위협할 정도로 위험한 과오를 범한 사람들은 사회에서 배제시킨다.[4]

---

2) M.Foucault, Nietzche, Freud, Marx. loc.cit., p.189. 뤽 페리, 『사상과 현대 프랑스철학』, 구교찬 외 공역(서울: 인간사랑, 1995), 51-52쪽에서 재인용.

3) 이광래, 『미셸 푸코』(민음사, 1989), 107-112쪽, 123쪽.

4) 미셸 푸코, 『광기의 역사』, 김부용 역(서울: 인간사랑, 1996), 267쪽.

푸코가 광기의 역사에서 이성을 비판하는 것을 보면, 그가 토마스 아퀴나스에 의해 튼튼히 세워진 '이성은 권위(권력)를 해석하는데 적합하다'[5]는 로마 가톨릭의 하이어라키 전통에 대한 거부감을 가지고 있다는 것을 느낄 수 있다. 물론 푸코가 어느 특정 종교의 정치사상이나 체제를 비판대상으로 설정하고 자신의 입장을 전개했다고 보여지진 않는다. 다만 그가 살았고 또 그의 선조들이 살았던 유럽, 특히 프랑스에는 수직적인 권력질서인 하이어라키 구조가 강하게 자리잡아 왔다는 사실은 부인하기 어려울 것이다. 나아가 그는 현대 역사의 최대 비극이라 할 수 있는 제2차 세계대전을 일으킨 야만적인 권력체 파시즘을 혐오하는 것 같다. 푸코는 물론이고 그 밖의 포스트모더니스트들(데리다와 들뢰즈) 역시 권력의 토대가 되는 '형이상학—보다 구체적으로는 형이상학에 의한 파시즘적인 권력체들—을 해체시키고 싶었을 것이다.[6]

물론 우리가 생각해야 할 것은 포스트모더니스트들의 이런 주장에는 공감할 수 있는 부분들 못지 않게 그들의 주장에 대한 반론이 많다는 점이다. 기존 철학의 거대 담론과 가치 체계에 전면적인 도전장을 던졌다는 것만으로 마치 왜곡을 타파하고 진리를 쟁취하였다는 식의 자아도취와 흥분이 얼마나 치열한 자기반성과 검증을 견디어 낸 것인지 의문이 간다. 다만 여기서 그 거대한 담론들을 다룰 수도 없고 또 필자에게 그것을 다룰 만한 능력도 없는 것이 사실이기에, 다시 성의 문제로만 돌아와 봐도 푸코가 『성의 역사』에서 이성을 중시하는 근대 사회가 성을 억압했다는 것을 폭로했다는 것,[7] 그래서 성을 해방시켜야 한다는 것, 푸코가 지향하는 바가 성의 해방, 혹은 더 원색적으로 프리섹스와 동성연애 지지라는 주장들은 다 아전인수격의 오독이나 환원주의의 오류를 범

---

5) I.C.헤넬 편집, 『폴 틸리히의 그리스도교 사상사』, 송기득 역(서울:한국신학연구소, 1986), 187쪽.

6) 이러한 해방적 포스트모더니즘에 대한 계몽 이성의 최후의 보루로 꼽히는 대가 하버마스의 반론은 여기서 다루지 못한다. 관심있는 분은 《사회비평》(나남출판, 1996년 15호: 특집호)의 특집인 「하버마스: 이성적 사회의 기획, 그 논리와 윤리」를 참고.

한 것이 아닌가 생각된다.[8]

2) 성은 억압되고 있는가?

푸코가 '성'의 문제에 관심을 보이는 것은 무엇일까? 그것은 그가 밝힌 바와 같이 17세기 이래 서구사회에서 관심의 초점이 된 성행위에 대한 경제문제이다. 푸코는 성에 대한 일반적인(W. Reich를 대표로 하는) '억압가설'에는 반대한다.[9] 왜냐하면 그것이 권력의 실체를 잘 드러내지 못하기 때문이다. 권력이 무엇을 못 하도록 억압한다는 것은 권력에 대한 소극적인 이해이다. 오히려 푸코는 권력이 적극적으로 성의 문제에 개입한 '복지가설'을 주장한다. 푸코에 의하면, 18세기 말부터 새로운 관심사로 등장한 성에 관한 언설의 양산은 한편에서는 전체적인 입장에서 인구의 복지문제를, 다른 한편에서는 '치안'이라는 입장에서 개인의 복지 문제를 가설로 하여 이뤄졌다. 즉 복지에 대한 이러한 새로운 관심과 더불어 성행위에 관한 언설은 생체권력의 한 양식이 되었다.[10]

권력이 성적 욕망의 장치에 개입했다는 푸코의 논지와 같은 선상에서 논의될 수 있는 자크 솔레의 작업을 보면, 시민들로 하여금 생산성을 증대하고 가난과 어린 아이들의 복지(부모가 책임질 수 없는 상태에서 버

---

7) 푸코는 억압의 가설을 회의적으로 보고 있다. "근대 사회에 고유한 특징은 사회가 성을 어둠 속으로 몰아넣었다는 것이 아니라, 그것을 '누구나 다 아는' 비밀로 사용함으로써 한 없이 그것에 대해 말하는 데 열중한다는 것이다" 미쉘 푸코, 『성의 역사』 1권, 이규현 역, (나남 출판, 1990), 53쪽.

"쾌락과 권력은 서로를 부정하지 않으며 서로 쫓고 겹치고 서로에게 새로운 활기를 준다. 그러므로 근대 산업사회가 성에 대해 한층 더 억압적인 시대를 열었다는 가설은 포기되어야 한다" 앞의 책, 66-67쪽.

8) 필자가 문제로 삼는 것은 파시즘적이고 야만적인 권력에 항거하는 포스트모더니스트들이 아니라 포스트모더니스트들의 담론을 자신들의 담론에-상업주의적 목적이든 또 하나의 권력 형성을 위한 것이든 - 교묘하게 이용하는 어설픈 해방론자들이다.

9) 이광래, 『미쉘 푸코: 광기의 역사에서 성의 역사까지』, (민음사, 1990), 260-263쪽.

10) 앞의 책, 259쪽.

려지면 안 되니까)를 위해 근대 유럽에는 '만혼'이 장려되었다는 것을 밝히고 있다. 특히 그것에 기여한 것은 맬서스의 『인구론』이다.

청교도 맬서스는 칼뱅주의의 스코틀랜드에서 가장 적절한 예를 발견했다. 스코틀랜드에서는 그리스도교도로서 신중한(무절제한 섹스로 인해 함부로 아이를 낳지 않는) 농민들이 차츰 혼기를 늦추어 조금씩 부유해져 갔다. 인구학자라기보다 도덕주의자로서 출생보다 결혼에 주목한 『인구론』의 필자는, 결혼을 제한하려 했다. 합법적인 성의 만족을 늦추는 이 사회적 짜임새는 문화적인 가치로 서서히 변해갔다.[11]

기독교 전통 가운데서 특별히 로마 가톨릭은 '성'에 대하여는 부정적인 평가를 '동정'[12]에 대하여서는 긍정적인 이원론적인 잣대를 사용하여 육적인 욕망을—심지어는 부부 사이의 성관계도 즐거움을 느끼면 불경건하다고 죄의식을 가질 정도로—죄와 가장 밀접한 것으로 연결시켰다. 그것은 어거스틴 자신이 육욕의 무서움을 경험하고서 쓴 신국과 참회록의 영향이 오래도록 유럽을 성적인 억압에 가둬두는 역할을 했을 것이다.[13] 유럽의 권력가들은 오랫동안 이중구조를 견지해왔다. 평민 대중들에게는 금욕을 미덕으로 교육하고 그 사회의 지도자였던 귀족이나 성직자들은 육적인 방종을 즐겼다.[14]

위의 예들에서 우리는 기독교 전통이 인간들의 성적인 욕구에 대해 이원론적인 그래서 육적인 욕망에 대하여 지나치고 민감하게 죄악시했다는 것을 발견할 수 있었다. 그러나 한편으로 생각해야 할 것은, 모든 인간이 자신들의 본능적 욕구들을 절제 없이 즉각적으로 실현해왔다면 세상은 어떻게 되었을까? 사실 인간이 이뤄낸 모든 문화는 인간의 동물적인 본능을 효과적으로 억압 내지 조절하지 않고서는 형성이 불가능한 것이

---

11) 자크 솔레, 이종민 역, 『성애의 사회사』, (동문선, 1996), 17-19쪽.

12) 동정녀 마리아에 대한 신성화와 그것에 기반을 둔 신부와 수녀의 삶을 신성화하기 위하여 더욱 '동정'을 강조한 것 같다.

13) 앞의 책, 89-92쪽.

14) 앞의 책, 167쪽.

었다. 물론 지배 계층의 이데올로기가 시민 대중을 억압하고 자신들의 욕구만을 충족시킨다면 그것은 부당한 것이고 저항 받아야만 할 것이다.

인간의 욕망은 충족되어야 할 자유가 있다. 그러나 사회는 그 욕망을 가진 사람들이 관계를 이루고 살아가는 것이다. 인간의 욕구가 존중되어야 하는 것처럼, 내 이웃의 욕구와 안녕이 존중되어야 함을 기억해야 할 것이다. "이웃을 사랑하라"는 계명을 "너의 욕구의 실현이 너의 이웃의 안녕과 평안에 책임 있게 되어야 한다."고 바꾸어 쓸 수 있을 것이다. 실제로 성에 대한 억압(책임적 행위를 위한 절제의 요구)은 현실적인 필요이다. 그럼에도 불구하고 현대의 문화는 성욕을 극대화 하며 성의 상품화를 부추기고 있다. 억압으로부터 자연적인 욕망의 회복을 외치지만 실상 한편으로는 과도한 욕망 주입이 오히려 자연적인 욕망을 거스려 병적이고 변태적인 성의 노예로 몰아가고 있지는 않은가? 그 단적인 예로 포르노에 노출된 60대 노인이 유치원생을 성희롱한 사건이 있었는데, 그 노인의 경우 자연적인(생리적인) 성욕을 표현한 것인가? 그 나이에 아무 대상에게나 절제할 수 없는 성욕을 느끼게 하는 것이 해방인가?

우리가 기독교인으로서 우리의 욕망을 절제하는 것은 우선 우리 자신을 위해서 이고 나아가 우리가 책임감을 갖고 사랑하는 이웃들 때문이다. 많은 학자들이 욕망 억제나 이용에 대해 부정적인 면을 파헤치면서 공격을 해서 그렇지 그 반대로 무정부적인 무질서와 혼돈을 막아 낸 순기능에 대해서는 공감을 표하는 것에 인색하다는 것을 알아야 균형감각을 가질 수 있을 것이다. 역사적으로도 혼전 순결과 만혼 장려에 의해 많은 가난의 문제나 아이들의 기아 문제가 해결되었다는 것을 알 수 있다.

이 글은 포스트모던 인문과학의 해방적 담론들이 예술 영역에 수용되면서 그 의미가 왜곡 또는 축소되어[15] 무책임하게 인간의 욕망을 극대화하고 대안 없는 선정적인 반항을 지성인의 사명인양 부추기는 자들에게

---

15) 예를 들면 푸코가 그의 저작을 통해 주요 타겟으로 삼은 것은 이성의 의해 집중된 '권력'이지 프리섹스나 동성연애를 옹호하려는 것은 아니라고 생각된다.

경종을 울리고자 쓰여졌다. 또한 욕망의 해방과 기득권에 대한 항거를 통하여 윤리와 금기들을 제거하고 자유롭게 돈을 벌어 보겠다는 상업주의에 대하여서도 일침을 가하고자 한다.

2. 90년대 한국 문학계의 쟁점들

1) 전통에 대한 저항:리얼리즘과 포스트모더니즘의 충돌

우리 나라에도 80년대 말부터 시작하여, 본격적으로는 90년대에 들어서면서부터 문학과 영상매체에 포스트모더니즘이 급격히 파고 들었다. 아마 대중매체 가운데서는 광고와 뮤직비디오가 포스트모더니즘의 가장 강력한 영향을 받았을 것이다. 포스트모던 광고는 서술구조가 해체된 비합리적이며 탈권위적인 파편화된 영상들이 무수한 이미지들을 쏟아내면서 소비자들에게 무한한 욕구를 불러일으켰다.

"파편화된 이미지의 병렬, 시간과 공간의 파괴, 통일성의 파괴들을 통해 소비자가 만나는 세계는 도취와 환각, 꿈과 채워질 수 없는 욕망이 분출하는 곳으로 나타난다."[16]

포스트모던 영상은 주로 미국의 뮤직 텔레비전의 록비디오와 관련되어 이야기 되어왔다. 〈마돈나〉의 속옷을 겉으로 드러내는 선정적인 외양, 기존의 도덕적 관념을 유린하는 행동 등이 그녀를 스타로 만들었다. 뮤직 비디오에 나오는 주인공의 이미지가 중요하지 실제 그 사람의 경력, 사생활, 인격 등은 문제가 되지 않았다.[17]

---

16) 강명구, 『소비대중문화와 포스트모더니즘』, (서울: 민음사, 1993), 211쪽.
17) 앞의 책, 223쪽.

아울러 강명구 교수는 한국의 영상문화에 들어 온 포스트모더니즘이 외래문화의 베끼기 차원일 뿐이지 억압된 구조를 해방한다는 '포스트모더니티'와는 괴리감이 있음을 지적했다.

국내의 포스트모더니즘의 지지론자들이 주장했던 탈권위, 탈중앙집중, 탈총체성을 통한 사회개혁의 가능성은 한국사회 안에서는 사회적 변화에 대한 몰역사적 인식에 불과하며, 동시에 정치적 미망에 지나지 않음을 확인할 수 있다. 세계에 대한 새로운 인식과 태도로서의 포스트모더니티가 부재하는 오직 외양만의 포스트모던 문화가 어떻게 해방의 가능성으로 작용할 수 있겠는가?[18]

방송과 영상매체에 비해 상대적으로 포스트모더니즘의 영향에 둔감했던 문학의 경우도 90년대에 들어서면서 급격히 변화하기 시작했고, 이에 많은 평론가들이 '문학의 위기'를 논하기 시작했다. 90년대 전까지 우리 사회에서 포스트모더니즘과 결탁한 상업주의 문화가 깊이 침투하지 못한 까닭은 경제적인 소득의 문제도 있겠지만 그것보다도 7~80년대의 정치적 암흑기가 지식인들로 하여금 예술의 '아름다움' 자체에 대한 관심보다, 사회적인 기능, 즉 정치의 민주화와 민중들의 해방을 위한 '민족주의 리얼리즘'을 (강요 되다시피) 선호하게 만들었던 것이다. 독재 정권들이 차례로 무너지고 경제 소득도 올라갈 즈음에 발맞추어 '세계화'(사실은 시장의 세계화가 아닌가) 물결이 일어 소비적이고 퇴폐, 향락적인 저질 서구문화가 급격히 수용되었다. 돈이 최고로 자리를 잡아가는 시대에, 문학성이나 사회적 의의보다는 재미와 돈(상업성)에 초점을 맞추는 출판들이 홍수를 이루게 되었다. 모든 것을 상대화시키는 것의 영향으로, 고전음악과 대중음악 사이의 구별과 고상한 문학과 천박한 문학 사

---

18) 앞의 책, 214쪽.

이의 구별이 허물어져 갔다.(많은 사람들이 TV나 신문에 많이 나온 사람이 그 예술 장르에서 가장 훌륭한 사람이라고 생각할 수 있으니) 이에 리얼리즘 계열의 소장 평론가들은 상업주의와 결탁한 포스트모더니스트들을 경멸하다시피 비판했다.

—비판적인 담론조차도 이미지에 의해 지배되고 체제의 블랙홀에 빠져서 허우적 거리는 이 시대에—비평의 이름을 빌려, 추악한 문학적 권력(베스트셀러 양산과 돈, 인기)을 창출하고자 하는 사이비 문학적 집단일 것이다. 《상상》(도서출판 살림의 계간지)을 통해서 동아시아 문화론(양귀자의 '천년의 사랑'을 지지하는)과 독자층의 문제(재미)를 의욕적으로 제기했던 김탁환이나 이인화의 비평은 현실의 문화적 정황에 대한 정교한 부정적 상상력을 보여줘야 할 비평이 베스트셀러 작가의 상품 미학과 결합하면서 얼마나 참담한 '비평의 타락'을 가져올 수 있는가 하는 점을 극명하게 보여주는 전형적인 실례라고 판단된다.[19]

포스트모더니즘의 탈권위의 해방적 담론들이 음란하고 기괴한 영화를 비롯한 저질 문화상품들을 팔아먹는데 장애가 돼왔던 도덕, 금기, 전통, 기호들을 한꺼번에 쉽게 파괴해줌으로써 상업주의는 그 기회를 놓치지 않고 포스트모더니즘까지도 잡아먹어 버려 견제 할만한 세력이 없는 괴물의 모습으로 군림하고 있는 것이다.

그 괴물은 '눈의 문화'[20]를 만들어 온통 세상을 음란하게 만들고 있다. 중세에는 종교를 통해서 육적인 쾌락이 억압되어 있었다. 이에 '카니발'이라는 일시적인 해방의 출구가 생긴 것이다. 카니발 기간에는 사

---

19) 권성우, 「현 단계 비평의 쟁점과 젊은 비평의 가능성」, 《세계의문학》 (민음사, 1995, 겨울호), 43쪽. 아울러 《상상》측의 반론은 김탁환, 「비평의 운명」, 《상상》 (살림, 1995, 겨울호) 18-77쪽에 잘 나타나 있다.

20) 이러한 음란하고 변태적인 '눈의 문화'에 대한 비판을 이미 필자가 한 적이 있다. 정재후, 「"들을 귀는 들으라": 이수진의 재즈섹스 비판」, 월간 《낮은울타리》 (1996.4).

실과 공상, 천국과 지옥, 성스러운 것과 불경스러움 같은 서로 대립적인 관계에 있는 모든 것들이 서로 혼합되고 함께 어우러진다. 이런 카니발은 무엇보다도 평등과 자유의 정신을 특징으로 한다. 카니발적인 세계관은 변화와 다양성 그리고 생명력을 강조하는 데 있다.[21]

이 카니발이 중세에는 억압에 대한 분출구 역할과 정신적인 것만을 강조하는 사고에 약간의 교정 역할을 수행했을 것이나 현대에는 그 반대로 카니발 정신(육체적 쾌락을 중시하는)이 정신과 가치, 윤리를 전부 삼켜버리고 있다. 이런 카니발은 기독교적인 전통에서 온 것이 아니라 고대 이교도들이 행하던 '디오니소스의 축제'에 그 기원을 두고 있다. 포스트모더니스트들은 이 카니발의 신체, 육체의 중요성에 착안해 '억압된 것의 복귀'라는 이름으로 관능적인 쾌락의 외설적인 것을 적극적, 심미적인 범주로 활용을 한다.[22]

포스트모더니즘 문학, 예술의 또 다른 특징은 '예술은 세계를 재현할 수 있다'는 리얼리즘의 기본 토대를 해체시키려 한다는 점이다. 나아가서 전통적인 고전들의 권위를 더이상 인정하지 않는다. 모든 것은 상대적인 것이고 유희에 지나지 않기 때문이다. 이런 경향에 맞서서 문학평론가 도정일은 이인화를 비롯한 패러디와 페스티쉬를 즐겨 쓰는 포스트모더니즘 기법의 작가들을 혹독하게 비판한다. 그 비판의 주된 이유는 그들이 창조성을 포기했기 때문이라는 이유에서이다.

포스트모더니즘적 패러디 형식이나 페스티쉬 기법은 창조성에 대한 기대 아닌 그것의 포기에 입각해 있다. ―이것은 모든 창조적 가능성의 '완전소멸'이라는 판단이며 이제 작가가 할 일은 창조성에 매달리는 일이 아니라 이미 만들어져 있는 것들을 복사, 표절, 재조립하는 일 뿐이라는 주장이다.―창조성을 상실한 세계에 대해서는 창조성의 조

---

21) 김욱동, 『모더니즘과 포스트모더니즘』, (서울: 현암사, 1992), 278-279쪽.
22) 앞의 책, 286-287쪽.

롱으로 대응해야 한다고 생각하는 바로 그 점이 포스트모더니즘적 패러디를 정확히 '저급의' 뒤틀린 형식·기법이 되게 하고 예술을 가장한 상업술이 되게 한다.[23]

진정한 의미에서 본격적으로 성 담론을 문학에서 화두로 끌어들인 인물은 장정일이다. 장정일에게는 인간 욕망의 환유를 수준 높게 그려 낸 작가라는 평이 있는가 하면, 논의의 가치도 없는 형편없는 포르노 작가라는 극단적인 평가가 공존한다. 장정일의 옹호자 내지는 찬양자처럼 느껴지는 문학평론가 정장진은 그의 작품이 포르노가 아닌(수준 높아서?) 이해하기 어려운 수작임을 역설한다.

장정일의 소설은 존재론과 형이상학과 인식론이 그야말로 재즈식으로 마구 뒤엉켜 있는 소설이다.—기독고도들이 그를 좋아할 리가 없는 것이다.— 장정일과 함께 그가 도달한 밑바닥까지 함께 내려갈 생각이 없는 자들은 그의 소설을 읽을 자격이 없는 자들일 것이다. 읽기도 어려운 소설을 쓴 사람은 소설을 쓰면서 얼마나 큰 괴로움을 겪었을 것인가?[24]

반면에 장정일에 대한 혹독한 비판은 리얼리즘 전통의 소장파 평론가인 방민호에 의해서 잘 표현된다.

장정일 소설은 패러다임의 울타리에 갇힌 눈의 비극을 보여 준다. 그 패러다임은 포스트모더니즘이다.—마약이나 섹스, 재즈와 같은 세계

---

23) 도정일, 「형식, 패러디, 영상기법」, 『시인은 숲으로 가지 못한다』, (민음사, 1995), 220-221쪽.
24) 정장진, 「"시인과 법" - '거짓말을 내게 해봐'를 읽고」, 《작가 세계》, (세계사, 1997. 봄호), 126쪽.

에 몰두함으로써 자신을 파멸시켜 가는 위악적 저항의 방식은, 진보적 이념의 정립이 불가능했던 60년대 미국에서 하나의 유행이다시피 했다. 철저히 소외된 자의 성장기를 지닌 장정일에게는 이러한 위악적 저항은 어쩌면 선택 가능한 유일한 방식이었는지도 모른다.—그것은 (장정일 소설에서 갈수록 그의 주변적인 것이 소설 전체를 지배하고 있는 것) 또한 전업작가의 상업주의적 욕망, 신세대의 대표 주자가 되고 싶은 현시욕, 정규교육을 받지 않은 자의 우월감 및 콤플렉스 등에 의해 강화되고 있다.[25]

장정일 사건이 나자 중앙일보(96.10.28) 사설에서는 이렇게 문제를 정리했다.

문제 소설의 경우 음대협의 지적대로 전체의 80% 이상이 성행위 묘사로 일관하고 있다. 그것도 가학적인 변태행위다. 게다가 30대 유부남과 18세 여고생이 벌이는 불륜의 성관계가 어떤 음란영상물보다도 적나라하게 묘사되어 있다. 여중고생들의 등교길 분만 사건이 일어날 만큼 우리 청소년들은 성의 무방비 상태에 와 있다. 이런 소설이 불륜을 미화하고 기괴한 성관계들을 청소년들의 통과의례처럼 상식화 하는 데 촉매 역할을 할 수 있다.

마광수나 장정일의 인신을 구속하는 것은 반대지만, 그들이 귀담아 들어야 할 말이 있다. 그들은 단지 윤리적인 측면에서만 문제를 일으킨 것이 아니고 문학적인 면에서도 결국 열등한 역량을 보인 것이다. 자신들의 열등감과 욕구들을 제대로 형상화시키지 못한 것이다. 그 이유는 아마도 자신들의 능력으로는 전통문법에 충실한 기법을 통해서는 도저히

---

25) 방민호, 「그를 믿어야 할 것인가」, 《창작과비평》(1995. 여름호), 93-94쪽.

고전과 선배 작가들의 수작들을 따라 갈 수 없다는 절망 속에서 충격적인 기법과 내용을 전개한 것은 아닐까? 스스로에게 냉철한 질문을 해보기 바란다.[26]

2) 페미니즘 문학의 대두

푸코는 인문과학의 계보를 '힘-지식'의 변주로 파악하고 있다. 이 변주의 주제는 변화를 추구하는 페미니스트들에게 한동안 주요한 이론적 관심을 받기에 충분한 요소를 지니고 있다. 푸코에 있어서 힘은 두 종류의 것이다.―지식을 진리로 전환하는 힘이 그 하나이고, 다른 하나는 이 지식을 널리 전하는 힘이 그것이다.―문화적으로 여성이 어떠하다는 지식의 힘의 배려는 남성의 전유물이었다. 지금까지의 여성에 대한 지식은 남성이 만들어낸 것이니, 이 여성에 대한 지식을 여성 자신이 직접 나서서 축적하겠다는 것이 페미니스트들의 입장이다. 이와 같은 페미니스트의 입장은 포스트모더니즘과 맞닿아 있는 부분이기도 하다.[27]

90년대 우리 문단, 특히 소설 분야에서의 주된 특징 중의 하나가 '페미니즘'을 지향하는 여성 작가들―최윤, 공지영, 이경자, 김형경, 최영미(시)―의 약진이라 할 수 있겠다. 특별히 최윤은 그의 중편 소설 「속삭임, 속삭임」을 통해서 비교적 수준 있는 절제된 목소리로 남성 중심 사회와 역사에 대한 비판을 가한 바 있다.

이애, 밖은 전쟁이다. 밖은 늘 전쟁이었다.―아, 너를 위해 세상의 미운 단어들을 모두 바꿀 수가 있다면―도든 딱딱하고 근육질이 박힌

---

26) 참고. 정재후, 「우리는 주님의 교회를 믿는다」: 장정일의 '너희가 재즈를 믿느냐'에 답하여, 《낮은울타리》, (1995.9).

27) 김명복, 「모더니즘, 포스트모더니즘, 페미니즘」, 《현대문학》, (1995.12), 381-382쪽.

단어에 공기 같은 가벼움과 부드러움을 주고 모든 악취 나는 단어에 지상의 들꽃 이름을 대신해 줄 수만 있다면.[28]

「속삭임, 속삭임」에서 화자인 어머니는 자기 뱃속의 아기에게 축복과 바람의 속삭임을 계속해서 들려준다. 이 아이가 세상에 나온 후에도 계속 속삭임을 들려준다. 이 속삭임을 통해서 남성들의 폭력적이고 냉정한 큰 소리에 저항해 본다. 아니 그것은 저항이라기보다 생명에 대한 안타까움과 애절함이다.

이애, 내 뱃속에서 꽃이 피겠다. 왜 뱃속이냐고. 그건 뱃속만큼 솔직한 것이 없다는 말이다. 다 뱃속의 일을 위해 일들이 일어나지 않던. 세상이 펼쳐지고 그 위에 인간이 나타났던 그 최초의 날 이후 이것이 바뀐 적이 있더냐. 뱃속 만세 ! 네가 살고 있었던 그 뱃속. 아, 만세, 만세![29]

그러나 모든 여성 작가들이 최윤과 같은 목소리를 내지는 않았다. 공지영은 그의 단편 소설 「인간에 대한 예의」와 「꿈」에서 보여주었던 밀도 높은 역사에 대한 반성과 진지성을 상업성이 농후한 장편 「고등어」의 대히트 속에다 함몰시켜 버렸고, 장편 「무소의 뿔처럼 혼자서 가라」에서는 자극적이고 도발적인 남녀의 대결구도를 그려 상업적으로 역시 큰 성공을 거뒀다.[30] 이경자는 「절반의 실패」와 「황홀한 반란」을 통해 좀 원색적인 여성해방을 부르짖었다.

---

28) 최윤, 『속삭임, 속삭임』, (민음사, 1994), 130쪽.
29) 최윤, 앞의 책, 98-99쪽.
30) 최근의 여성 작가들이 지나치게 성을 상품화하여 다룬다는 비판이 김상대, 『섹스라는 기호를 다루는 사람들』에서 본격적으로 다뤄지고 있다. 그러나 김상대의 현대 작가들에 대한 혹평은 일리가 있음에도 불구하고 마치 감정이 상한 상대에게 하는 말처럼 지나친 단순화와 평가절하를 담고 있다.

이문열은 이런 일련의 움직임들에 대해 더 이상은 못 봐주겠다는 듯이 자신의 소설 「선택」 속의 주인공 정경부인의 목소리를 빌려, 구체적으로 여성 작가들의 작품의 제목을 거론하며 지나친 페미니즘 운동에 일침을 가한다.

하지만 진실로 걱정스러운 일은 요즘 들어 부쩍 높아진 목소리로 너희를 충동하고 유혹하는 수상스런 외침들이다. 그들은 이혼의 경력을 무슨 훈장처럼 가슴에 걸고 남성들의 위선과 이기와 폭력성과 권위주의를 폭로하고 그들과 싸운 자신의 무용담들을 늘어놓는다. 이혼은 「절반의 실패」쯤으로 정의되고 간음은 「황홀한 반란」으로 미화된다. 그리고 자못 비장하게 「무소의 뿔처럼 혼자서 가라」고 외친다.[31]

인간만의 미덕이던 여러 도덕적 원리들은 근년 들어 턱없이 팽창한 이기(利己)에 심각한 위협을 받고 있다. 귀찮으면 낡은 시대의 억압이 되고 지키기에 힘이 들면 기성 세대의 위선이나 독선이 된다. 특히 여성해방과 성적인 방종은 어디서나 단단히 혼동되고 있다.[32]

이에 대해 문학평론가 권택영은 중앙일보(97.4.29)의 지면을 통해 이문열과 논쟁을 한다.

권: "많은 독자들이 작가(이문열)가 여성의 처지를 몰라도 너무 모른다고 할 것입니다. 정부인의 말을 빌려 그 뒤에서 이문열 씨라는 중년 남성이 '이 땅의 딸들' '너희들' 하며 여성을 일반화시켜 야단치고 있는 것은 문제 아닙니까?"
이: "진지하고 성실하게 추구되는 여성운동에 이의를 단 것은 결단코

---

31) 이문열, 『선택』, (민음사, 1997), 9쪽.
32) 앞의 책, 11쪽.

아닙니다. 일부 잘못된 여성해방론자들이 목소리를 높이고 그것이 다 인양 해서 저도 그들에 대한 목소리를 높이기 위한 방편입니다.”
권: “여성 작가들의 소설 제목을 그대로 드러내 놓고 비판하는 것도 문제 아닙니까?”
이: “여성 작가들의 소설 제목을 그대로 딴 것은 그 말들이 그릇된 여성운동의 상징성, 비유성을 더할 나위없이 잘 드러내고 있기 때문이었습니다.”

이경자의 「황홀한 반란」은 그 책의 파급효과에 대한 윤리성에도 심각한 문제가 있지만, 그 이전에 문학적인 면에서도 작가의 자질이 의심스러울 정도로 플롯이 엉성하고 설득력이 없으며 작품 속에 오직 자신의 (화풀이 같은) 욕구분출이 지나치게 드러나 있다. 이문열이 비판한 이경자의 「황홀한 반란」은 작품이 시작되자마자 아내 혜순의 불륜이 시작되는데 그 동기와 과정이 설득력이 없고 그 반항 의식도 유치하다. 솔직히 말하면 필자가 읽은 최근 몇 년 동안의 소설 가운데 이수진의 「재즈 섹스」와 견줄만한 최악의 작품이다. 아래의 인용은 혜순이 불륜을 저지른 후의 심정을 자신의 동생 혜진에게 고백하는 대화이다.

“(언니!) 어떤 남자야? 애인? 옛날 남자?”
“아니, 그런 게 아니야. 지난 달에 유방암 진찰을 받으러 갔다가 의사한테 반했어. 한 달이나 참았는데, 어느 순간에 발작처럼 전화를 해서 만났단다. 술을 좀 마셨어. 그리구 그 남자를 따라 그냥 그렇게 잤어.”(유방암이 걱정되어 진찰 중인 사람이 자신의 유방을 진찰하는 의사의 손길에서 흥분을 느끼고 유혹을 느낄 수 있을까?)

“(남편 외의 남자와 처음으로 섹스 한 후에 집에 와서 남편을 만났을 때) 죄책감 같은 건 없었어. 좀 두렵긴 했지만 형부가 눈치챌까 봐, 집에 가서 형부 얼굴을 어떻게 볼까, 좀 걱정이 되었어. 하지만 맞닥

뜨려 보니까 그 두려움이나 걱정이 허상? 허구? 뭐 그런 거라는 걸 깨
달았어."
"언니, 바로 그거야. 그 두려움이 허상이라구. 이제 언니 자신을 찾는
길로 들어섰네. 아주 축하할 일이야. 언니. 있잖아. 제도도 살아있는
생명체 같아야 한다는 게 우리들의 현재까지의 생각이야. 언니두 생각
해 봐. 재미있어. 그런데 언니? 그 남자랑 잘 때, 괜찮았어?"[33]

이문열의 「선택」도 문단에 뜨거운 이슈를 던졌다는 면에서는 주목할
만하지만 문학적인 면에서는 그렇게 높이 평가되기 어렵다고 생각된다.
왜냐하면 이문열의 (지나친 페미니즘을 비판하려는) 과도한 의지에 의해
서 작중 화자가 어색할 정도로 훈계조의 커다란 목소리를 내기에 사건과
대화에 의한 긴장, 절제와 승화, 뒷맛 등의 소설적 재미가 반감된 것도
사실이다. 물론 여기서는 문학적인 평론이 주목적이 아니므로 그가 후기
에서 밝힌 작품의 의도를 더 중요하게 취급하려 한다.

"연재 첫 회부터 반페미니즘 작품으로 낙인 찍혀 그 방면의 논객들로
부터 집중적인 포화를 받았다.―(사실) 거기서 비판되고 있는 것은 저
속하게 이해되고 천박하게 추구되는 페미니즘임을 알게 될 것이다. ―
페미니즘을 비판할 수 있는 것은 다만 그것이 지나쳤을 때뿐이다."[34]

물론 여기서 우리가 주의해야 할 것은 아직도 우리 사회에 여성 학대
와 차별이 심각한 문제로 여전히 존재한다는 사실이다. 이것은 남자들만
의 책임도 아니고 여성들의 책임만은 더더욱 아니다. 우리 모두, 특히
그동안 주도권을 쥐고 있었던 남성들이 '공존과 조화'가 있는 가정과 가
치관, 그리고 구조적인 개혁을 해야만 한다. 여자라는 이유만으로 학대

---

33) 이경자, 『황홀한 반란』, (푸른숲, 1996), 62-63쪽.
34) 앞의 책, 223-225쪽.

를 받고 차별을 받는다는 것은 남녀가 공멸하는 길이다. 그러나 페미니즘도 자신들의 운동을 냉철하게 반성해 봐야 할 것이다.

이문열의 「선택」에는 정말 우리(남녀 모두)가 주목해야 할만한 내용이 들어 있다. 그것은 가정을 통해서만이 생명이 탄생하고 양육되어 새로운 역사와 문화를 이어간다는 사실이다. 그런 일에 주역을 감당하는 여성은 누구보다도 위대하고 아름답다.

"세상이 지금 이대로 끝나게 되어 있지 않다면 다음 세대를 낳고 기르는 일보다 더 크고 무거운 일은 없다. 사람들이 세상을 이어가는 일은 그 자체로도 넉넉한 무게와 값을 지닌다."[35]

3. 성 담론에 대한 기독교윤리학적 입장

1) 대담한 표현 : 예술적 필연성인가? 인기를 위한 상업성인가?

음란, 외설 판정으로 구속되었던 마광수의 소설은 그와 그의 제자들, 그리고 예술가의 표현의 자유를 강조하는 사람들에 의해 변호되고 있지만 과연 진정한 문학작품이라 할 수 있는가 의문이 든다. 물론 마광수 자신은 즐거운 사라의 의도를 성 담론이 밀실에 갇힌 채 음성적으로 진행되던 것을 공개적인 자리로 올려 놓고 문학이 도덕, 윤리의 눈치를 보지 않고 독립적인 예술의 영역에 서야 한다고 변명하고 있다. 그러나 다음의 천박한 인용구—문학적이지도 않고 진지한 성 담론의 공론화에도 기여할 수 없는—를 예로 들어보자. 윤리적인 것, 계몽적인 것, 무거운 것, 진지한 것에 대한 도전이 이런 형태로 형상화 되어야만 하는가?

---

35) 이문열, 앞의 책, 113-114쪽.

그때 나는(사라) 대학교를 졸업하고 결혼을 하고 처녀성을 보존하고 있어야만 한다는 것이 너무 거추장스럽게 느껴졌었다. 내가 기철에게 이런 생각을 말하면서 나와 육체적인 관계를 가져달라고 부탁했을 때, 아닌 속된 말로 나를 아무 부담감 없이 공짜로 '따먹어 달라'고 부탁했을 때, 기철은 심드렁한 표정으로, '그건 별로 어려운 일이 아니지'라고 대답했다. 그래서 어정쩡한 '처녀막 파열 의식'이 얼떨결에 치러졌고, 나는 비로소 홀가분한 해방감을 느꼈다. 그런데 정말 재수가 없었다. 약이라는 이물질을 신성한 의식에 개입시키고 싶지 않아서 그냥 일을 치러 냈던 것인데, 그만 덜컥 임신이 되고 말았던 것이다. 나는 아이를 뗄 돈이라도 마련해 달라고 기철에게 부탁했다. 나는 기철과 함께 병원을 찾아 갔다.[36]

마광수에 이어 최근에 구속된 장정일의 경우는 마광수보다는 진지하고 무게가 있다. 그에 대한 문학적인 평가가 만만치 않게 공존하는 이유도 거기에 있을 것이다. 그러나 그에게도 역시 예술을 빙자한 인기를 끌려는 외설문학에 지나지 않는다는 비판이 쏟아지고 있다. 그리고 우리의 관심이 일차적으로, 문학성 자체 보다도 그 문학과 문화구조의 파급효과에 따른 윤리적 책임에 있으므로 다음과 같은 선정성과 폭력성은 마땅히 거부되어야 할 것이다.

(물론 작가 장정일의 인신을 구속하는 것은 개인적으로 반대한다. 왜냐하면 문학평론가들의 자정 노력과 작가 자신의 작품에 대한 냉철한 반성을 존중해 주어야 하기 때문이다. 또한 장정일이 구속되면 장정일이 공권력에 희생된 예술인 '정의의 투사'가[37] 될 수밖에 없는 현실에서 오히려 많은 문인들은 장정일을 변론할 수밖에 없게 된다. 기독교 시민운

---

36) 마광수, 『즐거운 사라』, (서울문화사, 1991), 43-45쪽.
37) 실제로 장정일을 사제로, 자해성자로 변호하는 평론들이 나오고 있다. 구모룡, 「오만한 사제의 위장된 백일몽」, 《작가세계》, (세계사, 1997. 봄호).

동이 예술가들을 적으로 만들어서는 안 된다고 생각한다.)

　김인(작가로 나오는 주인공) : (냉장고 위의 과도를 집어들고) 오지
마! 오지마! 가까이 오면 찌른다.
　삼녀 어머니 : (율동적으로 자신의 음부를 손으로 쓰다듬으며) 찔러.
찔러. 깊이 찔러 봐. 위의 두 계집은 화냥년이지만 걔(삼녀)는 눈처럼
순결해. 막내에게 손 대면 넌 죽어.
　(중략)
　삼녀 : (여중생) 〈김인이 자신의 손 가락을 자른 채 피를 흘리자〉(필자
설명) 어머 이 피 제 손으로 빨아 드릴게요.
　(삼녀는 김인의 손가락을 빤다.)
　김인 : 그러지마…아…아프단 말이야…씹년아, 그만 떨어져.
　삼녀 : 잘못했어요….
　김인 : 너도 나만큼 아파 봐야 해.
　(바닥에 쓰러진 삼녀를 강간한다.)[38]

　젊은 부부가 침대 하나를 놓고 사는 단칸방에, 임시로 다니러 온 처제
와 함께 자는 일은 의외로 쉬운 일일지도 모른다. 그것은 하나의 침대
에 그와 아내, 처제가 모두 올라가 자는 일이다. 양쪽에 언니와 여동
생을 눕혀 놓고, 한번은 아내의 젖을 빨고 또 한번은 처제의 젖을 빨
면서. 그리고…돌아가며…그 짓을 한 번씩 끝내고 나면, 세 사람은 모
두 편안하게 수면에 빠질 수 있을 것이다.[39]

　대개의 사이비 종교는 시한부 종말론, 카리스마적인 교주 개인 숭배,
'나만의 구원', 선민사상 주입, 치병강조와 헌금 종용, 배타적 성격의

---

38) 장정일, 「해바라기」, 《세계의문학》, (민음사, 1996. 겨울호).
39) 장정일, 『너희가 재즈를 믿느냐』, (미학사, 1995), 45쪽.

공동체 형성 등의 특징을 가지는데 나팔교(재즈 교회)는 종말론을 주장하거나 내세를 약속하지도 않았고 체계적인 교리조차도 가지지 않았다는 것이다. '나팔교 교주를 구속한 사법부는 이들을 단순한 풍속 사범으로 다룰지 혹세무민을 한 파렴치한 사기범으로 다룰지…이 괴상한 종교의 교주는, 술과 음악 그리고 자유로운 성행위만이 신이 없는 세계의 새로운 신앙이 될 것이라고 말했다.'[40]

「거짓말을 내게 해 봐」는 인용하기에는 민망한 부분이 너무 많아서 장정일이 작품의 흐름상 무게를 두었다고 생각되는 몇 부분을 인용해 본다.

아무것도 하지 않는 친구 제이는 현재 취하고 있는 그 자세가 세상에서 제일 마음에 든다. 그리고 지금 자신이 행하려는 이 일만이 죽지 못해 살아있는 자신에게 기쁨을 준다. 막 나신이 되려는 여자의 벌려진 무릎 밑에 꿇어 엎드려 자기 두 손을 여자의 치마 단추나 바지의 지퍼로 가져가려는 이 순간 그는 그의 뇌리와 두 손에 달라붙은 신버지를 잊는다.[41]

제이는 아버지와 신(그 합성어가 '신버지')으로 상징되는 권력에 항거하는 인물이다. 그 항거의 방법으로 제이는 섹스 외에는 아무 일도 하지 않는 것이다. 하필 왜 유부남과 여고생과의 섹스를 통해서 항거하느냐고 질문하면, 그래야 사회적 관습과 통념에 일침을 가할 수 있기 때문이라고 주장할 것이다. 그러나 필자는 장정일의 작품을 통해서 작가 자신의 삶에 대한 냉소와 절망감이 자신의 열등감이라는 반죽에 의해 질퍽하게 빚어지고 있음을 씁쓸하게 느낄 수 있었다.

---

40) 장정일, 앞의 책, 345-346쪽.
41) 장정일, 『거짓말을 내게 해봐』, (김영사, 1996), 26쪽.

와이가 여고생이라는 것, 그리고 제이가 그녀보다 꼭 스무 살이 많은 유부남이라는 것은 두 사람의 관계에 장애가 되기에 충분하다. 왜냐하면 사회적 관습은 여고생에게 여고생의 위치를 고수하기를 또 유부남에게는 유부남의 위치를 고수하기를 강제한다.[42]

와이는 아직껏 제이의 자지에 탐닉해 있다. 이러고 있는 게 너무 좋다. 인간은 뭐 한다고 쉬지도 않고 숨은 쉬며, 쓸데없는 이론을 만들고 말을 하며, 또 뼈 빠지게 땀 흘려 일을 한단 말인가. 이렇게 아무것도 않는 게 죽여주게 좋다.[43]

작품의 대부분을 차지하고 있는 유부남과 여고생의 변태적인 섹스는 리얼하고 구체적이어서 매우 자극적인 인상을 남기는 게 사실이었다. 그럼에도 장정일 변론자들은 그게 아무 의미가 없는 것일 뿐 포르노 하고는 전혀 관련이 없다고 주장한다.[44]

그럼에도 불구하고 장정일 자신과 그 변호자들은 장정일을 구속한 검찰의 논리를 되새겨볼 필요가 있다. 그것은 성에 대한 표현의 권한과 관점이 예술가들에게 한정된 것이 아니라 일반인들의 상식을 기준으로 외설인지 예술인지를 판단해야 한다는 것이었다.

2) 급진적 성 담론에 의해 파급되는 윤리적 문제들

(1) 성의 상품화

요즘은 섹시한 여성이 아니면 세상에 존재할 가치가 없는 듯 보여진

---

42) 앞의 책, 123쪽.

43) 앞의 책, 114쪽.

44) 물론 그 빈번한 섹스의 의미를 정장진은 아무 것도 하지 않음의 상징일 뿐이고 포르노 장치가 아님을 역설하고 있다. 문학(예술)적인 면으로만 본다면 일면 동의할 수 있으나, 그런 장치들이 필연적으로 필요한 것이었다는 데에는 회의적이다. 더 관심 있는 분들은 정장진, 「장정일을 위하여」, 《세계의문학》, (민음사, 1997 봄호) 참고.

다. 현대 여성들이 가장 듣고 싶어하는 말이 '섹시하다', '모델같다' 라는 말이라고 한다. '몇 억짜리 모델' '몇 억짜리 엉덩이' 식의 '성의 상품화' (주로 여성의 상품화)의 주범은 무엇일까? 그것은 상업주의에 편승하는 매스컴의 작태 때문일 것이다. 성의 상품화는 성 윤리의 붕괴와 함께 매매춘의 성행을 가져오고 절제할 수 없는 욕망에 불을 붙여 낙태와 강간 등이 급증하게 된다. 특별히 강간범의 연령이 낮아지고 높아지며 (중학생으로부터 할아버지에 이르기까지) 피해자의 연령은 급속도로 낮아지고 있다(유치원생이 성희롱을 당하는 등).

다음은 필자의 『황금알을 낳은 개』 중 성의 상품화를 비판하는 내용을 옮긴 것이다.

두 종류의 미인 선발대회[45]

오늘은 어린 소녀들을 잡아 술집에 팔아넘기다 많은 아저씨들이 감옥에 갔습니다. 매스컴과 여성단체에서는 '여성의 상품화' 가 근본 원인이라고 힘주어 말합니다. 그런데 참 이상합니다. 술집에서 술을 도둑맞지 않고 지키려면 건장한 남자들이 필요할텐데 왜 키 크고 다리 날씬한 어린 소녀들을 잡아갔을까요 ?

다른 때보다 일찍 들어 온 기훈이 형은 오자마자 TV를 켜고 또 자기 눈에다가도 불을 켰습니다. 똑같은 수영복을 입고 키도 크고 다리가 길고 날씬한 비슷한 여자들이 번호표를 달고 줄을 서 있었습니다. 어릴 때 헤어진 친자매들을 찾는 건 줄 알았습니다. 그런데 서로 자신의 매력 포인트는 몸의 어느 부분이라고 자랑하면서, 시종일관 억지 웃음을 짓는 그 여인들은 아름답기 보다는 가여운 생각이 들었습니다. 그런데 기훈이 형은 열심히 노트에다 여자들의 몸에 점수를 매기며 역시 자신의 눈이 예리하다고 중얼거리고 있었습니다.

---

45) 정재후, 『황금알을 낳은 개』, (생명의말씀사, 1994), 56-61쪽.

아름다움을 점수 매긴다는 것도 우습지만, 그 아름다움의 기준이 밖으로 드러나는 성적인 매력으로 획일화 되고 있다는 것이 더욱 문제였습니다. 이 여성이 아름다운 여성인가 아닌가의 답이 '이 여성의 외모가 남성의 성욕을 얼마나 왕성하게 불러일으키느냐'로 결정된다는 것은, 아마 이 여자들을 통해서 돈을 벌어 보겠다는 매스컴과 광고 사진을 찍으려는 회사들의 장삿속 때문인 것 같았습니다.

지금 생각해 보니 지난번 길가에서 본 이상한 그 광경은 또 하나의 미인 선발 대회였나 봅니다. 똑같이 진하게 화장하여 야한 이미지를 강조한 여자들이 유리방 속에 들어가서 미소를 띠고 있었는데, 지나가는 남자들은 점수를 매기는 것 같았습니다. 그런데 그 미인대회가 TV 미인대회와 달랐던 점은, 그 여자들이 지나가는 심사위원들을 유리방 안으로 불러놓고 서로 자기에게 높은 점수를 달라고 심사위원들에게 술을 주고 있었다는 점입니다.

존재가 소유를 이기는 것, 아름다움[46]

"아톰 네 말이 맞아. 그러나 무조건 물질을 싫어하는 것이 '소유를 이기는 길'은 아니래. '사랑이 들어있는 소유'는 나눠지게 되고, '나눠지는 소유'는 이미 '존재가 이겨낸 소유'라고 교회 선생님이 그러셨어. 그리고 이렇게 생명이 물질을 다스리는 것이 '아름다움'이래."

우리의 모습이 대견하고도 아름답다고 흐뭇해 하는 나무들에 기대어 우리는 서로의 따뜻함을 느끼며 함께 노래했습니다.

(2) 외설(포르노)에 의한 성의 왜곡

흔히 생각하기를 성에 대한 윤리적, 종교적 억압이 사라지고 자유로운 성행위가 만연된 사회가 오면 남녀가 평등하게 서로 즐길 수 있을 것이

---

46) 앞의 책, 129쪽.

라 한다. 또한 포르노가 널리 퍼지면 지배문화에 타격을 가하는 해방의
역할을 한다고도 말한다.

자유롭고 무한한 폭발을 지향하는 남성의 성적 욕구는 인간의 동물성
을 표방하기에 윤리적 억압의 대상이었고 금기의 대상이 되었으며, 포
르노적 해방의 목표가 된다. 포르노적인 환상은 거의 모든 문화권의
지배 이데올로기에 타격을 가하고, 금기에 저항함으로써 쾌락을 가져
다 준다.[47]

그러나 윤리적인 규제가 사라지고 그에 편승해 활개치는 외설들은 여
성을 상품화, 대상화 함으로써 성에 대한 심각한 왜곡을 가져온다. 특별
히 아직 자기 절제력이 약한 청소년들에게는 마약과 같은 해악을 끼치게
된다. 다음의 글은 포르노가 얼마나 인간에게 성을 왜곡시키는지를 폭로
한 것이다. 특히 포르노의 주소비층이 남성이고 그 남성들에 의해 여성
들이 피해를 입는다는 사실도 기억해야 할 것이다.

포르노의 내용은 단 한 가지이다. 거기서 여성은 본질적으로 강탈당하
고 잔인하게 취급당한다. 여성들은 묶이고 매맞고 고문당하고 능욕당
하고 살해되고 싶어 안달한다. 남성에게는 이게 에로틱하다. 오랜 기
간 남성들이 포르노에 노출되면 그들은 여성들을 하찮고 무가치하며
사람이 아닌 물건처럼 보게 된다. 포르노에 노출된 남성들은 강간범들
의 태도와 비슷해진다. (포르노에 노출된) 남성의 삼분의 일에 해당하
는 남성들이 여성을 강간할 것으로 예상됐다. 강간 당한 자들을 치료
하는 한 신경학자의 말을 들어보자. '나는(의사) 빗자루 손잡이로 수
간 당하고, 자동차 뒷자석에서 스무 마리의 개와 섹스를 하도록 강요

---

47) 하태환, 「포르노 문학」, 《세계의문학》, (민음사. 1997. 봄호), 365-367쪽.

당하고, 손발이 묶인 채 성기에 전기 고문을 당했던 환자들을 상담해
왔다. 이들은 모두 열네 살에서 열여덟 살의 어린이들인데 이들은 포
르노의 영향을 직접적으로 받았다(포르노에 미쳐 있는 남자들에게 피
해를 입었다).[48]

(3) 간통, 강간, 낙태, 동성연애, 이혼의 증가 : 가정의 파괴

70년대에는 장미희가 주연한 영화 〈겨울여자〉가 야하고 파격적인 내
용의 성인 영화로서 공전의 히트를 기록했지만 아마 지금은 국민학생들
도 시시하게 볼 것이다. 20년이 지난 90년대에는 악마적인 샤론 스톤의
자극적인 영화 〈원초적 본능〉이 등장했다. 영화 중에서 샤론 스톤은 섹
스의 절정에서 얼음 송곳으로 남성을 마구 찔러 죽이는 악마적이고 병적
인 인물로 등장한다. 그러나 그녀는 섹시하기 때문에 모든 것을 용서받
는다. 심지어 영화 속의 남자 주인공(마이클 더글라스)은 경찰로 나오는
데 샤론 스톤이 범인인 것을 알면서도 그녀의 섹시한 매력 앞에 굴복한
다. 이제 샤론 스톤의 이미지는 악마적인 것이 아니라 매력적인 것의 대
명사가 되었다. 매력은 윤리를 집어 삼킨다. 그리고 그러한 매력에 길들
여진 대중들은 점점 더 강한 자극을 원한다. 아니 정확히 말하면 대중문
화산업이 대중을 점점 강한 자극으로 몰아간다. 자극과 충동, 재미는 의
미(가치)와 윤리를 제압하고 있다. 이렇듯 대중문화의 자극은 대중들의
가치관에 심대한 영향을 미친다.

소설, 영화, 만화 속에 나타나는 섹스의 장면은 대부분 결혼한 부부
사이의 정상적인 성 관계를 그리는 것이 아니다. 다시 말하면 대중 매체
의 상당 부분이 불륜이나 혼전의 성관계를 정상적인 것으로 세뇌하고 있
다. 벌써 몇 년 전에 충격적인 사건을 매스컴에서 다룬 일이 있다. 그것
은 중학생들이 지나가는 여고생들을 집단으로 강간한 사건이었다. 어떻

---

48) 캐서린 맥키논, 「포르노, 민권, 언론」, 《세계의문학》, (민음사, 1997. 봄호), 409-423
쪽.

게 누나에게 그런 짓을 할 수 있었느냐, 성행위는 결혼 후에 부부가 함께 하는 것 아니냐는 기자의 질문에 대해 범인들은, "섹스를 부부가 하는 거예요? 저는 부부가 섹스를 하는 영화, 소설, 만화를 본 일이 없는데요. 그리고 누나도 처음에만 싫어하고 나중에는 좋아할 줄 알았어요. 포르노에서 처음에 여자는 반항을 하다가 나중에는 다 좋아하던데…." 하고 답하는 걸 보았다. 성에 대하여 얼마나 왜곡된 의식을 갖고 있었는가?

현재 강간율 세계 2, 3위를 오르락 나리락 하는 우리 나라의 강간율 증가가 세계 최고라 한다. 이제 우리 적수는 젊은 여성 네 명 중에 한 명 꼴로 강간을 포함한 성희롱의 위협을 당했다는 괴물의 나라?, 짐승의 나라? 미국밖에 없다. 이혼율은 90년대에 들어서면서 급증하기 시작했고 불륜을 미화한 드라마, 소설 등이 외도를 부추기고 있다. 낙태의 경우는 강적 미국을 제치고 인구 대비 낙태율 세계 1위를 차지했다. 통계가 좀 과장 되었다 해도 세계 2위 안에 드는 것은 기정 사실인가 보다.

한국에서 낙태되는 아기는 어느 정도인가? 1년에 150만 명은 낙태된다고 한다. 1년에 출산되는 아기가 60-80만 명이라면 출산되는 아기의 두 배가 낙태로 인해 죽는다. 기혼여성의 59.3%가 1회 이상의 낙태를 하고, 미혼 여성의 30%가 낙태를 해 본 경험이 있다. 참고로 미국의 낙태는 연간 160만 건 정도이다.[49]

21세기 우리 나라의 가정에서도 이런 말을 흔히 들을 수 있게 될 지도 모를 일이다. "여보, 이리 와 봐요! 당신 애들하고 내 아이들이 싸우고 있고 겁 먹은 우리 아이들은 울고 있어요"

여기저기서 '현모양처'로서의 여성상은 여성을 가부장적 이데올로기에 순응시킴으로서 여성에 대한 남성의 지배를 정당화 한다고 비판하는 소

---

49) 김현철, 「한국의 낙태 현실」, 『낙태』, 윌키 부부, 정길용 역,(IVP, 1997), 345-347쪽.

리가 들린다. 또한 특히 결혼 전에 순결을 지키고 한 배우자를 사랑하고 존중하며 최선을 다하려는 태도를 보이는 남녀에게는 아직도 '순결 이데올로기'를 타파하지 못한 '미성숙한 사람'이란 딱지가 붙을지도 모를 일이다. "20살이 되도록 너는 아직도 총각이니? 처녀니? 매력이 없구나", 하는 조롱도 흔히 듣게 될지도 모른다.

더욱 어렵고 황당한 경우가 우리를 기다리고 있을지도 모른다. "어머니, 저 군대에서 사귄 친군데 결혼할래요. 논산 훈련소에서 반했어요", "아빠, 저 학교 여자 화장실에서 만난 사람인데요. 제가 화장실을 셀 수 없이 많이 갔었지만 그런 경험은 처음이예요. 아이는 복제 인간을 사다가 기르면 돼요." 우리의 가정은 어디로 가고 있는가?

4. 하나님과 이웃, 자신에게 책임 있는 삶을 지향하며

1) 기독교인으로서 성에 대한 책임 있는 삶

기독교의 인간 이해는 유물론과 다르다. 기독교 인생관은 자연적인 본성(욕구) 대로 사는 것이 아니다. 우리의 욕망은 어느 조직과 세력에 의해 억압 당하고 있는 것이 아니라 우리 스스로 하나님과 이웃을 위해 절제하는 것이다. 그것이 나에게도 기쁨이 되고 그 육체적 탐닉으로부터 해방되어 다른 많은 소중한 일을 할 수 있게 된다.

성은 하나님께서 인간에게 주신 생육과 번성의 축복을 가능하게 하는 소중한 것이다. 성은 즐기는 것이 근원적인 것이 아니라 생명의 연속적인 전이에 있다. 그러나 사랑함으로 책임질 수 있는 부부 사이의 성은 아름답고 소중한 것으로, 하나님께서 허락하신 축복이다.

하나님의 은혜를 받은 자로서의 책임은 사랑하는 가족들—아내, 남편, 아이—과 이웃을 긍휼히 여기는 삶이며, 이것이 바로 우리가 이웃과 자신을 파괴시키는 유혹을 이기며 욕망을 절제할 수 있는 근거이다. 이제 우리는 육적인 본능에 우리의 존재가 소멸되는 것이 아니라 '하나님의 자녀'로서 육적인 본능을 절제하며 책임 있게 즐기는 주체적인 삶을 살아야 한다. 그것은 의무와 강요가 아닌 허락과 축복이다.

2) 절박하게 요구되는 대안 문화 : 생명의 역동성, 아름다움

이 땅에서의 삶의 즐거움을 죄악시 하고 오직 영적인 것만을 거룩하게 생각하는 이원론적 경향이 극복되어야 기독교가 세속문화에도 관심을 가지게 된다. 교회 안에서 청소년들은 즐겁게 지내는가? 어쩌면 우리는 청소년들에게 교회에서 침울한 것, 의기 소침한 것을 거룩한 것으로 잘못 가르치고 있는 것은 아닌가? 교회 안에서 깔깔대는 소리가 들리면 경건치 못하다고 생각하지는 않는가? 교회교육에 있어서 성경의 지식을 전달하는 것 못지 않게 아이들과 함께 놀아주는 것도 소중하다고 본다. 청소년들의 놀이문화를 이해하지 못하고 당위적으로 거룩만을 강요하는 것은 시대착오적인 교육임을 알아야 할 것이다. 그러나 우리가 그리스도인으로서 즐거운 대화, 즐거운 놀이, 즐거운 성 생활이 있는 활력있는 삶을 만들기 위해서는 자신은 물론 하나님에 대하여, 이웃에 대하여 책임을 질 수 있는 인격과 신앙이 필요하다.

* 다음의 글은 우리의 놀이문화에 대한 반성을 촉구하는 뜻으로 인용한다.

재미와 쉼

우리는 어린이 공원을 같이 가게 되었습니다. 기차게 재미있다는 기차를 타기 위해서, 약수터에 선 줄보다 훨씬 긴 줄이 있었습니다. 우리는 돈도 없었지만 줄에 질려서 타는 것을 포기하고 구경만 했습니다. 그러다가 재미있는 대화를 들었습니다.

"아빠! 우리 차례 언제야. 벌써 2시간이나 됐어. 여기까지 오는 데도 차가 막혀서 3시간 만에 왔는데 지겨워 죽겠어." "아가야, 아빠는 6·25전쟁을 경험하신 네 할아버지로부터 용기와 인내를 가지면 역경을 이겨낼 수 있다는 사실을 배웠다. 돌아가신 네 할아버지께 머리를 못 들겠구나. 제발 할 수 있다는 신념을 가져라." "아가야, 엄마도 너의 나약한 모습에 실망했다. 이런 고통은 엄마가 너희를 낳을 때의 고통과는 비교도 안 된다. 참아라. 기다려라. 줄이 줄고 있지 않니 ?"

"제가 잘못했어요. 끝까지 기다릴께요. 이제 용기가 생겨요. 할 수 있어요."

정말 대단한 인간 승리의 가족이었습니다.

드디어 3시간 만에, "아빠! 우리 차례예요!"라는 감격의 소리가 들렸습니다.

"그래 장하다. 우리가 해냈다."며 온 가족이 얼싸안고는 눈물을 흘리며 기차에 나눠탔답니다.

나도 웬지 눈시울이 뜨거워졌습니다. 드디어 기차가 출발했습니다.

"악! 아악! 엄마 !"

짧은 비명 소리 뒤에 기차는 돌아 왔습니다. 그 가족들은 기차에서 막 내리자마자 "차가 막히기 전에 빨리 집에 가자!"며 급하게 밖으로 뛰어 나갔습니다. 내 눈에 고였던 눈물이 마르기도 전이었습니다.

우리 샤끄에서는 휴일이 되면 온 가족이 큰 스케치북을 가지고 나가서 함께 그림을 그립니다. 그리고 시를 쓰며 글짓기를 하고 서로에게 읽어주고 느낀 점을 얘기해 줍니다. 준비해 온 점심을 맛있게 먹고는 같이 손을 잡고 천천히 걸으며 하나님께 감사하는 노래를 부른답니다. 그때 엄마 아빠는 우리에게 하고 싶은 사랑의 얘기를 하시고, 우리는 사랑과 쉼을, 재미와 기쁨을 느낍니다.[50]

---

50) 정재후, 『황금알을 낳은 개』, 110-117쪽.

생명의 문화 회복을 위한 실천적 대안들

 * 돈과 기계에만 의존하지 않는 놀이 문화를 활성화시켜야.

 * 생명의 아름다움, 존엄성을 느끼게 해 줄 수 있는 학습과 놀이 : 자연과 동물, 식물을 접할 수 있는 체험 필요.

 * 성에 대한 건전한 교육 : 성과 생명의 존엄성을 연결하여 성은 은밀히 즐겨야 하는 죄스러운 행위가 아닌 하나님께서 허락하신 생육과 번성의 축복임을 느끼게 해야. 성을 금기시 하지 말고 자녀와 자연스러운 대화를 유도하는 부모의 보다 적극적인 자세가 필요.

 * 스트레스를 풀고 동료애를 느끼게 하는 스포츠와 게임, 레크리에이션 필요 : 사회 체육의 확대, 땀을 흘리는 노동 경험 필요.

 * 자신의 존재, 생명의 의미를 탐구하게 하는 진지성 회복 : 말초신경만 자극하는 비디오, 오락이 아닌 고전 음악, 종교 음악 감상과 절제와 승화를 미덕으로 하는 고전 문학과 현대 문학, 미술 활동 등의 다양한 프로그램들을 가정과 교회에서 실천해야.

 * 이웃 사랑, 특히 약자들을 사랑하는 일에 동참함으로써, 삶이 나만의 욕구 충족을 위해서 주어진 것이 아님을 깨닫게 해야.

 * 적극적인 방법으로는 기독교 예술가들이 상업주의 소비문화의 상품을 제압할 수 있을 만한 질적으로 성숙한 예술상품들(영화, 소설, 시, 연극, 찬양, 무용, 전자오락 프로그램 등)을 계속하여 창작해 내는 것이다. 그것을 위해서는 기독교 문화운동가들의 분발과 함께 개 교회들이 기독교문화 활성화에 관심을 가져야 하고 나아가서 초교파적인 연합사업이 전개되어 자본과 조직이 필요한 분야에 지원을 아끼지 않아야 할 것이다.

성서의 문학성과 한국 기독교 문학

현길언(소설가, 한양대학교 국문학과 교수)

1. 기독교 문학의 개념 : 기독교 정신과 문학

문학과 기독교는 '인간 구원'을 위해 같은 길을 가고 있다. 인간이 낙원에서 추방되지 않고, 원 모습대로 에덴에서 하나님의 통치하에 살아간다면, 기독교나 문학도 존재하지 않을 것이다. 설사 낙원에서 추방되었다 하더라도, 복락원의 꿈을 갖지 않으면서 땅 위의 삶으로 만족했다면, 역시 마찬가지였을 것이다. 복락원의 꿈은 자아와 세계에 대한 끊임없는 탐구와 성찰을 통해서 자아의 정체를 확인하고 자아를 억압하는 상황을 극복하려는 쉬임없는 싸움을 통해서 구체화 된다. 그것은 기독교적으로는 인간의 죄를 깨닫고 자아를 부정하면서 신성에 다가가려는 노력이고, 문학적으로는 인간의 존재와 그 상황을 치열하게 인식하고 꾸는 꿈을 형상화 하는 일이다. 그런데도, 지금까지는 지엽적인 문제에 집착하여 기독교와 문학의 관계를 오해해 왔다. 기독교는 하나님 중심적이어서 반인간적이고, 문학은 인간 중심이어서 반하나님적이라는 도식적인 이해가 그것이다.

그러나 기독교나 문학은 진정으로 인간 중심적이다. 기독교의 궁극적인 목표가 죄인인 인간이 '하나님의 모습'으로서의 인간으로 회복되는

데 있다. 그 회복은 인간의 자유의지에 의해서는 불가능하므로, 하나님의 사랑을 통해서, 인간들이 제 모습을 제대로 인식하는 데서 시작된다. 그러기에 하나님은 인간을 억압하는 전제적 존재가 아니라, 인간을 아들로 사랑하시는 '아버지 하나님'이다. 그분의 의도는 인간을 종교적 속박에 가두어 두는 것이 아니라, 진정한 자유인이 되게 하는 데 있다. 이러한 점에서 기독교 정신은 바로 인간주의에 근거하고 있다.

또한 문학 정신도 억압으로부터 자유를 최고의 정신으로 설정하고 있다. 그 억압은 물리적·제도적 폭력으로서 억압, 자기 욕망의 우상으로서 억압, 거짓 가치나 이데올로기의 억압 등이다. 이러한 억압양식은 기독교적인 입장에서는 싸워야 할 대상인 개인과 사회적인 죄와 다르지 않다. 이렇다면 기독교 정신과 문학 정신이 만나는 자리가 분명해진다. 더구나 하나님의 실체가 가장 완벽한 언어 체계인 성서와 가장 아름다운 질서 체계인 자연을 통해서 인간에게 나타났다는 점에서, 기독교는 아름다움을 추구하는 예술의 종교이고, 그것은 문학적 언어체계인 성서를 통해서 체계화 된다는 점에서도, 이 양자는 가까운 관계가 있다.

또한 기독교나 문학이나 간에, 땅의 가치의 중심인 효용적 가치(지배이데올로기)를 거부한다는 점에서도 동질성을 가지고 있다. 기독교가 욕망이 주축이 되고 있는 땅의 질서를 거부하고, '새로운 세계'를 추구한다는 점에서, 문학도 인간과 사회와 자연을 탐구하는 인간의 효용적 가치와는 별개인 비효용적 진실을 추구하고 있다는 점에서 같은 길을 가고 있다. 이 양자는 효용적인 지식보다는 자아와 세계에 대한 진실을 소중하게 생각한다. 그것은 자아와 세계를 치열하게 인식함으로 얻을 수 있다. 여기에 기독교와 문학의 관심사가 놓여있다. 종교적으로 보면, 죄에 대한 정직한 인식과 그 극복을 위한 믿음이고, 문학적으로는 자아와 세계에 대해 애정을 갖고 탐구하고 그것을 문학의 언어로 형상화시키려는 노력이다.

성서나 문학이나 인간과 세계에 대해 치열히 의도한다는 면에서 성서는 문학의 전범(典範)으로서 의미를 갖고 있다. 그런데 성서가 문학과 다른 점은 그 완벽성에 있다. 인간이 쓴 문학은 결국 성서의 의미를 인간의 언어로 재현해 놓은 수준에 불과하다. 신의 언어인 성서를 인간의 언어로 다시 쓴 것이 문학작품이라면, 곧 문학은 문제나 그 방법에서 성서의 해석이거나 주석이라 생각할 수 있다. 그렇다면 기독교 문학, 아니 진정한 문학이 지향해야 할 문제가 자연스럽게 드러날 것이다.

이 논의를 위해서 우선 문학의 전범(典範)으로서 성서의 의미를 생각하고, 그것을 통해서 기독교 문학이 지향해야 할 바를 설정하고, 다음으로 한국 기독교 문학의 실상에 대해 논의하려고 한다. 즉 성서와 언어, 성서의 내용의 주요한 문제가 되고 있는 주변성, 그 형식상의 완결성과 인간의 본질성에 대한 탐구양식을 중심으로 성서의 문학적 의미를 생각하려 한다.

2. 성서의 문학성

성서를 문학작품으로서 생각하는 것은 성서의 의미를 축소하여 세속화하려는 것이 아니라, 성서를 기독교적인 한계 밖에서 바라봄으로 그 보편성을 확대하는 일이 될 것이다. 하나님의 진리를 언어화 한 성서는 특정 종교의 경전이 아니고, 우주와 자연과 인간과 그 역사를 추구하여 그 비전을 제시하고 있는 인류에게 가장 보편적인 문헌이라는 점을 상기할 필요가 있다.

성서가 '가장 훌륭한 문학'이라는 평가는 그 내용 차원에서가 아니다. 역사 이래 세상 모든 작품이 추구해 온 문제와 그 문학의 다양한 양식을 모두 포함하고 있고, 그러면서 가장 완벽한 언어구조로 짜여 있기 때문이다. 또한 기독교의 입장에서도, 성서가 문학이기 때문에, 그 의미가 시간과 공간을 초월하여 항상 현재성을 띠고 독자에게 다가올 수 있다. 모세 이후부터 예수 탄생 1세기 이후까지, 시간적으로는 약 1천5백 여 년에 걸쳐 쓰여진 책이지만, 독자에게는 항상 지금 막 쓰여진 책으로서의 의미를 지니게 되는 비법은 그 문학성에 있다.

문학작품으로서의 성서를 생각할 때 사실성과 허구성이 중요한 요건이 된다. 사실과 허구는 동전의 양면과 같은 관계를 갖는다. 허구는 사실(事實)을 바탕으로 재구성한 것이기 때문에, 사실(事實)은 아니지만 그보다 더 사실〔眞實로서의 事實〕로서의 가치를 지닌다.

성서는 상당히 많은 역사적 사건을 바탕으로 쓰여졌다. 그러나 성서가 모두 역사적 사실로만 이루어진 것은 아니다. 성서가 사실 진위를 떠나서, 일단 성서는 거대한 허구의 양식으로 이해하는 것이 문학작품으로서 접근하는 대전제가 된다.

1) 완벽한 언어의 구조물

성서를 문학작품으로 이해하려면, 그것을 우선 언어의 구조물[1] 이라는 측면을 중시한다. 이 점은 기독교가 언어의 종교라는 점과 관계가 깊다.

하나님은 최초 사역인 창조 작업과 인간 구원 사업을 언어를 통해 이루었다. 말씀으로 만물을 창조하였고, 말씀으로 계명을 인간에게 내려서 인간과의 새로운 관계를 설정했고, 인류의 미래에 대한 비전을 언어로써 예언하고, 또 그것을 복음으로 전했다. 그러므로 범죄한 인간의 구원은 언어에 의해 가능하게 되었다.

언어는 창조의 도구일 뿐만 아니라, 하나님의 존재를 나타내는 유일한 방편이다. 하나님은 한번도 구체적인 형상으로 인간들에게 나타나지 않았다. 혹 특이한 징조로 나타날 때도 있었지만, 그 경우 자신의 실체를 보여주려는 것이 아니라, 그 나타나심을 예시하는 신호에 불과했다. 야훼 하나님은 언제나 말씀으로만 나타나셨다. 십계명 중 제1계명부터 제4계명에서 하나님만 숭배하라고 이스라엘 백성들에게 강권한 것은, 자신

---

1) 《기독교사상》(1996.8)에서 이 문제를 논의했음. 자세한 것을 이 글을 참조할 것.

은 '언어를 통해서만 나타나는 신'이기를 원했기 때문이다. 하나님은 자신의 형상을 만드는 것까지 금하고(출20:23-25), 오직 언어로서만 드러내려 했다.

이렇듯 언어는 하나님의 존재를 나타내는 유일한 매체이고, 그의 사역의 도구이며, 새로운 비전을 예비해 주는 유일한 방편이다. 그러므로 하나님의 능력은 언어에 의해서 발휘된다. 또한 하나님을 향한 인간의 믿음도 언어에 의해 구체화 되고, 하나님에 대한 정당한 기원에 응답하는 하나님 언어의 위력도 대단하다. 그러한 증거를 성서를 통해 확인할 수 있다. 그 점은 문학이 바로 죽음과 삶의 고빗길에서 죽음을 극복하는 양식으로서 의미를 지녔음과 비슷하다.[2]

하나님의 실체를 구체화 한 언어는 그 자체가 힘을 지니고 있다. 그러기에 그 언어는 역사를 바꾸어 놓았다. 또한 인간도 하나님에 대한 믿음을 언어로 증거해야 했다. 마음으로 믿어 의에 이르고 입으로 시인하여 구원에 이르느니라(롬 10:10) 했듯이, 구원은 곧 언어로 구체화했을 때에만 가능하다. 언어화 되지 않은 관념으로서의 믿음이 구원에 이를 수 없다는 것은, 기독교가 진정한 언어의 종고임을 말해준다.

언어는 삶의 실천적 양식이다. 기독교는 삶의 현장성을 중시하는 실천적 종교이다. 인간들이 땅 위에서 이루어 내는 모든 삶의 과정, 즉 역사가 구원의 과정으로써의 하나님의 사역과 서르 만나게 된다. 이 점에서 기독교는 고백의 종교이고, 현실의 종교이구.

크리스천의 신앙적 언어행위는 문학을 향유하는 일과 다르지 않다. 하나님에 대한 믿음의 증거로 신앙을 고백하고, 삶의 현장에서 이루어지는 문제를 극복하기 위해 간구의 기도를 드리는 일은 문학의 중요한 기능과

---

2) 죽음을 극복하는 언어양식으로서는, 신라 「경문대왕와 박두장이」 설화에서, 귀가 흉하게 큰 왕의 비밀을 세상에 발성하지 못해서 병이 난 박두장이 이야기와, 「아라비안나이트」에서 왕의 진노를 피하기 위해 밤낮으로 재미있는 이야기를 들려줘야 하는 샤라쟈드의 일화에서 상징적으로 나타나 있다.

상통한다. 무엇보다도 기독교가 언어의 종교라는 점은 하나님의 은혜가 오로지 언어에 의해서만 각 사람에게 주어진다는 사실에서도 확인할 수 있다. 그러한 점에서 성서는 하나님과의 언어적 교류를 통한 일들 중에 그 정수만을 모아놓은 문서라고 할 만하다.

2) 성서의 주변성과 그 문학성[3]

문학은 인간이 설정한 가치와 이데올로기를 거꾸로 들여다보고, 그 가치를 모두 성찰의 대상으로 삼는데 학문과 다른 의미와 기능을 갖는다. 이 점에서, 진정한 문학은 철저하게 인간의 효용가치와는 반대편에서 인간과 사회와 역사를 탐색한다. 이 점은 기독교적 세계 인식과 상통한다. 앞에서 논의한 대로 기독교는 땅의 논리를 거부하고 새로운 세계를 지향하는 종교이다. 그러한 새로운 가치의 체계를 '하늘나라'라는 개념으로 설정하고 있다. 땅과는 상반된 하늘나라를 지향하는 기독교는 땅을 중심으로 인식할 때는 철저하게 주변적이다. 이 점은 성서에 나타난 주변적인 여러 사건과 인물들을 통해 확인할 수 있다.

우선 성서는 눈에 보이는 가치를 거부하고 '보이지 않는 가치'를 추구한다. 하와가 범죄한 것은, 감각으로 인식한 가치를 신뢰한 데서 비롯되었다(창 3:6). 그 신뢰의 바탕에는 욕망이 자리잡고 있었다(창 3:5). 그것은 철저하게 땅의 논리를 중심해서 대상을 인식했기 때문인데, 이는 야훼가 창조한 인간의 신성(神性)과는 거리가 먼 것이었다. 눈에 보이고, 감각적으로 확인할 수 있고, 이성으로 판단할 수 있다는 것은 땅에 뿌리를 내리고 있는 인간의 가치와 그 논리이다. 그것은 대부분 욕망에 근거한 효용적인 것이다.

다음으로 반장자(反長子)의 논리를 들 수 있다. 성서는 구약에서부터

---

3) 《기독교사상》(1996.9)에 「성서의 초월성과 문학의 주변성」이라는 제목으로 논의했다. 이 글에서는 논의의 형식상 그 글 내용을 개괄적으로 소개 했음.

장자의 논리를 거부한다. 장자(長子)는 역사 체계에 있어서 땅의 논리의 중심틀이다. 그런데 하나님은 장자만을 고집하지 않았다. 구약에서 장자 논리의 허구성을 찾아볼 수 있다. 카인과 아벨 형제 중에 야훼는 아벨의 제사를 기뻐 받으셨고(창 4:4-5), 그 때문에 인류의 비극은 심화된다. 장자에게 절대적인 상속의 복을 허락했던 족장시대에, 쌍둥이 형제 중에 맏이인 에서는 팥죽 한 그릇에 장자의 권한을 동생 야곱에게 넘겨 준다. 하나님은 꾀 많고 욕심 많은 야곱을 선택하고(창 26: 27-34) 그에게 복을 내린다. 여기에서부터 이스라엘 역사는 장자에 의해 유지되지 못한다. 출애굽의 큰 사역도 형 아론이 아닌 동생 모세에게 맡긴다(출 7:1-7). 다윗도 이새의 일곱째 아들이다(대상 2: 16). 솔로몬왕도 다윗왕과 밧세바 사이에서 난 네 아들 중에 막내이다(대상 3: 1-5).

이렇듯이 하나님은 혈족을 따지지 않고, '보시기에 합당한 자'를 선택한다. 그것은 이미 고착된 이데올로기를 용납하는 땅의 논리와는 상반된 하늘의 논리이다. 고착된 가치를 거부하고 항상 새로운 가치를 추구하는 진보적인 의미가 강하다. 굳어진(죄로 더렵혀진) 땅의 질서를 새롭게 만들려면 장자 이데올로기는 불가능하다. 이렇듯이 장자의 논리를 거부하는 것은 하늘의 질서를 땅에 심는 일이다. 이 반(反) 장자의 논리는 '버림받은 자'를 통해서 구체화된다. 하나님의 뜻은 항상 땅에서 버림받은 사람을 통해서 실현되었다. 이들은 땅의 질서를 숭상하는 사람들에 의해 버림을 받았다.

이스라엘 민족은 그들의 땅에서 번성한 것이 아니라, 요셉을 따라 애굽으로 이주해 가서 비로소 거기에서 대 종족을 이루었다. 선민 이스라엘 민족은 이때부터 이방인의 신세로 나그네 신세가 되었고, 그 이후 오늘까지 세계사의 중심부에서 떨어져 나간 문제의 집단이 된다. 이 점은 땅의 논리에 근거한 인간의 사유로서는 이해할 수 없는 일이다. 또한 모세는 애굽 강가에 버려진 아이였다. 당시 정치 상황에서 살아남을 수 없었던 모세가 이스라엘 지도자가 되었다(출애굽 2:1-10)는 사실은, 선택받을 백성의 속성과 그들의 역사를 설명해 준다. 그들은 땅의 질서와 인간의 힘의 논리에서 늘 이탈된다. 비록 하나님으로부터는 선택을 받았으나, 인간에게는 버림받게 된다. 여기에서 땅의 논리와 상반된 하늘의 논리가 '버림받은 인물'을 통해서 구체화 되고 있음을 확인할 수 있다.

땅으로부터 버림받은 자의 모습은 예수님을 통해 구체화 된다. 그는 신분으로도 철저하게 주변적 인물이다. 예수님은 그 탄생에서부터 주변적이다. 인간에게 버림 받은 존재가 하나님의 아들이라는 이 사실은, 하나님의 역사가 땅의 질서와는 다른 차원으로 형성되고 있으며, 그 역사는 곧 '버림 받은 자의 역사'임을 설명하고 있는 것이다.

예수의 사역은 온통 버림 받은 사람 편에서 이루어졌다. '건축자의 버린 돌이 머릿돌이 된(막 12:10)' 사건이 단적으로 이를 설명한다. 그는 당시 중심세력인 바리새인들에게 비난을 받았으나, 버림받은 주변인들 친구로서 그들의 소망이 되었다. 그를 따르는 민중들은 소외된 계층이었고, 그의 사역 역시 버림받은 자들에게 치유와 평안과 소망을 주는 일로부터 시작했다. 그는 당대의 지배 이데올로기와 맞서다 세상으로부터 버림을 받았다. 죄없이 죽임을 당했으나, 부활함으로 하늘의 질서를 구축했다. 이러한 기독교의 주변성은 하늘의 논리로는 초월성이다.

3) 증거 문학으로서의 성서의 리얼리티성[4]

하나님이 추구하는 가치의 핵심에는 질서와 조화가 자리잡고 있다. 이 점은 우주만물을 창조하는 과정과 그 결과에 대한 하나님 자신의 평가를 통해 나타난다. 혼돈에서 나눔으로 질서가 이루어지면서 하나하나 단계적으로 창조한다. 그리고 그 결과에 대해, 하나님은 '좋다'라고 평가했는데, 거기에서 자신의 속성이 잘 드러난다. 이처럼 우주만상은 정연한 질서의 체계로 창조되었기 때문에 '아름다운 존재'였다. 성서가 마치 완

---

4) 이 문제에 대해서도 논의했는데(《기독교사상》, 1996.10), 그 글에서 취급하지 못한 문제를 중심으로 논의하겠음.

벽한 언어의 구조물인 것처럼, 자연도 온벽한 질서와 조화체계의 백미인 것이다.

성서에 나타난 인간 역사도 정연한 질서체계에 의해 전개되었다. 역사를 주관하는 분도 공의의 하나님이시기에, 선민 이스라엘도 범죄 했을 때는 용서하지 않았다. 하나님이 통치하시는 역사의 엄정성과 공명정대함을 확인할 수 있다. 모든 사건은 필연성 위에 전개된다. 그것은 정직하고 확실하기 때문에 도리어 절망 중에 있는 인간들에게 소망을 준다.

창세기 1장 1절부터 요한계시록 22장 21절까지는 하나의 질서 체계로 묶여져 있다. 한 권, 한 장, 한 에피소드나 사건, 한 문단 모두 완벽한 언어 질서의 체계 안에 있다. 성서를 이루고 있는 수많은 언어는 마치 우주 만상에 속해 있는 만물들처럼, 제 각각이면서 전체에 들어가 서로 조화를 이루면서 제 몫을 다하고 있다. 성서의 언어가 일점일획도 틀림없다는 점은 그 구조의 긴밀성과 성서 플롯의 완벽함을 의미한다. 이러한 엄정성과 완결성은 성서를 하나님의 언어로 만드는 힘이다.

성서의 모든 사건은 증거를 중시한다. 성서에 나타난 많은 인물의 일생담에서 시간과 공간, 행위의 양식, 행위의 결과와 족보와 인물들과의 관계성을 중시한 점도 그렇다. 이것은 결국 성서의 리얼리티성을 확보하게 해서 허구 작품으로서의 진실성과 실증성을 강화시킨다.

성서가 신과 인간과 인간이 이루어 놓은 사회와 역사에 대한 모든 문제를 탐구하고 해명해 주면서 그 비전을 제시하고 있다는 점에서 우주론적인 리얼리티를 확보하고 있다. 그 점은 기독교가 관념의 종교가 아니라, 삶의 현장성을 중시하는 실천종교라는 점과 맥을 같이한다. 성서가 역사적 사실을 바탕으로 한 허구적인 작품이면서도, 인간의 모든 문제를 설명할 수 있는 신뢰성을 확보할 수 있는 것은 그 리얼리티 때문이다.

창세기를 보면, 족장들의 일생담에서, 일상인의 생활이 그대로 나타나 있을 뿐 아니라, 그들의 삶의 문제가 오늘에도 적용될 수 있다. 하나님께 제사를 드리다가 다툰 카인과 아벨의 이야기에서부터 믿음의 조상 아브라함과 야곱과 요셉에 이르는 믿음의 족장들 삶에서 문제되었던 여러 일과 사건들은 오늘날에도 역시 유효한 것이다. 즉 그 문제는 땅, 재산 상속과 장자의 직분, 노임, 결혼과 자식, 섹스 등의 문제와 관련된다. 그것은 고대 부족사회로부터 21세기를 바라보는 오늘 후기 산업사회에 이르기까지 변함없이 인간들의 삶의 현장에서 중요한 문제가 되는 삶의 조건이다. 아브라함은 조카 롯과 땅을 나누어 살 터를 따로 마련한다(창 13장). 그것은 재산이 많아서 종들이 서로 다투었기 때문이다(물론 하나님의 언약의 결과였지만). 야곱은 장자의 기득권이 탐나서 눈먼 부친을 속이고 그것을 취한다(창 27장—28장). 그래서 형의 진노를 피해 고향을 떠나 외삼촌 집에 가서 아내를 취하기로 하고 노동을 한다(창 29-30장). 형의 질투로 죽을 고비에서 목숨을 구한 요셉은 애굽에서 하나님의 도움으로 총리대신이 된다. 이렇게 형제 일가 친척들 사이에서 벌어지는 일들은 구약의 족장시대 사건이면서 동시에 오늘의 사건이다. 그 이유는 그것이 인간의 보편적인 삶의 문제에 근거했기 때문이다.

신약시대에 예수님의 공생애 기간에 전한 복음 사역도 구체적인 삶의 현장의 문제에서 이루어진다. 예수님이 광야 금식을 마치고 세상에 나왔을 때 당했던 시험에서도 그 점이 분명하게 드러난다. 떡과 명예, 권력의 문제를 가지고 마귀는 예수를 시험했다. 예수님이 전한 복음의 핵심인 '사랑'도 구체적인 삶의 현장에의 문제 중 가장 중요한 것이다.

다음으로 자료의 정확성과 세밀성이다. 그 한 예로 이스라엘 백성들이 하나님께 제사 지내는 성막 설명, 제사장 규례(창,28-29장)와 각종 제의식과 규례, 제사장의 성결 의식, 직무, 더럽혀졌을 때의 정결법, 민족에 대한 규례, 각종 절기에 관한 규례 등을 기록한 레위기 기사를 보면, 그것은 마치 오늘날 성문법이나 행정사회 조직상의 각종 규례보다 아주 치밀하다. 또한 민수기에 나타난 인구조사 현황이나, 신명기에 제시된 이스라엘 백성들이 지켜야 할 하나님의 율법에 대한 내용도 그렇다.

성서에는 지상에 살았던 모든 인간의 여러 유형들이 빠짐없이 등장하는 우주적인 대로망이다. 여기에 등장하는 인물들의 계층별 유형은, 인류 역사상 모든 계층의 인물 유형들을 다 제시하였고, 그들의 역할을 구

체화시키면서 그 의미를 드러내고 있다. 성서는 지상의 모든 인물형을
모두 포함하고 있는 작품이다.

4) 다양한 문학양식의 집합체

성서는 다양한 문학양식을 다 간직하고 있다는 점에서 가장 훌륭한 문
학작품이다. 서사양식만 해도 신화양식으로부터 반소설, 오늘의 메타픽
션에 이르기까지 그 양식이 다양하게 변모되어 왔고, 시 양식은 더 말할
나위가 없이 많이 변해왔고 지금도 변하고 있다. 모든 문학양식은 쉬지
않고 변하고 있으며, 앞으로 더욱 복잡하게 변모할 것이다. 그런데, 성
서는 지금까지 문학에서 실험되고 쓰여졌던 모든 양식을 모두 간직하고
있다. 신화, 역사, 잠언, 시, 환상, 일생담, 서간체, 르뽀, 교술, 보고양
식 등, 서사양식 중에 과거의 양식은 물론 새로 시도되는 방법적 양식까
지도 이미 성서에서 쓰여졌다. 이러한 다양한 양식이 적절하게 운용되어
서 한 권 한 권의 성서를 이루었고, 이 66권이 모여 한 권의 바이블이
되었다. 이러한 많은 양식은 복잡한 인간의 삶의 양식과 다양한 역사와
지역의 문화성, 그에 따른 인간의 의식과 꿈과 삶의 변화에 호응되는 것
이므로, 그런 양식들은 제 각각이면서 또한 통일된 하나의 의미체로 한
권의 성서를 이루게 된 것이다. 그것이 인간 역사이고 문학의 총화이다.
양식의 변화에 따라 그 언어도 다양한데, 이러한 점은 앞으로의 변화
할 문학양식에 대해 어떤 시사점을 제시해 준다. 좁은 의미의 허구적 양
식에서 벗어나서, 인간과 사회와 인간의 역사, 자연과 우주의 실체를 형
상화 하는 새로운 방법적인 양식을 성서에서 시사받을 수 있다. 그런 면
에서 성서가 보유하고 있는 다양한 양식은 과거와 현재와 미래의 모든
문학양식을 다 포함하고 있다고 생각할 수 있다. 이처럼, 성서는 그 양
식적인 면에서도 문학의 총화이고 전범이라고 말할 수 있다.
이러한 다양한 양식은 서로 합쳐져서 또 다른 새로운 양식을 만들어
내고 있다. 그러므로 한 작품(한 권의 성서) 안에서도 다양한 양식이 혼

재되어 있다는 점에서, 앞으로 나타날 새로운 서사문학양식에 대해 어떤 시사점을 제시해 주고 있다. 예로 창세기를 보면, 기본양식은 신화양식인데, 거기에는 전기양식도 포함되어 있다. 이 신화양식과 전기양식이 결합됨으로 족장들의 삶의 신성성이 유지될 수 있었다. 그래서 족장들의 삶은 신화적이면서 아주 현실적이다. 이 신성성과 현실성은 창세기의 양식 때문인데, 이 점이 창세기의 의미를 찾아내는 중심틀이 되고 있다. 모세 오경은 엄밀한 의미에서는 역사양식인데, 그 안에 신화양식과 교술양식, 전기양식들이 적절하게 쓰여서 모세 오경으로서의 신성성, 정치성, 역사성, 삶의 구체성을 드러낼 수 있다.

신약에서 바울 서신은 외면적으로는 서간양식이지만, 기행양식과 전기양식을 포함하고 있다. 시편은 시가양식이지만, 많은 시가가 구체적인 사건을 배경으로 쓴 시이기 때문에, 형식적인 양식에도 불구하고 서사성을 지니고 있다. 이러한 성서가 지니고 있는 양식적 특질은 성서가 무한한 의미체를 보유하도록 하는데 기여하고 있으면서, 이 점이 성서의 구조적인 특성이기도 하다. 이러한 구조는 기독교의 본질성을 형상화시키는 데 기여하고 있다. 기독교가 철저하게 하늘을 지향하는 종교이면서 철저하게 땅의 문제에 뿌리 박고 있다는 점, 성서가 철저하게 신성을 추구하면서 동시에 철저하게 인간의 구체적인 삶의 문제를 바탕으로 하고 있다는 이 이원성은, 바로 다양한 기술양식과 그 장르의 접합에서 가능했다.

3. 한국 기독교 문학의 현황

한국 기독교 문학은 우선 기독교 문학에 대한 편협된 개념을 벗지 못하고 있다. 피상적으로 호교성(護敎性)을 띤 작품이거나 간증적 수준의 작품으로 오해하는 경우도 있다. 앞에서 논의한 대로, 참 문학은 모두 기독교 문학이라고 해도 과언이 아니다. 이제 우리 문학사에서 진정한 기독교 정신을 작품화 하여 성공한 몇 가지 예를 생각하므로 기독교 문학이 지향하는 바를 설정할 수 있을 것이다.

1) 자기 소멸과 새로운 세계의 꿈 : 심훈의 「상록수」

일제 강점시대 심훈의 「상록수」는, 십자가 희생을 통한 새로운 세계를 지향하는 꿈을 소설화 해서 성공한 예이다.

이 작품은 1930년대 한국 농촌 실정과 한국사회의 문화적 상황을 설명하는 중요한 작품이다.

작품 발단부에서부터 당시 한국 청년들의 이상과 사랑의 한 면모를 제시하고 있다. 신문사에서 주최한 하계 농촌봉사활동 보고회 모임에서 박동혁과 채영신이 만나게 된다. 이 인연으로 둘은 결국 서로 사랑하게 되며 이들의 관계는 농촌 운동에 대한 열정과 사랑이 맞물려서 발전한다. 동혁은 전문학교를 마치고 고향 한곡리로 돌아와 농촌운동을 하게 되고, 영신은 기독교 청년연합회 농촌사업부의 특파원격으로 경기도 깊은 오지 청석골[靑石洞]로 내려와 농촌사업을 시작한다. 둘은 서로 사랑하면서도 개인의 문제보다는 농촌계몽사업을 위해 긔차 동역자로서의 관계를 더 소중하게 생각한다. 이들은 야학을 열어 문맹자를 가르치고, 농사법을 개량하기 위한 여러 사업을 시작하지만, 외부의 방해 때문에 고통을 당하게 된다. 동혁은 나중에 감옥까지 가게 된다. 그러나 그의 농촌운동에 대한 열정은 조금도 식지 않는다. 채영신도 고통을 감당하면서 제 한몸의 안일을 돌보지 않고 일 하다가 병으로 죽는다.

동혁은 영신이 죽은 뒤에도 그녀와의 사랑은 변하지 않는다. 또한 농촌에 대한 그의 꿈과 신념도 변하지 않고 오히려 더욱 강해진다. 비록 땅 위에서 이들의 사랑은 여러 장애 때문에 이루어지지 않았지만, 그 사랑의 열정이 농촌 운동의 저력으로 새 세계를 이룩하는 초석이 된다.

이러한 작품 개요에서 보듯이, 「상록수」는 농촌계몽을 소재로 한 일제 강점기 작품이지만, 궁극적으로는 작가가 지속적으로 추구한 '새 세계에 대한 꿈'을 형상화 했다. 심훈의 작품은 '민족해방'이라는 '새 세계'가 그 중심 주제를 이루고 있다. 이러한 작가의식은 그의 詩「그날이 오면」에서 보다 직설적으로 나타나 있다.

그런데 「상록수」에서는 그러한 작가의식이 시대상황의 제약 때문에, 남녀의 사랑을 중심으로 전개되고 있지만, 전체 작품구조에서 볼 때, 그가 지속적으로 추구했던 '새 세계에 대한 꿈'의 실현을 도모하는 낭만적 세계관이 그 바탕에 깔려 있다. 작품은 채영신의 죽음이라는 비극적 결말에도 불구하고, 박동혁이 농촌운동에 대한 신념을 더 강렬하게 갖는다는 점에서, 새 세계를 소망하는 메시아니즘과 자기 희생을 통해서만 그 세계에 이를 수 있다는 십자가 사상을 그 바탕에 깔고 있다. 새로운 세계는 기다림으로만 나타나는 것이 아니라, 십자가의 희생을 통해서만 가능하다. 그러한 삶만이 어두움에서 새 세계를 꿈꿀 수 있다고 믿는다. 「상록수」는 아름다운 농촌으로 돌아가 쉬는 소설이 아니라, 자기의 소멸을 통해서만 새 것을 창조할 수 있다는 십자가 정신의 승화된 작품이다.

채영신은 고등교육을 받은 미모와 학식과 교양을 갖춘 인테리 여성으로서 일상적인 가치를 추구했다면 육신의 평안을 누리면서 편하게 살아갈 여성이다. 그런데 박동혁을 만나면서 차츰 사랑에 빠지게 된다. 그들의 사랑은 이성의 사랑에 끝나지 않고 사랑을 통해 얻은 무한한 에너지로 농촌을 아름다운 땅으로 만드는 데 기여한다. 즉 그들의 사랑은 사회 변혁의 저력으로 나타나게 된다. 두 남녀의 사랑은 새 세계를 꿈꾸면서 창조해 나가는 데서 의미를 갖는다.

남녀의 사랑에 대한 영신의 입장은 기독교적이고 혁명적이다. 농촌운동이 단순히 사회운동이나 젊음의 열정을 불태우는 정의로운 활동의 수준을 넘어서, 새 세계를 창조해 가는 '하나님의 사업'과 동일한 것으로 인식한다. 그 새 세계는 현실로 땅 위에 실현될 수 없는 나라이긴 하지만, 땅 위에 사는 사람들이 언제까지 소망하며 살아가는 새 세계인 것이다.

1930년대 암흑기에 십자가 사상으로 현실을 극복하려 한 실천적 삶의 한 전형을 「상록수」의 채영신에게서 찾을 수 있다. 어두운 세상을 이길 수 있는 힘은 새 세계에 대한 믿음이다. 그것은 신앙을 통해서만 가능하다. 그러나 믿음만으로 이루어지는 것이 아니라, 실천적 삶에서 그 믿음이 생명을 얻게 된다. 그 실천적 삶은 땅 위의 편안을 거부하고 고통을 감당함으로 새로운 세계에 이를 수 있다는, 자기 소멸을 통한 십자가 부활사상의 구현이었다. 일제 식민통치 기간에 쓰여진 「상록수」는 이 점에서 참 기독교 문학의 한 전형이다.

2) 윤동주의 시와 메시아니즘

기독교 가정에서 성장한 윤동주는 기독교 신앙이 생활과 사상과 시의 바탕이 되었다. 그의 시는 '죄인'이라는 철저한 자기 인식에서부터 출발한다. 이 점은 일본 군국주의에 저항하지 못하는 자아에 대한 연민과 부끄러움으로 나타나고, 그것은 다시 암담한 현실을 극복하고 '새로운 세계'를 지향하기 위한 희생정신으로 발전한다.

그의 시에 흐르는 것은 자기성찰(自己 省察)과 부끄러움의 미학(美學)이다. 1940년대 한국의 대부분 지식인들은, 자의든 타의든 일본의 대륙침략의 이념인 대동아공영권(大東亞共榮圈)의 이데올로기를 수용해야 했고, 극히 소수 지식인들만이 침묵으로 대응했다. 이러한 상황에서, 시인은 일제에 저항하지 못하는 자신을 정직하게 인식하고, 민족적 자아(民族的 自我)로서의 부끄러움을 죄의식(罪意識)으로 나타냈다.

시 「참회록(懺悔錄)」에서, 시인은 자신을 패망한 왕조의 유물로 인식하면서, 기쁨없이 살아온 과거의 삶을 브끄러워 한다. 다시 그것은 고백하는 것으로 그칠 뿐 실천적 삶을 시도하지 못하는 데서 더 부끄러워 한다. 시인은 자신을 치열하게 성찰하므로 비로소 자신의 존재를 '죄의 깨달음'을 통해 확인한다.

자신의 부끄러움과 죄를 깨닫는 것은 고통이다. 그러나 그 고통을 외면할 수 없는 것이 시인이다. 시인은 '밤이면 밤마다 나의 거울을 손바

닥으로 발바닥으로' 닦는다. 그 과정을 통해 비로소 죄인으로서의 자신의 외롭고 슬픈 모습을 찾게 된다.

이러한 자기 성찰의 과정에서, 시인은 '복있는 자의 모습'을 찾게 되는데, 그것은, '슬퍼하는 자'이다. 시 「복 있는 자」에서 시인은, '슬퍼하는 자는 복이 있나니'라는 행을 8번이나 반복하고, 9행째는 결구로서, '저희가 영원히 슬플 것이오.'로 끝맺는다. 그가 확인한 시인의 존재성은 결국 '영원히 슬퍼하는 자'였다. 그것은 자신의 죄성을 깨달음으로 얻게 되는 인간적인 것으로서, 이것은 그의 시정신의 핵심이고 식민지 지식인의 양식(良識)이었다.

시인은 이러한 자신의 존재적 상황을 '밤'으로 인식한다. 그래서 밤마다 잠을 이루지 못한다「잠 못 자는 밤」. 여기에서 시인은 자신에 대해 연민과 증오의 이중 감정을 갖는다「자화상(自畵像)」. '외딴 우물에 비친 한 사나이'가 미워 돌아가다가 생각하니 가엾어서 되돌아와서 보고, 다시 미워서 돌아가다 생각하니 그리워진다. 이러한 시적 화자의 정황은 자신의 존재성을 확인한 다음에 뒤따르는 정서이다.

그러면 이러한 부끄러움의 원인은 무엇인가. 시인은 바람부는 고통스러운 상황을 살면서, 한 여자를 사랑하지도 않았고 시대를 슬퍼하지도 않았음을 깨닫는다「바람이 불어도」. 시인은 바람이 불고 강물이 흐르는 혼돈의 상황에서, 그것을 피해 탄탄한 반석 위나 언덕을 찾아 앉아 있었다. 편안함을 찾아 반석과 언덕을 찾아간 것은 일상인으로서는 극히 자연스럽다. 그러나 시인은 모순 되고 혼란스러운 현실을 회피하는 자신을 슬픈 존재로 인식한다. 여기에서 사회적 존재로서의 시인의 치열한 자기 성찰을 읽을 수 있다.

이렇게 자기성찰에서 오는 고통을 시인은 어떻게 감당하고 있는가. 시인은 밤과 바람으로 형상화 된 고통스러운 상황에서 또 다른 자신의 모습을 발견함으로 그 극복을 도모한다. 시인은 '백골처럼 세월에 풍화된 존재'로 자기 분신을 찾는다. 여기에 자기 분신은 '또 다른 나'로 객관화 되어 있는데, 이것은 자기 인식이 한 단계 심화되었음을 의미한다.

시인은 자기가 처한 시간과 공간까지 인식을 확대한다. 고향의 방은 닫혀 있는 폐쇄된 공간이지만, 그것은 우주도 통하고 있으며, 쉬지 않고 바람이 불어오는 곳이다. 그가 처한 시간은 '밤'의 이미지로 나타나는데, 그 밤에 개짖는 소리가 쉬지 않는다. 여기에서 시인의 세계 인식의 폭이 자아에 머물지 않고, 공간과 시간으로 확대되면서, 그 극복을 모색하게 된다.

그의 시에서는 지속적으로 '신 세계'를 지향하는 꿈이 형상화 되어 있다. 죄를 자각하는 일은 고통스럽지만, 그 과정을 통해서만 죄의 고통에서 자유로울 수 있다. 시인은 부끄러운 자기 존재성에 대한 정직한 인식을 통해서 새로운 세계를 찾아가게 된다.

신 세계를 지향하기 위한 구체적인 일들은 무엇인가. 그것은 비록 어둡고 혼란된 시대이지만 '한점 부끄러움 없이' 살아가기를 소망하는 일이다「서시」. 그렇게 살기 위해서는, 상황에 예민하게 대응하여 고통을 감당해야 하고, 모든 죽어가는 것을 사랑하면서 그들의 고통을 함께 하는 일이다. 이 지경에 이르면, 자아를 인식함으로 당하는 고통이 극복되며 꿈꾸던 삶도 현실로 나타나게 된다.

결국 기독교적 사랑과 자기 희생의 삶을 통해서 이 꿈이 완성된다고 믿고 있다. 시인은 햇빛이 걸려 있는 교회당 꼭대기 십자가를 바라보면서, 너무 높아 올라갈 수 없음을 안타까워 서성거리다가, 십자가의 고통을 수용하기로 결심한다「십자가」. 결국 시인은 자기 인식과 그 실천 사이에서 빚어졌던 많은 갈등을 여기에서 비로소 극복한다.

육체적인 고통을 부활함으로 승리할 수 있었던 행복한 예수처럼, 자신에게도 십자가가 허락된다면 달게 수용하겠다고 결단한다. 시인은 어두운 시대를 극복하고 신 세계를 추구하는 삶은 진정한 자기소멸을 통해서만 가능함을 믿는다. 죄의 구원은 십자가 희생을 통해서만 가능했듯이, 식민통치하에 있던 피압박 민족으로서 '신 세계'를 찾는 일도 자기소멸을 통한 실천적 삶에서만 가능하다는 확신을 갖는다. 이것은 단순히 조국을 위한 희생적 결단과 같은 사회도덕적 수준이 아니라, 인간 구원의 역사를 인식하는 중요한 틀이다.

1930년대 말기 한국의 상황은 어둠과 혼돈 뿐이었다. 신 세계를 꿈꾼다는 것은 전혀 생각할 수 없었다. 이러한 상황에서 신 세계를 꿈꾼다는 것은, 어두운 역사 속에 처했던 이스라엘 백성에게 메시아의 오심으로 새 세계가 열린다는 기독교적 역사의식을 통해서만 가능했다. 이 메시아사상은 1930년대 한국 기독교계의 중요한 정신적 지주였다. 기독교 신앙 속에 성장한 윤동주에게 이 사상이 시정신으로 자리잡게 된 것은 자연스러운 일이었다. 더구나 시인의 죽음은 자기 희생을 통해 새로운 세계를 소망하던 시 정신이 실천적 삶으로 나타났음을 증명해 보인 것이다.

3) 이청준의 소설 세계: 「당신들의 천국」 「벌레이야기」[5]

이청준의 「당신들의 천국」은 천국 건설과 인간의 우상 문제를 집중적으로 추구하였다. 인간들은 역사 이후에 인간의 도덕성이나 정치성을 통해서 지상에서 천국을 건설하려는 노력을 쉬지 않고 계속해 오고 있다. 그러나 그 경우, 그 이념이 우상이 되어 인간을 억압하는 폭력이 될 수 있음을 시사한다. 그러면서, 진정한 천국을 건설하기 위해서는 참사랑만이 필요하다는 입장을 소설에서 논의적 양식으로 전개시킨 작품이다.

「벌레 이야기」는 사랑을 동반하지 않은 용서는 거짓 용서이며, 참 용서는 주님만이 할 수 있다는, 기독교의 사랑과 용서의 문제를 심도있게 추구한 작품이다.

이 두 작품의 예를 통해서 확인할 수 있는 것은, 기독교 문학이라는 범주가 한정되어 있지 않으며, 진정으로 인간의 본질 문제를 추구한 작품은 기독교적일 수밖에 없다는 결론을 얻을 수 있을 것이다.

---

5) 이 두 작품에 대한 논의는 다음을 참조할 것. 현길언, 「소설과 종교가 만나는 자리」, 『소설을 어떻게 읽을 것인가』, (나남, 1997), 285-313쪽.

　지금까지 일반적으로 기독교 문학을 소재적, 또는 호교적 내용을 중심으로 논의해 왔다. 그리고 또 한 경우는, 교회와 사회, 기독교인의 삶의 현장에서 빚어지는 모순이나 갈등 문제를 사회 병리적 차원에서 추구한 경우가 많았다. 그러나 이런 경우는 본질적인 기독교 문학이라고 생각하기 어렵다. 그런 점에서 앞에서 논의한 작품은 기독교 문학에 대한 어떤 시사점을 제시해 줄 것이다.

4. 한국 기독교 문학의 방향

　앞에서 논의한 성서의 문학성과 기독교 정신과 문학의 관계, 한국문학에서 논의된 기독교적 작품을 통해서, 기독교 문학이 지향할 바가 분명해졌다. 이는 비단 기독교 문학에만 국한될 문제가 아니다. 문학이 소비제로 전락하는 오늘의 실정에서 한국문학의 위상을 회복하는 데 필요한 것이기도 하다. 이제 그 내용을 개괄적으로 소개한다.

1) 기독교 문학 작품은 기독교적 인간관이 전제되어야 한다
　* 신성을 타고난 개별적인 인간 존재의 존엄성과 죄의 근원에 대한 본질적 탐구
　* 사회적 자아로서의 개인의 몫에 대한 의미. 자유와 평등 정신에 대한 추구.

2) 기독교 문학에는 기독교적 세계관이 전제되어야 한다
　* 자연과 인간과 세계에 대한 구조적인 인식. 자아와 세계에 대한 관계성의 인식.

3) 기독교 문학 작품은 기독교적 역사관의 토대 위에서 쓰여져야 한다

* 역사에 대한 엄정성. * 절망과 소망, 새로운 세계를 지향하는 꿈.

4) 혼돈의 시대를 극복하는 문학이어야 한다

5) 새로운 양식을 창출하는 문학이어야 한다

* 새로운 시대를 추구할 수 있는 새로운 양식.
* 성서적 양식에 대한 이해와 적용.

6) 인간의 욕망과 죄에 대한 성찰을 통해 그것과 지속적으로 싸우는 문학이어야 한다

결론적으로, 기독교 문학은, 세계에 대한 치열한 인식을 통해서 그 구조적 상황을 탐색하고 형상화시켜야 한다. 여기에 필요한 것은 사랑이다. 자아에 대한 사랑, 인간과 사회에 대한 사랑, 우주와 자연에 대한 사랑을 통해서 그 문제와 현상을 치열하게 인식하고, 그것을 형상화 하는 양식도 새롭게 창출해낼 수 있다. 여기에 기독교 문학은 진정으로 인간의 문학에 기여하게 된다. 이러한 기독교 문학은 하나님 문화를 이 땅에 이룩하는 데 기여할 것이다.

뉴에이지(New Age)의 특성과 영성훈련

유해룡(장로회신학대학교 실천신학 교수)

토인비는 인류의 역사는 응전과 도전이라는 역동적인 과정 속에서 발전되어 왔다고 했다. 어느 세대이든지 도전은 늘 있기 마련이다. 이에 상응한 응전이 일어나지 않을 때 혹독한 곤욕을 치루게 된다. 지금 우리가 사는 이 시대는 고도의 기술주의와 급속한 물질문명의 발달 속에서 그 어느 때보다도 영성의 궁핍과 정신적 방황에 시달리고 있다. 예를 들자면 산업혁명과 계몽주의를 거치면서 서구사회는 기술혁명을 경험하고 급속한 과학문명을 경험한다. 희망의 전조였다. 인류는 이상세계(Utopia) 건설이라는 꿈에 부풀어 있었다. 그러나 20세기 전반기에 인류는 두 차례의 세계대전을 치루어야 했다. 유토피아 건설의 도구로써 기대를 걸었던 과학문명은 결국 강대국의 전쟁의 도구가 되어 버린 것을 체험했다. 과학문명과 물질문명의 한계성을 직시하면서 새로운 정신세계를 희구했다. 실존주의 철학이 바로 그것이었다. 절망적인 실존을 깨달은 자는 자살 아니면, 생존의 지평을 유지하기 위해서 탈바꿈을 시도해야 한다. 그러나 이 탈바꿈의 시도는 그동안 달려오던 과학문명과 물질문명이라는 관성의 힘을 제어하기에는 역부족이었다. 따라서 두 양대 전쟁 이후에도 깊은 내면적 성찰과 물질문명에 대한 심각한 물음 없이 과학문명과 물질문명은 빠르게 발전되어 왔다.

그리고 도시화 현상은 공동의 정신 유산을 지니고 있던 자연 공동체를 파괴해 나갔다. 사회는 점점 체계적이고 구조화 되므로 인간을 하나의 거대한 구조의 한 부속품이요, 물질의 노예로 묶어 놓았다. 닫혀진 사회에서 열린 사회로의 이동은 자유를 구가하기 보다는 혼란과 혼돈을 가져다 주었다. 사람들은 외부세계의 변화를 통하여 세계의 탈바꿈을 기대할 수 없게 되었다. 변화는 내면으로부터 일어나야 한다는 것을 인식하기 시작했다. 절망과 타성의 너머에서 들려오는 내면으로부터 비롯된 자유의 외침을 사람들은 점점 듣기 시작했다. 이러한 부름에 가장 적합하게 표현해 주고, 응답할 수 있는 곳이 바로 종교이다. 서구세계를 지배하는 종교란 기독교이다. 그러나 당시 서구교회는 이전에 길들여진 계몽주의 사상과 동시에 물질문명의 그늘 아래에 깊이 드리워져 있었다. 이미 사람들은 내면의 궁핍으로 굶주리며 신음하고 있었다. 이 신음 소리를 듣기에는 서구교회가 너무 귀가 어두워져 있었다.

인간은 이러한 혼란과 혼돈의 고통에서 탈출하기 위하여 새로운 탈바꿈을 시도하게 된다. 이에 대한 대안으로서 오늘날의 뉴에이지 운동이 형성되기에 이르렀다. 그러나 이 운동이 이미 서구에서는 당시 문화와 가치관의 틀을 형성해 주고 있던 기독교에 대한 회의적인 반응으로써 무신론주의가 등장했고, 내면세계의 풍요와 성숙을 꾀하는 심리학을 통한 인본주의적인 내면운동이 일어났다.

1. 뉴에이지 운동의 뿌리

헤겔은 말하기를 '니체는 이미 죽은 하나님을 축하한 사람에 불과하다.'[1] 라고 했다. "하나님은 죽었다.", "하나님은 죽어 있다."라고 니체

---

1) Kenneth Leech, *Experiencing God: Theology as Spirituality* (New York: Harper & Row, 1985), p.4.

는 그의 책 *Joyful Wisdom*에서 미친 사람처럼 외쳐댔다. 기독교적인 하나님의 개념은 가장 타락된 개념 중의 하나라고 주장했다. 왜냐하면 이 하나님은 우리의 삶과 모순되며 삶을 변화시켜 주지도 못하기 때문이다. 그러나 니체에게 있어서 신의 죽음은 문화적 사실로서의 죽음을 말한다. 기독교의 하나님이 믿을만한 가치가 없다고 하는 문화적 인식은 곧 인간해방으로서의 경험을 의미했다. 이와 같이 니체에 관한한 신의 죽음은 인간해방의 징표였다. 사실 신의 죽음의 경험을 통해서 인간은 그들의 무한한 가능성을 경험할 수 있고, 문화적 포로상태로부터 벗어날 수 있다고 믿은 것이다. "자, 하나님은 죽었다. 너 고상한 인간들아 이 하나님은 가장 위엄한 존재이다. 그가 무덤에 누워 있기에 당신은 다시 부활한다."[2]라고 니체는 외쳤다.

니체는 1900년 죽었다. 그러나 '신의 죽음'의 주제는 미국 신학자 해밀톤(William Hamilton)과 알타이저(Thomas Altizer)에 의해서 다시 부활 되었다. 그 때가 바로 1960년대이다. 시사 주간지 《타임》은 1966년 부활절호에서 '신은 죽었다.'라고 선언했다. 사실 해밀톤과 알타이저의 '신의 죽음'의 운동은 1961년에 바하니안(Gabriel Vahanian)에 의해서 『신의 죽음』(The Death of God)이라는 저서가 출판되면서 이미 시작되었다. 바하니안은 그 후 1978년 '신의 죽음이란 문화적 현상을 의미하는 것이라.'[3]고 부언했다. 말하자면 이전 세대의 기독교와 후기 기독교 사이에는 분명한 단절이 있어야 하고 새로운 출발이 있어야 한다는 것을 의미하는 설명이었다. 해밀톤과 알타이저도 바하니안 이상 그 무엇인가를 말하고 싶었던 것이다. 신의 죽음이란 문화적 사실일 뿐만 아니라, 신학적인 사실이었다. 그들이 전해주고자 하는 메시지는 한편으로는 문화적인 개념의 하나님을 인격적인 하나님으로 회복해야 하며

---

2) A. Kee, *The Way of Transcendence: Christian Faith without belief in God* (Penguin, 1971), p.127.

3) Leech, p.5.

동시에 그들에게 있어서 참된 복음이란 분명히 구원의 행동으로써의 신의 죽음을 의미했다. 예수 그리스도 안에서 죽었다는 것을 의미한다. 하나님은 성육신과 구원의 과정 속에서 자기 자신을 부인했다. 그러므로 기독교 신학은 신의 죽음의 사실에 직면해야 한다는 것이다.[4]

로빈슨은 1963년에 『신에게 솔직히』(Honest to God)라는 책을 펴냈다. 그 책 역시 상당한 논란을 불러 일으켰는데, 그의 기독교적인 신의 비평의 상당 부분은 인습론적인 신론(conventional theism)에 관련된 것이었다. 그는 '과연 신은 살았는가? 죽었는가?' 라는 질문을 던지고 있다. 인습적인 종교(교회) 안에 갇혀진 신관에 대한 비판의 목소리였다. 사실 인습적인 기독교의 신관에 대한 비평은 로빈슨 이전의 1956년 매킨타이어(Alasdair Macintyre)로 거슬러 올라간다. 그는 무엇이 신학적인 혁명인가?에 대한 답을 하면서, 하나님은 현상 뒤에 숨겨져 있는 초월적인 존재가 아니다는 것을 분명히 했다. 그는 세상적인 해방에 관련된 하나님을 표현하려고 노력했다. 하나님은 우주적이면서 동시에 한시적인 세상이라는 객관적인 구조 안에 계시는 실체라고 주장했다.[5]

사실 신의 죽음이라기 보다는 오히려 신의 부재나 계속성에 대한 의 문제기였다. 19세기 말기로부터 20세기 전반에 걸친 철학이나 신학이나 상상력이 풍부한 문학에서 말하고 있는 그 실체는 인간의 상실감이며, 그것은 동시에 하나님에 대한 상실감과 일치하고 있다. 좌절감 상실감 속에서 그들이 의미하는 신의 죽음이란 신 자신의 죽음을 말하는 것이 아니라, 죽음이 신이라고 말하고 싶어했던 것이다. 죽음만이 모든 것을 해결하고 잠 재울 수 있는 전능한 실체이기 때문이다(실존적 비관주의). 이것 역시 당시 팽배하고 있던 인습론적인 하나님, 혹은 이신론적인 하나님에 대한 반추적인 산물이었다. 그러므로 신의 죽음을 말한다면 '어떤 신이 죽었느냐' 는 물음이 필요하다. 그것은 많은 사람들이 이미 입증

---

4) 앞의 책.
5) 앞의 책, p.6.

한 초월적인 하나님만을 강조하는 서구의 인습론적인 유일신론을 의미한다.

1907년 프로이트(Freud)는 『토템과 타부』(Totem and Taboo)라는 저서를 발간하면서 종교를 근본적으로 병리적이고, 혼란된 상태, 그리고 보편적인 망상에 사로잡힌 신경증 현상으로 보았다. 그는 하나님을 인간 아버지의 모델로 보았다. 자녀와 아버지의 관계가 우주적으로 반사된 것이다. 그러므로 하나님에 대한 신앙은 하나의 미성숙의 형태이며, 어린 시절 성적인 욕구가 성숙한 어른의 상태로 탈바꿈하는데 실패한 결과로 보고 있다. 『환상의 미래』(The Future of an Illusion)라는 저서의 제5장은 단순히 신앙의 심리적인 원인들 뿐만 아니라 그 신앙의 허위성에 관심을 두고 있다. 사실 프로이트가 언급하는 '종교의 비진리성'에 대한 가정은 심리적인 분석에 의존하는 것이라기 보다는 다분히 인습적인 이성주의에 의존하고 있던 당시 문화적 종교에 대한 비평이라고 말할 수 있다. 많은 사람들은 프로이트가 하나님에 대한 신앙을 약화시키거나 손상시켰다고 주장하나, 그의 작품의 본질에 비추어 볼 때 사실은 그렇지 않다. 프로이트는 당시의 믿음과 신앙적 실천이 상당히 신경증적이고 혼란된 특징을 지니고 있었다는 것을 지적하고자 했다.[6]

정통 기독교와 여러 이단들의 주장 사이어서 보여주는 가장 중요한 차이점은 정통주의는 역설적이라는 것이다. 이단들은 거짓 선명성에 의지하면서 역설(paradox)를 거부한다. 그러나 진정한 믿음은 그것이 역설적인 요소와 창조적인 의혹이 있을 때만이 자라고 성숙되어 간다. 그렇기에 하나님은 지성(mind)에 의해서가 아니라 어렴풋한 믿음 안에서 무지의 길을 통하여 그리고 어둠 속에서 알려진다는 것이 정통주의자들의 주장이다. 믿음은 끊임없는 의문의 과정으로서 보여진다. 성령님은 우리의 삶 속으로 들어와 혼란된 의문을 제시한다. 창조적인 의심이 없는 종교는 종교를 그럴싸한 안전보장에 이르도록 타락시키고, 종교는 경직되

---

6) 앞의 책, p.15.

고 잔인하게 된다. 영성적인 삶의 전면모는 의심의 구름 속에서 고통을 받기도 하고, 심각하게 상처를 받기도 해야 한다.

인습적인 종교의 눈으로 보기에는 이러한 믿음과 의혹은 마치 무신론자처럼 보일 것이다. 사실 초기 그리스도인들은 무신론자들이라고 했다. 인습적인 종교의 눈으로 보기에는 믿음과 의혹은 마치 무신론자처럼 보일 것이다. 사실 초기 그리스도인들은 무신론자들이라고 했다. 마터(Justin Martyr)는 자기 스타일로 만들어진 신을 거부하는 의미에서 무신론이라는 타이틀을 환영했다. 하나님의 세계는 끊임없이 경험되는 세계이다. 철학자들의 하나님이 아니고, 아브라함과 이삭과 야곱 그리고 그 이후의 수많은 믿음의 선진들의 하나님이다. 성서적인 믿음의 하나님은 살아있는 경험 가운데에서 알려지는 하나님이시다. 경험없는 하나님은 지적인 추상의 하나님으로 남는다. 불트만은 그의 저서 『Jesus and the Word』에서 이렇게 말한다. "만약 어떤 사람이 자기 자신의 현재적인 삶 속에서 하나님을 발견할 수 없으면서, 하나님은 모든 사건의 최종적인 원인이라는 사상으로 그 의미를 보충하려고 한다면, 그가 가지는 하나님에 대한 믿음은 교리에 대한 이론적인 사변에 불과하다. 이 믿음에 아무리 굳게 달라붙는다고 할지라도 그것은 진정한 믿음이 아니다. 왜냐하면 믿음은 자기 삶에서 하나님의 역사하심을 인식하는 것이기 때문이다."[7] 이러한 물결은 이미 우리 사회에도 깊이 영향을 미치고 있다. 물질적인 풍요와 문화적인 자유를 누리는 새로운 세대들은 모순적인 정신구조를 가지고 있다는 것을 인식해야 한다. 그들은 매우 실용적인 듯하지만 내면에는 초월적인 세계에 대한 강렬한 욕구가 있다. 이성적이면서 초이성적인 세계(신비의 세계)에 대한 신뢰가 있다. 서구사회에서 겪었던 이러한 몸살을 이미 우리 사회가 겪고 있다. 그 중에서 우리와 가장 유사한 구조와 현상을 지닌 사회가 미국이다. 그만큼 그 사회가 우리

---

7) 앞의 책, p.26: Richard L. Rubenstein, *After Auschwitz: radical theology and contemporary Judaism* (Indianapolis: Bobbs-Merrill, 1966), p.154에서 인용함.

사회에 깊은 영향을 미치고 있다. 그러므로 우리가 그 사회를 이해할 수 있으면 보다 적합한 대안을 찾아낼 수 있을 것이다. 미국 사회가 겪고 있던 뉴에이지 운동은 대강 다음과 같은 몇 가지의 특징을 지니고 있다.

2. 뉴에이지 운동

뉴에이지 운동이란 특정한 이념을 중심으로 한 어떤 공조직이 있는 것은 아니다. 그들에게 어떤 특정한 노선이나 선언문 같은 것도 없다. 단지 일련의 사건들로부터 발전되어 온 하나의 시대적 정신이다. 이 운동에 참여하는 방법은 매우 다양하다. 세계를 하나로 묶으려는 정치적인 운동, 내면적이고 깨달음의 세계를 지향하는 종교적 운동, 해묵은 고정관념의 틀을 벗어나서 전적으로 내면의 자유를 구가하고자 하는 정신적 문화적 운동, 건강을 하나의 물리적이그 기계적인 차원에서 다루지 않고, 보이지 않는 자연의 조화라는 차원에서 보는 건강관에 이르기까지 매우 다양한 모습으로 나타나고 있다. 그 운동의 특징도 대단히 복잡하여 일관적인 법칙을 찾아내기란 그렇게 쉽지 않다. 일관성 있는 듯 하다가도 두 모순이 나란히 공존하는 것을 코면서 또 한 번 당황케 하는 운동이 바로 뉴에이지 운동이다.

양 극단의 일치(coincidence of opposites)란 법칙이 적용되는 운동이라 할 수 있다. 뉴에이지 운동의 대표적인 이론가인 매릴린 퍼거슨(Marilyn Ferguson)은 이 시대정신을 이렇게 묘사한 적이 있다. "우리 시대의 정신은 모순으로 가득차 있다. 실용격이기도 하면서 동시에 초월적이기도 하다. 이성과 신비, 위력과 겸양, 상호의존과 독립 등, 두 대립 요소들이 함께 공존한다. 그것은 정치적이기도 하고, 비정치적이기도 하다."[8] 뉴에이지 운동은 이러한 시대정신이 실천적인 측면으로 나타나고 있다. 다양한 이 운동을 다음과 같은 범주 내에서 성격을 규정할 수 있다.

1) 반문화적인 성격을 지니고 있다

지금으로부터 약 30년 전 이상으로 거슬러 올라간다. 즉 60년대 중반 이후의 상황을 말한다. 그 때의 상황을 이해하기 전에 조금 더 위로 거슬러 올라갈 필요가 있다. 제2차 세계대전 이후인 1945-50년의 미국의 형편을 고려한다면 그 다음 20여 년을 이해하는데 도움이 될 것이다. 전후 미국은 세계 공업 생산량의 50%를 차지했다. 사실 제2차 세계대전이 끝난 이후 산업기반을 온전히 보존한 나라는 미국 뿐이었기 때문이다. 따라서 당시 미국은 유래없는 부를 누리고 있었다. 전후시대에 늘 일어나는 현상으로서 많은 아이들이 태어났다. 이때를 베이비 붐 세대(baby boomer)라고 일컫는다. 이들이 60년대 중후반에 미국의 기성사회에 새로운 충격을 일으켜 주었다.

물질적인 풍족함, 과학기술의 발달, 그리고 높은 교육수준을 받은 이 베이비 붐 세대는 엄청난 지식욕과 자유에 대한 욕구가 있었다. 물질의 부유와 문화적 자유의 물결을 따라 미국 사회는 물론 교회나 신학적인 흐름에도 크게 영향을 미쳤다. 세계적인 석학이나 모든 분야의 학문이 풍요와 자유를 보장하는 미국 사회로 몰려왔다. 무엇이든지 제한받지 않고 쏟아져 들어왔다. 자유와 지식욕이 넘치는 베이비 붐 세대들은 그들의 훌륭한 고객이 되었다. 그 경우는 신학에서도 마찬가지였다. 교회의 영적인 분위기는 일찍이 계몽주의 시대를 방불하는 냉랭한 지성주의로 그 자리를 대신해 갔다.

뿐만 아니라 60년대 미국은 젊은 세대를 분노하게 하고 회의하게 하는 사건들이 터져나왔다. 1963년의 케네디 대통령의 암살과 곧이어 벌어진 마틴 루터 킹 목사의 암살, 그리고 베트남 전쟁의 본격적인 개입, 극단적인 냉전의 분위기는 젊은이들을 분노하게 하고 절망하게 했다. 더

---

8) Marilyn Ferguson, 『뉴에이지 혁명(*The Aquarian Conspiracy*)』, (서울: 정신세계사, 1994), 13쪽.

이상 희망을 기대할 수 없었던 당시의 문화, 종교, 사회를 향한 저항운 동으로써 일단의 반문화 운동(counter culture)이 전개되었다. 이러한 반문화 운동은 60-70년대에 미국 사회에 많은 영향을 주었다. 비트족 (Beat Generation: 제2차 세계대전 이후에 성인이 된 젊은이들로, 냉 전으로 인한 환멸에서 발생한 것으로, 선 따위의 신비적인 방법에 의한 현실 이탈과 사회적, 성적긴장으로부터 해방을 신봉한다.)과 히피 (Hippie)들이 등장했다. 이들은 틀에 박힌 생기없는 물질문명과 기술문 명 사회로부터의 탈출과 자유를 선언했다. 이들은 당시 사회를 지배하 고 있던 객관적인 진리와 절대적인 가치관에 더 이상 의미를 두려하지 않았고, 그 대신 주관적인 신비세계로의 탐닉을 시도하였다. 이 반문화 운동은 환각제와 비교(occult)를 주관적인 신비 경험의 매개체로 받아들 였다.

심리학자 리어리(Timothy Leary, 1920-)나 철학자 알란 와츠(Allen Watts, 1915-1973), 시인 알렌 긴스버그(Allen Ginsberg, 1926-) 등 이 LSD와 같은 환각제 등을 신비적인 내면세계의 체험 내지 종교체험의 정당한 매개체로 인정해 주는데 기여한 인물이다. 티모디 리어리는 LSD 사용을 종교적 순례요 성례라고까지 주장했다.[9] 마음을 바꾸는 화학적 작용과 하나님을 향한 열망 사이의 관계성은 1960년대의 사건만은 아니 다. 이미 고대로부터 비롯된 것이다. 카나비스(Cannabis)는 기원전 6세 기에 *Zend-Avesta*에서 언급되어 있고, 리그 베다(Rig Veda)의 1/10 이 Soma(거룩한 버섯과 일치되는 약초)라는 약물 사용을 언급하고 있 다. 이 약초는 일찍부터 명상의 보조제로서 그리고 내적인 영적여행의 영양분을 공급해 주는 마술적 음식의 개념으로 사용되었다. 종교심리학 자 윌리엄 제임스는 경험의 결과인 형이상학적인 의미와 일산화질소 사 이의 관계에 대한 연구를 통하여 마음의 본질과 의식의 본질에 대한 중

---

9) Kenneth Leech, *Experiencing God: Theology as Spirituality*(New York: Harper & Row, 1985), p.17.

요한 물음을 던졌다.[10] 이렇게 역사적으로 뿌리를 가지고 있는 약물과 의식의 관계가 1967년 LSD(Lysergic Acid Diethylamide)로 인하여 사람들에게 본격적인 관심을 불러 일으키게 되었다. LSD와 다른 환각제 사용을 하나님을 추구하는 일과 직접적으로 연결시킨 사람은 리어리 (Timothy Leary)였다. 그는 확실하게 신앙운동의 틀 안에서 LSD를 사용했던 사람이다. LSD의 사용은 신앙적인 순례요 성례라고 했다. 모든 종교는 어떤 순간적인 환상의 여행에 바탕을 두고 있다고 주장했다. LSD 여행은 고전적인 환상의 신비적 여행이다. LSD와 함께 들어간 차원은 사람들이 하나님과의 대면이라고 부르는 그러한 것들과 일치한다. 이 여행은 곧 하나님의 여행이다. '나는 하나님을 발견하도록 당신을 가르칠 수 있다'라고 했다.[11]

1960년대 후반부터 미국의 물질주의적인 가치관에 대해서 불만족스럽게 생각했던 소외된 일단의 젊은이들 사이에서 환각제에 의한 체험의 가능성에 대한 인식이 매우 높아졌다. LSD는 그들로 하여금 제한적인 개념의 세계로부터 벗어나 실제에 대한 대안적인 접근을 가능하게 해줄 수 있다고 믿었다. 하바드의 리어리의 주변에서 젊은이들이 LSD를 복용하였는데, 그들은 그들이 처한 상황을 잊기 위해서가 아니라 그들 자신이 현실적으로 경험하는 세계가 아닌 다른 세계를 발견하고 얻기 위한 것이었다. 거기에는 위험이 따랐지만 그 결과가 하나님의 경험이라면, 그 위험은 얼마든지 감수할 가치가 있다고 생각했다.

하나님께 이르는 환각적인 황홀에 대해서 비판이 없었던 것은 아니다. LSD를 통한 경험과 신비가들의 경험과 비교할 수 있다는 것은 원칙적으로 의심할 여지가 없었다. 중심 문제는 화학적인 작용이 영적 진보의 안전한 기반이 될 수 있느냐이다. 이 문제에 대해서 코헨(Allan Cohen)이라는 리어리의 제자에 의해서 직접적으로 언급됐다. 1969년 런던에서

---

10) William James, *Varieties of Religious Experiences* 참고 하시오.
11) Timothy Leary, *The Poliitics of Ecstasy* (Paladin 1970), p.212, p.73.

발행되는 한 신문에서 그 물질을 적당히 사용한다면 이 물질을 통한 경험은 충분히 극적으로 100퍼센트 하나님의 경험이 있을 수 있다는 사실을 확인했다. 직면한 문제는 그것이 과연 하나님을 경험한 것이냐는 것이다. 코헨은 LSD를 통하여 종교적 경험을 할 수 있다는 것에 대해선 의심하지 않았다. "당신이 만약 500마이크로그램의 LSD를 복용하면 종교적 경험을 보장한다"고 했다. 그러나 그 경험이 바로 영적 성장에 도움을 주느냐에 대해서는 의심의 여지가 있다고 말했다. 예를 들자면 '당신이 경험한 심각한 경험조차도 그대로 유지할 수 없다.' 라는 사실이다. 만약 LSD로 말미암아 매우 강렬하게 사랑하고자 하는 느낌이 있었다고 하자. 그럼에도 불구하고 전에 당신이 사랑하지 못한 사람을 사랑할 수 있겠느냐는 말이다. 논란의 여지없이 그것은 '아니다' 이다.[12]

이렇듯 약물을 통한 하나님의 추구는 결국 환상으로 끝나는 것이 분명하지만, 많은 사람들에게 만연하는 물질주의에 대한 급진적인 물음에 대해서 어떤 기회를 주는 것은 사실이었다. 그러한 약물의 문화로부터 그 약물의 경험을 뛰어넘는 새로운 영성운동이 자라났다. 이 운동은 대부분 전통적인 교회의 밖에서 일어났다. 그것은 종교의 개인주의적인 시대의 출발을 의미하며, 그 안에서 하나님의 추구가 개인에게 속한 일이 되어 가고 있다는 증거이다.

그리고 음악이 그들의 세계를 대변해 주었다. 질서 잡힌 사고를 할 수 없을 만큼 고출력 앰프를 사용하여 귀가 찌어질 듯한 소음섞인 밴드와 현란한 조명으로 그들의 심리를 광랑케 하는 록 음악의 출현이다. 자극적인 음향효과를 통해 환각적인 효과를 낼 수 있는 사이키델릭 록(Psychedelic Rock)이 등장했다. 이 음악은 기성세대를 향한 젊은이들의 불만과 분노를 담아내었고 동시에 현실을 도피하고 싶은 꿈을 담기도 했다. 예를 들자면 1967년 사흘간 계속된 샌프란시스코 인근에서 열린

---

12) Allan Y. Cohen, *LSD and the search for God* (Church Literature Association 1973).

몬테레이 페스티벌이나 1969년 8월 16일 뉴욕 센트럴 파크에서 열린 우드스탁(Woodstock)의 록 페스티벌은 청년문화를 대변하는 기념비적인 사건이었다. 이러한 록 페스티벌은 규칙과 질서를 무시하고 반문화적인 자유를 구가한 전설적이고도 상징적인 사건이었다. 그들은 더 이상 기존 질서나 권위에 자신의 삶을 의탁하려 하지 않았다. 도덕적 의무에 매일 필요성도 느끼지 않았다. 이러한 반문화 운동은 당시 젊은이들로 하여금 기성세대와 현실에 대한 불만의 토로이며, 기독교가 배경이 된 미국의 주류문화나 가치관과 세계관에 대한 부정적인 입장을 대변하는 새 세대의 운동이었다. 그리고 환상적이고 초월적인 세계를 갈망하는 몸부림이었다.

2) 뉴에이지 운동은 혼합주의적이고 범신론적이며 종교다원적이다

뉴에이지 운동이란 반문화적이면서 종교적인 성격을 깊게 띠고 있는 운동이기도 하다. 뉴에이지 사상가들은 각기 다른 모든 종교는 동일한 의미를 지닌 각기 다른 표현양식에 불과하다고 믿는다. 진리에 이르는 길은 다양하지만 결국은 하나이다. 그들에게 신이 있다면 그것은 내면적인 신이며, 자아이다. 소아(小我)는 범아(凡我)로 확장되며, 그 범아에서 모든 소아는 일체가 된다. 소아는 범아로부터의 분출이기 때문이다. 그렇기에 그들은 모든 종교를 인정하나 종교의 배타성은 거부한다. 그래서 그들은 서로 다른 각 종교로부터 필요한 정도만큼 흡수 혼합시키는 경향이 있다. 이들은 범신론적인 입장을 취하고 있다. 절대적인 초월자에 대한 귀의보다는 내면 안에 있는 신, 각 개체에 존재하는 신을 발견하고 개발하는 사명을 띠고 있다. 모든 것은 신의 속성을 부여받았다. 표현양식이 다를 뿐이다. 이 신은 비인격적인 힘이거나 거대한 우주 에너지와 같은 것이다. 이런 성향을 용납하는 힌두교나 기타 동양의 신비종교에 대해서 매력을 가지고 있다. 『바가바드 기타(Bhagabad)』나 『우파니샤

드(Upanishads)』같은 문헌들이 그들의 사상을 자리잡게 해주는 데 크게 기여를 하고 있다. 그것들을 통해서 범신론적인 윤회사상을 받아들이고, 그것을 뿌리로 하여 환생을 믿게 된다. 최근에 이 분야에서 가장 영향을 미친 사람이라면 미국의 여배으인 셜리 매클레인(Shirley Maclaine)이다. 그녀의 체험적인 고백을 다룬 〈극히 불리한 처지에〉(Out on a Limb)라는 TV시리즈가 시청자들에게 윤회사상, 텔레파시, 유체이탈과 같은 경험, 체널링(channeling), 외계와의 접촉 등 갖가지 신비술의 과정들을 제시하고 있다. 그녀는 이렇게 말했다. "모든 것은 에너지이다. 혼은 그 육체를 떠나 서로운 육체에 머물 때까지 있게 되는 것이다. 그렇기에 환생(reincarnation)이라 부르고, 또한 그것을 죽음 후의 삶, 출생 이전의 삶이라 한다."[13] 이것은 영생의 근거를 찾으려는 그들의 몸부림이다. 이 종교운동의 근거를 준 그들의 영웅은 크리슈나무르티(Krishnamurti), 라즈니쉬(Bragwan Shree Rajneash), 마하라즈 지(Maharaj Ji) 등의 인도인들이다.

3) 깨달음을 강조하고 있다

서양인들은 유대교 및 기독교의 틀로부터 벗어나고자 몸부림을 치고 있다. 기독교에서의 '믿음'을 동양 신비증교에서의 '깨달음'으로 그 자리를 대체하고 있다. 그들은 이제 동양의 전통에 눈을 돌리고 위협받고 있는 자신들의 사회와 고통받고 있는 자신들의 종교들을 위해 무언가 제시해 줄 수 있는 것이 없는지 찾고 있다. 그들은 '대부분의 교회가 종교의 참된 영적 측면을 상실했다.'라고 말하면서, 조직적 종교를 통하지

---

13) Shirley Maclaine, *Out on a Limb* (New York: Bantam Books, 1984), p.307.

14) 1978년 1월 미국의 〈맥콜즈〉지는 6만 명의 독자를 대상으로 조사한 결과 거의가 조직적 종교에 회의적이었으며 교회에 다니고 있는 사람들도 가찬가지였다. 신구교 단체들이 1978년 6월에 발표한 조사에 의하면 교회에 다니는 사람들의 76%가 조직적 종교를 통하지 않고 개인

않고도 개인적 체험이나 깨달음을 통해서도 기독교의 믿음을 대체할 수 있다고 믿는다.[14] '동양의 형이상학'과 '새 의식 운동'이 대중의 지지를 얻게 된 것은 그것들이 기술주의를 앞세우는 서양정신의 압제적 사상에 정면으로 도전할 수 있다고 믿기 때문이다. 이러한 운동의 지도자들은 교회의 영성적이고 선지자적 역할에 대한 침묵으로부터 생겨난 공백을 자신들이 메워주고 있다고 믿는다.

그동안 전통적 교회가 기독교 내의 중세 신비주의자들이나 이슬람교 내의 수피, 유대교 내의 카발라주의자들 등 직접경험 및 깨우침을 추구하는 모든 신비주의자들은 항상 이단자 부류로 취급되어 왔다. 이제 이 단자들로 취급된 그들은 기반을 구축하고 있으며, 교리나 믿음은 깨우침이라는 의미로 대체되고 있다. 윌리엄 제임스는 "신비적 상태를 체험하는 사람들은 그것을 깨우침의 상태로 인식한다. 이것은 추리적인 지성으로 측정할 수 없는 진리의 심연을 통찰하는 것이다."고 말했다.[15]

예를 들어 예수님의 한 말씀을 생각해 보자. 예수님은 어린 아이처럼 되어야만 천국으로 간다고 했다. 그것은 어린 아이처럼 되는 것이 하나의 깨달음의 차원이라는 말이다. 어린 아이와 현자는 자기가 없다는 데서 호소력을 갖는다. 믿음 대신 깨달음의 차원을 소중히 여기는 서양의 뉴에이지 세대들은 고대의 선가(禪家)에서 제시되는 심우도(尋牛圖) 혹은 십우도같은 데서 그 깨달음의 모델을 찾는다. 소는 의식의 내면 본성, 즉 존재의 신비를 상징하고 있다. 심우도는 내면의 본성을 찾아나서는 것으로부터 시작해서 마침내 자아의 내면을 찾고 이어서 내면의 자아로부터 자유함을 얻어 모든 사람을 깨달음의 길로 인도해 주는 것으로 깨달음의 여정을 마친다는 내용이다.

믿음에 도달해야 한다는 생각에 찬성했고, 교회에 다니는 사람들의 60%가 교회가 영적 측면을 상실했다고 대답했다. Marilyn Ferguson, 『뉴에이지 혁명』, (*The Aquarian Conspiracy*), (서울: 정신세계사, 1987), p. 466-467, 471.

15) Ferguson, p.471.

4) 인본주의적이며 낙관주의를 지향한다

인간이 무엇이냐? 스펭글러는 이렇게 주장한다. "내가 하나님인가? 내가 그리스도인가? 내가 무한대(the Infinite)가 부풀어 나는 곳으로부터 당신에게 오는 존재(a Being)인가?…나는 이 모든 것들이요, 그 이상이다."[16] 즉 인간은 영적인 존재이고, 영적이기 때문에 무한하고 전능하다. 그러므로 인간의 주요 과제는 자신 안에 있는 신성을 발견하는 것이다. 인간은 무한한 잠재력을 가지고 있으며, 또한 우주 자체가 영적인 실체여서 인간의 삶이 우주의 힘과 어떻게 조화를 이루어 가느냐에 따라서 인간의 미래가 좌우될 수 있다는 신념을 가지고 있다('가이아' 이론'[17] 등이 그 한 예이다. 그것들이 환경보호 이론의 강력한 근거를 주기도 한다). 인간 안에 있는 신성을 각성함으로서 보다 고차원적인 의식을 소유하는 존재가 된다. 개인적인 자아와 현상적인 자아를 넘어서 우리의 삶을 인도해 주는 고자아(The Higher Self)가 있다고 한다. 이 고자아는 초인격적인 자아로서 신비스러운 수준에서 다른 자아들과 일체가 되도록 해주는 것이다.[18] 그러므로 인간에 내재되어 있는 무한한 가능성을 계발하여 활용하자는 것이다. 모든 사람들의 내부에는 엄청난 잠재력이 있다. 이 잠재력은 여러 가지 교육기법에 의해서 일깨워질 수 있다. 각 개

---

16) David Spangler, *Revelation: The Birth of a New Age* (San Francisco: Rainbow Bridge, 1976), p.60.

17) James Lovelock, *The Age of GAIA*, 홍욱희 역, 『가이아 시대』(서울: 범양사, 1992)를 참고하라: 가이아 이론이란 인간중심적 자연관을 생태중심적 자연관으로 전환을 시도한 것이다. 인간이 생태계를 좌지우지 하는 것이 아니라 생물 전체가 유기체적인 통일성을 가지고 자동 유지하면서 지구 생태계를 영속시킨다는 것이다. 가이아의 목적은 자연이 인간을 위하여 존재하는 것이 아니라 오히려 인간을 포함한 모든 생명체가 전체 생태계를 유지하는 방향으로 존재한다는 것이다. 따라서 인간이 전체적인 통일성의 원리를 배반할 경우 생태계는 자체 유지를 위하여 상대적인 인간에게 큰 고통을 초래하게 되며, 이 우주아와 일체를 이룰 때 인간에게 행복이 있다는 주장으로 발전된다.

18) 김창엽, 「뉴에이지 운동, 그 정체와 대책」, 《목회와신학》 (1992. 8), p.224.

인이 자기 환경을 극적으로 변경시킬 수 있다. 자기 성취와 자기 실현이 인생의 당연한 목표이다. 즉 인간이 처한 모든 질곡으로부터의 해방과 자유를 위해서 자신의 내부에 숨겨진 능력으로부터 도움을 구하자는 것이다.

이런 운동은 사실 기독교 자체 내에서도 일어났다. 1952년 뉴욕의 목회자였던 노만 빈센트 필(Norman Vincent Peale)은 『적극적인 사고의 능력』(the Power of Positive Thinking)이란 책을 출판하면서 자아의 잠재능력의 가능성을 제시해 주었다. 그리고 로버트 슐러(Robert H. Schuller)는 '자기존중의 신학'에 대해서 썼으며, '가능성 사고의 신학'이어야 한다고 주장했다. 노만 필과 로버트 슐러의 적극적인 사고방식이 자기 연민과 패배의식에 사로잡힌 사람들에게 도움을 준 것은 사실이나 인간의 근원적인 타락이나 죄 문제에 대한 심각성을 약화시키는 작용도 했다. 그리고 뉴에이지 운동의 인간잠재 계발운동(Human Potential Movement)과 적지않은 공감대를 형성하고 있다

5) 체계적인 탈바꿈을 추구하는 성격을 지니고 있다

인간이 신성을 지닌 존재로서 인간 스스로 자신의 존재를 적극적으로 변환시킬 수 있다고 믿는다. 요가나 선이나 마인드 콘트롤, 초월명상 등을 수련기법으로 사용하고 있다. 말하자면 그들에게 있어서 가장 중요한 수련방법은 명상이다. '신지학 협회'(The Theosophical Society)의 창설자인 헬레나 블라바츠키(Helena Petrovna Blavatsky)[19]는 "명상은 침묵이며 말로 하지 않는 기도이며 플라톤이 표현한 대로 신을 향한 영

---

19) 신지학 협회는 1875년 뉴욕에서 블라바츠키에 의해서 세워졌는데, 그들의 기본적인 가르침은 모든 종교는 공통적인 진리를 가지고 있으며, 인간 내면에 잠재하고 있는 심리적이고 영적인 힘들을 인정하며 그것을 연구하는 것을 주요 목표로 삼는다. 그들의 이론은 종교의 기본 원리를 성경에 두는 것이 아니고 불교나 힌두교를 혼용하고 있다.

혼의 열렬한 전환이다. 이는 특별한 선(good)이 아닌 선, 그 자체 곧 우주적인 지고선이다."[20] 이것은 우리의 영혼이 명상을 통하여 신의 경지에까지 다다를 수 있다는 것을 시사하는 말이다. 뉴에이지 운동에 중요한 영향을 미쳤던 라즈니쉬도 "명상을 통해 무한(infinite)으로 될 것이며 그리고 우주적이 될 것이다. 그러면 전체(the whole)와 하나가 된다."[21]라고 했다. 뉴에이지 운동에 관련된 디들의 공통적인 속성은 자아를 우주적인 의식의 중심으로 보고 있다는 것이다. 그 이유는 자아의 가장 내면에 이르게 되면 거기서 비로소 가장 완전하고 심오한 실재(reality)를 경험하게 되는데 그것이 곧 하나님 자신이기 때문이다.[22]

정신공학이 발달되면서 뇌의 구조와 의식체계의 관계연구가 활발하게 되고 있다. 뇌에 대한 최근의 여러 발견 중에서 뇌의 우반구와 좌반구는 상호작용 하는 것이지만 한편으로는 각기 독자적인 특정기능을 가지고 있다고 한다. 왼쪽 반구는 말을 지배한다. 더하고, 빼고, 잇고, 측정하고, 분류하고, 조직하고, 이름을 붙이고, 분리하고, 그리고 시계를 본다. 오늘쪽 반구는 언어 능력을 거의 조절할 수 없지만, 언어를 이해하고, 그 말에 감정을 주입한다. 오른쪽 뇌의 특정 부위가 손상되면 우리의 말은 단조롭고 무미건조해진다. 오른쪽 반구는 왼쪽보다 더 음악적이고 감성적이다. 오른쪽 반구는 이미지를 생각하고, 전체를 놓고 관찰하며, 패턴을 감지한다. 오른쪽 반구는 왼쪽 반구보다 더 열심히 고통을 변화시키려고 애쓴다. 왼쪽 뇌는 과거를 판단 기준으로 삼아 현재의 경험을 과거의 경험과 조화시키고 그것의 범주를 기준으로 삼아 현재의 경험을 과거의 경험과 미지의 세계에 민감하게 반응한다.[23] 말하자면 왼쪽 뇌는 지성을 오른쪽 뇌는 감성을 지배하고 감지하는 것인데, 이 두 뇌를

---

20) H. P. Blavatsky, *The key to Theosophy*, p.176.

21) D. Groothuis, *Unmasking the New Age*, p.141.

22) James Sire, *The Universe Next Door*, (Downers Grove, Illinois: InterVarsity Press, 1988), p.20: 김성수, 《목회와신학》, 1992. 9, 103쪽.

23) Ferguson, pp.90-93.

조화롭게 발달시키고 계발시키는 사람이 극소수라는 것이다. 정신공학은 기억력을 증강시키고, 배우는 속도를 가속시키며, 두 피질 반구의 두 가지 기능의 통합을 촉진시키며, 뇌의 오래 된 부위와 새로운 부위간의 통합성을 강하시킨다. 그리고 정신을 집중하여 무의식층의 생각을 찾아내고 창조하여 연결하고 초월하게 한다.[24] 이 두 부분을 적절하게 발달시켜 두 뇌가 통합하는 법을 배우기만 하면 진보적이고 창조적이며 혁신적인 능력을 키워 존재의 탈바꿈을 가져올 수 있다는 것이다.[25]

뉴에이지 시대의 사람들은 우연한 탈바꿈을 기대하기 보다는 체계적인 탈바꿈을 찾아나서는 사람들이다. 그래서 갖가지 훈련 방법을 도입한다. 특별히 심리학적인 요법이나 동양 종교에서 실시하고 있는 수행방법을 선호한다. 예를 들자면,

① 음악—뇌는 음정과 박자에 민감하며, 음악은 오른쪽 뇌와 관계되기 때문이다. 정서적이고 안정된 뇌파를 형성케 한다. 심상 구상을 병행한다.

② 자조 및 상조 조직망—예를 들자면 알코올 중독 치료모임, 과식 치료모임 등이 있는데 그 규칙을 보면, 의식의 진행과정과 변화에 유의할 것, 자신의 행동을 스스로 선택할 수 있다고 다짐할 것, 내적 성찰을 통해 '보다 큰 힘'과 협력할 것 등으로 이루어져 있다.

③ 온갖 종류의 명상법—선, 혼돈 명상(discursive meditation), 초월 명상(TM), 요가(하타요가: 음과 양의 균형을 의미한다. 즉 정신과 육체의 완벽한 통합으로 육체를 단련하는 법을 가르친다), 기독교식 명상(Lectio Meditation), 심상 구상과 명상을 결합시킨 정신통합(psycho-synthesis)(무의식과 상황을 결합하고 조화시키는 훈련).

④ 꿈 일지 작성—꿈은 일상적 의식의 범위를 초월한 영역으로부터 오는 정보를 중개하는 매개체.

---

24) 앞의 책, p.374.
25) 앞의 책, p.85.

⑤ 의미요법(Logotherapy) 이나 원인요법(Primal Therapy)—예를 들자면 유년기의 걱정거리로 다시 돌아가 주로 심상 구상을 이용하여 유년기의 부정적 경험에 대한 부모와의 화해 및 용서를 추구하는 치료법 등.

3. 뉴에이지 운동에 대처하는 영성훈련

이런 시대적인 징후를 고려하면서 새 시대를 위한 영성훈련의 방향을 설정해야 한다. 먼저 기독교 영성과 뉴에이지 운동 사이의 연속성과 불연속성이 무엇인지를 분별해야 한다. 뉴에이지 운동에서 강조하고 있는 내적인 자각과 깨달음의 문제 등은 기독교 영성과 상당한 연속성을 지니고 있다. 교회가 지나치게 값싼 은혜를 남발하고 결단없는 자동적인 믿음을 선포하는 동안 기독교가 새로운 세대들에게 왜곡되어 전달되고 있다는 사실을 인식해야 한다. 자신의 내면세계로 돌아오지 않는 한 하나님의 경험과 믿음의 자각이 일어날 수 없다. 내적인 자각운동이나 깨달음의 운동은 기독교적인 믿음이나 신조들을 보다 생생하게 살아나도록 하는 도전으로 받아들여야 한다. 반면에 범신론적이고 혼합주의적인 종교성은 기독교의 정체성을 위협한다. 이 점을 깊이 유의한다면 타협할 수 없는 기독교 진리나 정체성을 보다 분명하게 교육할 필요가 있다. 동시에 내적인 경험에 대한 갈증을 해소해 줄 수 있는 기독교적인 명상법이나 기도법을 우리의 전통 안에서 찾아주어야 한다.

중세시대 때 널리 행해졌던 영성훈련으로부터 하나의 통찰력을 얻을 수 있다. 중세 말이란 교회의 영성적인 권위가 상실되고 수치스러운 윤리적 타락이 넘실거리던 시대였다. 이러한 상황에서 열성적인 그리스도인들이나 비제도권적인 범주에 있는 수도자들은 잘 규정된 영성훈련 및 명확한 기도 방법 등을 계발하면서 영성적으로 어두운 시대를 극복해 나가려 했다. 그 중에서 종교개혁의 전야제라고 할 수 있는 신경건운동

(Devotio Moderna)의 산물인 공동 생활 형제회(the Brethren of the Common Life)가 영성훈련에 기여한 바가 크다. 토마스 아 켐피스(Thomas A Kempis)나 그의 친구 존 그란스포트(John Wessel Gransfort) 등이 기독교 명상법에 대해서 많은 공헌을 하였다. 그란스포트는 세 단계의 묵상법을 제시한 바가 있다. 첫째 분심을 버리고 묵상 자료를 선정하므로써 묵상 준비를 한다. 두 번째는 정신, 판단력 및 의지를 활용함으로써 묵상으로 들어간다. 세 번째는 고무된 열망을 하나님께로 지향하게 하므로써 묵상의 총결산을 이룬다. 시스네로(Garcia de Cisnero) 역시 그리스도를 묵상하고 관상하는 법에 대해서 지대한 영향을 준 사람이다. 그는 그리스도를 관상하는 세 가지 길을 제시한 바 있다. 첫째 거룩한 인성을 깊이 생각함이다. 둘째 그리스도를 하나님과 인간으로 관상한다. 세 번째는 거룩한 인성을 초월하여 그리스도의 신성에 초점을 맞춘다. 시스네로는 각자는 각자의 기도 생활의 단계에 맞게 자신의 영이 이끌리는 데로 따라가야 한다고 했다.

이러한 단계를 실현하는 데 있어서 또 하나의 구체적인 방법으로서는 일찍이 베네딕트 수도원으로부터 전수된 '거룩한 독서(lectio divina)'의 길이다. 거룩한 독서란 시각과 청각을 이용한 독서식 기도법이다. 성서 본문을 천천히 반복하면서 그 내용이 마음 깊은 곳으로 내려오도록 한다. 귀로 들은 것을 마음으로 듣고, 마음으로 들은 것을 가슴으로 느끼게 하는 독서법이다. 이 독서 즉 읽기(lectio)를 통해서 독서자와 텍스트가 상호 작용하면서 개인의 영혼과 개인의 상황으로 파고들게 된다. 그 결과로써 우리의 영혼은 영적인 가치 내지 영적인 세계와의 접촉을 경험하게 된다.[26] "사람이 나를 사랑하면 내 말을 지키리니 내 아버지께서 저를 사랑하실 것이요 우리가 저에게 와서 거처를 저와 함께 하리라(요 14:23)"는 말씀의 성취를 그 목적으로 한다. 초기 수도자들은 경건과 기

---

26) Jean Leclercq, *The Love of Learning and the Desire for God.* (New York: Fordham University, 1988), pp.15–17.

대감과 준비성을 가지고 읽기에 접근했다. 그러나 만약 그 기대가 좌절되다면 내적으로 읽혀진 말씀을 받아들일 수 없는 장애물이 있다는 것을 인식한다. 그들은 결코 실용주의적인 곡적 즉 설교 준비나 가르침을 목적으로 거룩한 독서에 참여하지 않는다. 즉 거룩한 독서는 헌신과 경건의 훈련 형태이지 성서공부의 방법은 아니다.[27]

'거룩한 독서'는 읽기(lectio), 묵상(meditatio), 기도(oratio), 관상(contemplatio)이라는 과정을 통하여 진실된 기도로 연결된다.[28] 은밀한 장소에서 선택된 텍스트를 반복해서 읽는다. 예를 들면 "여호와는 나의 목자시니 내가 부족함이 없으리로다'라는 시편 23편 말씀을 '거룩한 독서'를 한다고 한자. 이 텍스트를 반복해서 읽는다. 그리고 그것에 대하여 생각하고 명상하고 그 안에 머문다. '읽기'는 단순한 반복적인 독서로부터 출발하여 점점 그 내용에 대한 내적인 반추가 일어나고, 마음의 눈으로 성서의 장면을 영상화 하게 이른다. 예를 들자면 푸른 초장으로 양들을 인도하는 목자를 상상으로 그려볼 수 있다. 이것이 고전적인 의미에서의 기독교 명상법이다. 즉 어떤 것에 관하여 생각하고 평화롭게 그것을 마음 위에 떠올린다. 그 명상이 지속되는 동안 우리는 그 목자에게 말하고 싶은 충동을 느낀다. 그것은 주님과 대화를 하고자 하는 마음의 준비를 의미한다. 선한 목자이신 주님을 향하여 우리의 지성과 마음이 움직임으로써 비로소 대화적인 기도가 시작된다. 관상은 기도 경험의 정상이다. 자신의 모든 삶을 포함하고 변화하게 하는 하나님과 깊은 교제와 일치의 체험이다. '거룩한 독서'가 진행되는 동안 잡념이 떠오르게 된다. 그럴 때마다 마음을 이미 읽은 텍스트에 초점을 맞춘다. 마귀나 혼돈된 자기 자신과 싸우지 말라. 그것은 하나님의 일이다. 사막에서 시험을 당하고 있는 동안 예수님이 사용하신 유일한 무기는 하나님의 말씀

---

27) Robin Maas & Gabriel O'Donnell, *Spiritual Traditions for the Contemporary Church*, (Nashville: Abingdon Press, 1990), pp. 46-47.

28) 앞의 책, pp. 48-50.

이었다. 조용히 텍스트를 읽는 동안 우리는 거룩함(하나님의 일)과 대화를 하게 된다. 그리고 적당할 때 '거룩한 독서'는 기도로 인도된다. 이 기도는 하나님이 우리에게 말씀하심으로 시작하고 우리의 응답은 하나님과의 일치의 경험으로 인도된다. 우리는 선포되어지고 들려진 말씀을 통하여 하나님의 뜻과 완전한 조화를 이루기 위하여 하나님의 현존으로 들어가고 하나님의 가슴으로 들어가기를 힘쓴다. 이것이 거룩한 독서의 목적이다.

'읽기'를 하는 사람은 하루에 적어도 30분 이상의 기도시간을 할애해야 한다. '읽기'를 하는 동안 비평적이고 학문적이고 분석적인 기능은 멈추는 것이 좋다. 하나님과 단 둘이 하는 시간으로 기대하는 태도를 가져라. 텍스트를 읽을 때 전 텍스트의 핵심을 꿰뚫으려고 할 필요는 없다. 단지 특별한 단어나 구 혹은 문장에 머물러 그 깊은 의미를 깨달으라. 우리는 결코 그 '읽기'가 우리를 어디로 인도할지 모른다. 진정한 의미에서 그 텍스트를 조정하는 것을 포기하라. 그럴 때만이 우리는 하나님을 만나는 자아의 깊은 곳으로 자유롭게 들어갈 수 있다. 매일의 '읽기'의 연습은 하나님과의 진지한 관계 형성을 위한 기도와 내면적인 영성을 형성하는 데 그 목적이 있다. '거룩한 독서'라는 독서와 기도는 우리를 하나님과 만나게 하고, 해방하게 하는 하나님의 자유로운 능력을 통하여 하나님의 지혜로의 여행을 가능하게 하며, 성령께서 자유롭게 우리를 변화시키도록 허락하는 행위이다.

교회음악에서 대중음악의 수용 문제

홍정수(장로회신학대학교 교회음악학 교수)

20세기 후반에 대중문화의 입지는 이전의 어떤 시기보다 넓어졌고, 그 영향력 또한 날로 커지고 있다. 대중문화가 그 영향력이 무차별적이고 광범위한 경우들은 대부분 상업적인 바탕 위에서 그 존립기반을 형성하기 때문에 많은 사람들의 흥미와 재미를 유발하는 데에 큰 관심이 있다. 새로운 흥미와 재미를 대중문화에 담았을 때에 그 수용 대상은 많은 경우 청소년층이다. 물론 중장년층을 겨냥한 대중문화가 없지 않으나 그 내용은 젊은이들을 위한 것처럼 공격적이거나 폭발적인 성격을 갖고 있지 않다. 따라서 대중문화에는 매우 공격적인 성격의 폭발적인 반응을 노리는 것이 있는가 하면, 그와는 대조되는 차분하게 즐기는 성격의 것도 있다. 이 중에서 크게 문제가 되는 것은 전자의 것이다. 이 공격적 대중문화는 흥미와 재미의 유발을 위해서 사회적 규범들에 대해 도전적, 도발적인 태도를 취하는 경우가 흔하다. 즉 금지된 것에 대해 의문을 제기하거나 고의적으로 그 제한선을 넘으므로써 자극적 효과를 얻게 된다. 교회도 이러한 공격으로부터 자유롭지 못하다.

이러한 대중문화의 태도는 경우에 따라서 청소년들에게 매우 선구자적인 역할을 하는 것처럼 보이게도 한다. 왜냐하면 사회적 규범을 "기존의" 억압적인 비자유의 상태로 파악하고, 새로운 자유의 상태로 나아가는 것처럼 생각하게 만들기 때문이다. 실제로 많은 대중문화 현상들이 사람들의 —특히 청소년들—불만을 대신 말해 주고, 그들의 바람을 대신 갈구해 주는 것으로 청소년들에게 받아들여진다. 그래서 그들은 머리카락을 자연스럽지 못한 색깔로 물들이고, 엉덩이에 걸친 바지를 입고, 어른들이 음악이 아닌 소음이라고 느끼는 것에 열광하는 것이다. 그리고 그 현상은 젊은이들 사이에 집단화 되어, 그것을 모르는 부류는 소외감을 느끼게 된다.

한편으로 대중음악은 스타 숭배의 열기를 몰고 온다. 청소년들은 누구엔가에 또는 무언가에 열광할 것을 찾는데, 이를 대중예술 쪽에서 제공한다. 스타들의 공연을 위해 다른 일을 제쳐 두고 달려가는 청소년들을 보게 된다. 청소년들은 스타를 통해 감성적 폭발처를 찾고, 열광을 통해 비일상적이고 색다른 체험을 하게 된다. 이들은 부모의 말은 따르지 않아도 스타들의 부름에는 열정적으로 응한다. 부모들은 이 스타들을 통해 자식들과 단절된다. 스타들은 자신들이 행하는 대중예술이 기성세대의 그것과는 확연하게 다르다는 것을 스스로 잘 알고 있다.

많은 경우, 학교는 청소년들이 이러한 대중문화를 극복하게 하려고 노력하거나, 그것으로부터 눈을 돌리게 하려 하고, 교회는 그들에게 그 대중문화를 엄히 나무라고 꾸짖는 것을 가르치려고 한다. 물론 여기에는 '대중문화'라고 크게 뭉뚱그려 말했으나, 여러 종류의 대중문화들이 있어서 그 대상에 따라 각각 차이 나게 반응한다. 그러나 교회의 경우, 대중문화 전반에 관해 회의적 시각으로 보아야 신앙적이라고 생각한다. '거룩함'을 추구하는 교회는 세상과는 다른 것을 찾기 때문에 지극히 세상적으로 보이는 대중문화와 거리를 두는 것이 합당하다고 생각하는 것이다. 이러한 태도는 긴 역사를 가지고 있다. 그러나 거리만 두면 되는가? 여기에 대한 답은 반드시 일치하지 않고 있다. 이 글은 이러한 문제에 대한 대응들을 -몇몇 예를 들어- 살펴보고자 한다. 신학자 김이태, 청소년 운동가 신상언, 방송 프로듀서 양동복, 음악가이자 목회자인 최혁이 서로 다른 견해를 가지고, 이 문제에 대처하고 있는데, 이들의 주

장을 점검하면서 대중문화에 대해 어떻게 대처해야 할지 생각해 보고자
한다. 이는 다가오는 시대에 대한 준비의 한 방편이기도 하다.

1. 김이태(신학자)

"벌써 옛날 얘기지만 한 때, 신학교 기숙사에서 라디오 트는 것조차
좋지 않게 생각하는 사람들이 있었다. 그것은 라디오에서 끊임없이 소위
'저속한 유행가'가 흘러나온다는 이유에서 였다. 이론인즉 유행을 거슬
러 살아야 할 신학생들이 거처하는 신학교 캠퍼스 안에서 저속한 유행가
가 울린다는 것은 덕스럽지 못하다는 것이었다. 참으로 소박한 신앙에서
우러나온 생각이라 할 수 있다. 신학생들이 귀를 막는다고 퍼지는 유행
가가 움츠려 드는 것은 아니다. 유행가는 정말로 유행병처럼 아니 가는
곳이 없고 안 걸리는 사람이 거의 없다. 요새는 유행가라는 말 대신에
대중가요라는 말이 많이 쓰이며, 이 대중가요가 지배하는 문화의 영역과
인구의 수는 엄청나게 크다는 것을 솔직히 시인할 수밖에 없다. 그렇다
면 복음을 전해야 할 기독교인이 대중이 그렇게 열광하는 것을 간단히
외면해 버리는 것이 과연 현명한 태도이겠는가? 적어도 아레오바고 한
가운데 섰던 복음 전도자 바울의 태도는 그렇지 아니했다. 당시 아테네
는 신전이 많기로 유명한 우상의 도시였다. 우상은 하나님과 원수 되는
것으로, 하나님을 소개하려는 전도자 바울에게 있어서 우상은 결코 용납
될 수 없는 것이다. 그러므로 그는 그와 같은 것은 간단히 외면해 버리
고 하나님만 소개하려 했음직도 하다. 그러나 바울은 그렇게 하지 아니
하였다. 비록 그것이 우상과 그것의 신전에 관한 것이지만, 그것들이 그
가 전도해야 할 바로 그 대중들의 관심사였기 때문에 바울은 그 누구보
다도 그들이 위하는 신과 신전들을 유심히 관찰하였다. 신전과 신들의
이름까지 세밀히 관찰하였다."[1]

  김이태에게는 대중음악이 공격적인 성격의 것이 아니라, 슬그머니 즐

겨지는 성격의 것으로 파악된다. 이는 그의 글이 1970년대 초 한국에서 나온 것이라서 당시의 대중음악적 성격을 반영한 것이기 때문이다. 그가 대중음악에 관심을 갖는 것은 "님"이 없이 떠도는 사람들에 대한 관심 때문이다. 그는 대중음악에서 하나님의 모습을 애타게 그리면서도 그를 찾지 못하는 사람들이 선교적인 관점에서 구원의 대상이 되고 있음을 역설하고 있다. 만약 그들을 위해 대중음악적 방법을 사용하여 하나님을 전할 수 있다는 방법을 긍정한다면, 오늘날의 대중음악적 교회성가를 긍정하는 것이 된다. 그러나 김이태는 그런 일을 위해서 대중음악을 사용할 것인지 아닌지에 대해서는 입을 다물고 있다. 그는 대중음악에서 대중을 구원하는 '방법'을 찾기보다는 그들에게 다가갈 수 있는 '접점'을 찾았던 것이다. 그는 그들에게 심정적으로 도달할 수 있는 방안을 모색하고, 기독교인들이 해야 할 사명을 생각한 것이다. 또한 대중음악이 옳은지 그른지에 대해서도 말이 없다. 단지 그의 태도에서 읽을 수 있는 것은 대중문화에의 접근을 금기시하는 것에 대해 큰 평가를 하지 않는다는 것이다.

　김이태는 복음을 전해야 하는 사람들이 대중을 외면할 수 없고, 대중가요도 외면할 수 없다고 말한다. 그는 그 모델을 바울에게서 끌어낸다(행 17:22-23). 바울은 대중이 관심을 갖고 있는 곳에 파고 들어가 그들에게 선교를 하는 방식을 취했다는 것이다. 대중가요 그 자체는 신학과 무관하지만, 대중에 대해서는 신학과 관련이 있다고 그는 말한다. 그래서 대중에게 대중가요가 어떠한 의미를 갖고 있는지를 살펴볼 필요가 있다고 말한다. 김이태는 우선 대중가요의 가사가 가진 테마를 분석한다. 400여 곡에 달하는 노래 가사에서 약 70%의 테마가 '님을 그리워하는 것'과 '고향을 그리워하는 것'임을 밝힌다(예: 정훈희의 〈안개〉, 조영남의 〈고향의 푸른잔디〉). 이러한 확인을 한 후, 김이태는 대중가요의 주

---

1) 김이태, 「大衆歌謠에 反映된 人間의 宗敎性에 關한 硏究」, 《교회와 신학》 1972, 227-228쪽.

변 특징들을 살핀다. 그 특징들이란 ① 작사자와 작곡자가 누구인가하는 것이 별로 문제되지 않는다. ② 대중가요는 많은 수의 사람을 지배한다 하는 것들이다 . 김이태는 이어서 칼 융의 집단적 무의식 개념과 원초적 영상의 개념을 이러한 가요의 주변 특징들에 적용시킨다. 작곡자 작사자가 중요하지 않은 대중가요는 그 내용이 어느 한 개인이 만들어 낸 것이 아니라, 대중의 마음 속 깊이 집단적 무의식 속에 있는 "원초적 영상"(님, 고향)이라고 말한다. 이러한 해석에 따르면 대중가요는 개인의 노래가 아니라, 인간 전체의 것으로 느껴진다는 것이다. 전혀 사랑도 이별도 해보지 않은 아이들에게까지도 님에 대한 집단적 무의식 속에 님에 대한 그리움이 있기 때문에 대중가요가 광범위하게 통할 수 있다고 말한다.

김이태는 대중가요와 종교의 접점이 될 수 있는 것으로 '님'이나 '고향'을 거론한다. 그는 님이나 고향이라는 대상보다는 인간이 어쩔 수 없이 갖게 되는 그리움에 초점을 맞춘다. 즉 대중가요에서 나오는, 떠나간 님들은 부질없는 인간에 대한 것이 아니라, 참으로 영원히 자기의 전 존재를 바쳐 사랑하고 싶고, 사랑 받고 싶은 미지의 〈님〉에 대한 갈망이 그렇게 나타났다고 보는 것이다. 바로 이 님은 하나님이요, 예수님이라고 그는 말한다. 여기에서 그는 수가성 여인의 이야기를 꺼낸다. 이 여인은 영원한 사랑인 예수님을 만나기 이전까지 다섯 번의 쓰라린 사랑을 했으나, 계속 영원한 사랑을 기다린 것을 비유로 들어 말한다. 하나님을 상실한 아담의 후손은 그 상실감을 갖고 있기에 애타게 옛님을 그리워하면서 한탄하고 있다는 것이다. 에덴에서 헤어졌던 님을 만나기까지 사람들은 오늘도 님을 향해 고향을 그리며 흐느끼고 있는 것을 김이태는 대중가요에서 확인한다. 그 님을 소개하는 것이 바로 전도자의 임무라는 것이다.

2. 신상언(청소년 운동가)

"대중가요. 우리를 둘러싼 대중매체 가운데 가장 친숙하고 가장 쉽게 만나는 대중가요에 대해 오늘 나는 이러한 문제점들이 영적인 것과 관련이 있다는 말을 하고 싶은 것이다. 다방의 푸른 꿈, 더벅머리 과거사, 돈도 싫소 사랑도 싫소(어쩌란 말인지), 돌아가는 원점, 두 어머니의 비밀, 막 간 아가씨, 보기 싫은 춘심아, 불꺼진 206, 사랑을 하고파요(배고픈 것처럼), 꼬집힌 풋사랑, 내 몫까지 살아주, 댁의 부인은 어떠십니까?, 처녀 엄마, 청춘을 변상하라, 이룰 수 없는 사랑, 굳바이 내 사랑, 나그네 사랑, 눈 오는 밤에 별이 빛나고(너무 그리워 헛것이 보이기 시작), 안녕이라 하지 마, 안녕 내사랑, 끝나 버린 내사랑, 인정 사정 볼 것 없다. 미스 김은 나의 것, 몽키춤을 춥시다. 푸른 하늘에 침을 뱉어라(그 침이 어디에 떨어질까 궁금함). 항구마다 괄세더라. 제목만 보아도 노래의 내용을 금방 알 수 있고, 제목이나 가사를 보면 그게 무슨 뜻인지 도저히 알 수 없는 노래들이 히트에 빅히트를 기록하여 수많은 사람들의 입에 오르내렸던 대중가요. 허무와 좌절과 한과 눈물 속에 죄다 빠져서 허우적거리게 만들다가 스스로 인생을 마감하게 만드는 오늘의 우리 대중가요 속에 사탄이 침투해 왔다는 사실을 실감하는 사람은 몇이나 될까?"[2]

신상언의 시각은 앞의 김이태의 시각과 크게 차이를 보인다. 김이태가 대중의 "원초적 영상"에 깊은 동정을 느끼는 반면에, 신상언은 그러한 것들이 "허무와 좌절과 한과 눈물"이라고 말하여, 대중음악과의 거리감을 표출하고 있다. 물론 신상언이 위에 거론한 대중음악은 김이태가 언급한 것들과는 다른 내용을 가진 것들이 많이 있다. 김이태가 당시의 가장 보편적인 대중음악을 거론했다면, 신상언이 위의 인용문에서 말한 음악들은 별로 보편적이지 않는 음악들이라고 말할 수 있다. 신상언에게는

---

2) 신상언, 『사탄은 마침내 대중문화를 선택했습니다』, (낮은울타리 ,1992), 165쪽.

이런 것들까지 보였던 것이다. 이렇게 다른 대중음악들이 보이는 것은 그의 관심과 관계가 깊다.

신상언의 주된 관심은 대중문화에 스며든 사탄적인 요소를 기독교적 시각에서 고발하려는 것이다. 그의 관심은 단순히 대중음악에만 머물러 있는 것이 아니라, 영화, 비디오, 광고, 만화, 신문, 잡지, 문학작품 등에까지 관심이 있다. 특별히 그가 철저하게 비판하는 부분은 미국의 뉴에이지(New Age) 사상에 관한 것이다. 그는 뉴에이지에서 반기독교적 종교성을 보고 이를 강력하게 규탄하고, 그 해악에 대해 경고한다. 이러한 토론들은 미국에서 사탄적, 폭력적 문화에 대해 반응했던 논의가 상당히 고려된 것으로 생각된다. 물론 미국의 이러한 저주스러운 문화들은 그들의 상업적 통로를 통해 한국에도 전달되었던 것이기는 하지만, 한국의 대중들이 미국의 대중들처럼 그러한 의식을 가지고 있었는지는 의문이다. 그러나 신상언은 그러한 사실에 대해 한국 신자들의 경각심을 일깨우려고 노력했다. 어떻게 보면, 뉴에이지가 운동으로서 한국에 발생하기 이전에 신상언과 같은 사람을 통하여 반 뉴에이지 운동가가 생겼던 것이다. 그러나 대중문화는 쉽게 전 지구적(全地球的)인 현상이 되기 때문에 그의 반응이 빨랐다고 말할 수 없다.

신상언은 하나님 또는 예수님에 대한 모독, 사탄 숭배, 무당(또는 영매)의 수긍, 폭력, 성적 타락의 칭송 및 조장에 대해서 십자군적 열정으로 맞선다. 그는 위와 같은 죄악이 문화의 도처에 자리잡고 있을 뿐만 아니라, 지배적인 현상이 되고 있다고 파악하고, 거기에 대해 시급한 기독교적인 대책이 필요하다고 보는 것이다. 그는 오늘날의 문화 현상에서 거대한 위기를 보고 있으며, 이 위기를 뚜렷하게 부각시키려고 노력한다.

신상언은 기독교인들이 저러한 대중문화에 대해 눈을 돌리고 회피하라고 말하지 않는다. 이 점은 그가 중세 기독교인들과 다른 점이다. 그는 오히려 그 문화에 대해 싸울 뿐만 아니라, 대안적인 기독교문화를 만들어야 한다고 말한다. 능력 있는 예술가가 회심을 하고 하루 아침에 자신의 진로를 바꾸어 신학교에 들어가는 것을 원치 않고, 예술의 자리에 남아서 예술로써 세상에 대해 대립적 문화를 형성해야 한다고 말한다. 그는 이 일이 "순교를 각오(32쪽)"해야 할 일이라고 생각한다.

신상언이 본 대중문화는 교회에 대해 공격적인 성격의 것이다. 그는 기독교의 존립을 위태롭게 하는 대중문화의 공격을 눈 앞에 보고 있다. 그는 대중문화에 대해 또 다른 대립 대중문화로 그것에 맞서 싸워야 할 것을 강력하게 권고한다. 이는 대중문화를 무조건 회피하라는 식의 사고와는 다르다. 대중문화 자체를 저주하는 입장이라기 보다는 해악적 성격을 가진 대중문화에 대해 선별적으로 대항하자는 것이다.

그러나 신상언은 구체적인 대중문화를 논할 때에 지나치게 폭넓은 적용을 하므로써 어려움을 자초하는 경우를 본다. 그는 반기독교적인 대중문화에 대해 마음 속에 격분을 품고 있는데, 이 격분은 때에 따라 불필요한 곳에서까지 흑백을 가리고 싶어하는 경향을 만든다. 따라서 순진한 내용의 대중문화에서도 사탄의 세력이 작용하고 있음을 확인하는 데 성공하고야 만다. 처음에는 독자들이 그의 성공적 관찰에 동조를 하게 되지만, 좀 자세하게 들여다 보면, 거의 모든 설화나 전래적 동화들도 그런 방식으로 해석할 수 있게 된다는 사실을 깨달으면 그 끝없는 범위 때문에 적절한 해석인가를 묻지 않을 수 없게 된다.

신상언은 영화 〈사랑과 영혼〉에서는 유령이 그 존재를 마음껏 과시하고 있어서 뉴에이지의 성격이 있는 영화라고 말한다(66쪽). 그래서 그 영화를 본 관객들은 "스스로 영혼의 존재에 대해 심각하게 생각해 볼 여지도 없이 영화에 나왔던 내용을 그대로 받아들인다."고 말한다. 그리고 나서 다시 자신의 말을 제한하는데, 그 영화의 내용을 "액면 그대로 받아들이는 사람은" 거의 없을 것이라고 말한다. 그런데 문제가 되는 것은 이런 영화들이 우리 주변에 너무 가까이 있다는 점이라는 것이다. 그리고 이러한 우리 주변에 와 있는 뉴에이지에 대해 의식하지 못하고 있기 때문에 이것이 문제라고 말한다. 그러면서 신상언은 그것을 의식시키기 위해 뉴에이지 운동을 소개하는 일로 넘어간다.

뉴에이지는—신상언에 의하면—인간이 하나님의 위치를 찬탈하여 인간에 의한 "영광스러운 왕국"의 건설을 목표로 하고 있는 것이다(67쪽). 뉴에이지 운동가들은 모든 것을 지배하는 세계정부를 목표로 한다. 이 정부의 최정상에는 "지혜의 주인"이라고 불리는 사탄이 있다. 이 운동은 모든 종류의 무속이나 심령주의를 활용한다고 말한다. "투시, 점 치는 것, 최면술, 점성술, 명상, 관상, 수상, 요가, UFO … 마녀 숭배, 윤회설, 게르만 민족의 신비주의, 범신론" 등이 혼합되어 있다고 말한다. 여기에 이르게 되면 왜 신상언이 영화 〈사랑과 영혼〉에서 뉴에이지 사상을 보았는지를 알게 된다. 그 영화에는 영매가 있고, 사람이 죽어 영혼으로 떠돌아다니기 때문이다.

신상언은 영화 〈꿈의 구장〉도 뉴에이지 성격의 것으로 파악한다(95쪽). 아마 죽은 유명한 야구선수들이 유령으로 나타나 세상으로 되돌아오는 내용에서 신상언은 그런 생각을 한 것으로 보인다. 그는 어린이 영화 〈스머프〉에서도 뉴에이지의 그림자를 본다(96쪽). 여기에는 5각형 별이 등장해 마력을 일으키기 때문이다. 또한 영화 〈ET〉는 뉴에이지와 접촉점이 아주 많다고 한다. ET는 초능력자이고, 악마의 얼굴을 갖고 있다. 더욱 가공할 것은 ET가 마치 그리스도처럼 병의 치유, 독심(讀心), 말 없이도 의사 소통을 할 수 있는 능력을 가졌고, 승천하고 땅에 내려오고, 죽었다가 다시 산다는 것이다. 즉 신상언은 여기에서 ET의 생애와 예수님의 생애가 유사한 것을 발견하고, 이를 신성모독으로 보고 있다.

신상언이 보여주는 영화 해석의 가장 큰 문제점은 영화에서 일종의 이야기 전개장치로 나타나는 유령이나 마법 등의 이야기를 믿음의 대상으로 크게 격상시키기 때문이다. 아마 이런 영화에 나오는 유령이나 마법의 이야기가 신앙의 대상이 된다고 하면, 그것은 이 영화의 문제가 아니라 그렇게 믿는 사람의 순진성이 더 문제가 될 것이다. 예술은 쉽게 현실을 초월하려고 하는 경향을 갖고 있기에, 이 세상과 다른 대립세계를 보여 주기에 알맞다. 그래서 사실의 세계에서 볼 수 없는 내용의 이야기들이 쉽게 나타난다. 이것은 동화, 설화, 소설, 영화 등에 쉽게 나타날 수 있는 요소이다. 이것을 없앤다고 하여 기독교에 도움이 되는 것은 아무것도 없다.

그리고 ET를 다시 보자. ET의 얼굴이 조금 흉물스럽게 생겼다고 하여 "악마의 얼굴"이라고 확언하는 것은 너무 극단적인 해석이다. 영화의 전체적 맥락은, ET가 비록 흉측스런 모습을 하고 있지만 속마음은 그렇지 않다는 식의 말을 하고 싶어한다. 그리고 한 주관적 감수성이 이야기 전개에 예수님의 생애와 비슷한 것을 발견할 수 있다고 하여(또는 연상케 한다고 하여), '비슷한 것'을 '같은 것'이라고 말하는 것은 지나친 것이라고 할 수밖에 없다. 또한 비슷하다는 것 자체로는 비난받을 일이 아니다. 그보다는 그 이야기를 만든 사람들이 ET라는 '대리 예수'를 만들려고 했겠는가 하는 것이다. 그러나 그러한 의도를 증명하기 위해 신상언이 보여준 것은 아무 것도 없다. 아마 그가 이러한 영화 해석을 하는 것은 뉴에이지에 대한 경각심이 크기에, 그 두려움이 대폭 반영된 해석을 하게 한 것처럼 보인다. 그의 의견에 따르면, 산신령이 나오는 옛날 이야기, 하늘을 올라갔다 내려갔다 하는「선녀와 나무꾼」과「해님 달님」이야기 등 모두 뉴에이지의 혐의를 받을 수밖에 없다. 그러나 이러한 광범위한 해석은 불필요하게 많은 것을 적대시하게 되고, 원래 공격해야 할 목표에는 미칠 수 없게 된다.

3. 양동복(방송 프로듀서)

"진리는 변함이 없다. 그러나 진리를 담고 있는 모습이 언제나 옛것일 수는 없다. 찬양도 그 시대의 문화적 상황에 맞도록 꾸준히 변화해 왔다. 교회음악이 고정된 틀에 박혀 있어서 그밖의 것은 허용이 안 된다는 것은 다시 중세 시절로 돌아가자고 주장하는 것과 다름없다. 예배는 예배하는 자 중심이 아니라 예배 받으시는 분을 중심으로 이뤄지는 것처럼 예배에 사용되는 음악도 예배하는 자 중심이 아니라 예배를 받으시는 분을 중심으로 고려되어야 한다. 그러므로 중요한 것은 스타일이 아니라 예배하는 자의 신실성, 진실성인 것이다. 따라서 시대적, 문화적 상황이 충분히 고려된 컨템퍼러리 음악도 어떤 자세로 어떤 목적으로 연주되느냐에 따라 예배에 사용될 수 있을 것이다."[3]

양동복은 한국에서 흔히 쓰는 복음성가라는 개념 대신에 CCM이라는 미국의 대중음악 분류 개념을 그대로 사용하고 있다. Contemporary Christian Music의 약자인 이 말은 '현대적 기독교 음악' 정도로 번역할 수 있는 말이다. 이는 1970년대 말부터 미국에서 사용된 개념이라고 하는데(19쪽), 한국에서는 양동복의 책이 나온 이후로 널리 사용되기 시작한 것으로 보인다. 양동복의 책은 그 대부분이 미국의 CCM 논의를 옮겨다 놓은 것처럼 보인다. 이런 점은 신상언의 책과 비슷한 일면이다. 양동복의 책이 CCM을 옹호하는 사람들의 논리를 그대로 옮겨 놓았다고 하면, 신상언의 책은 반 뉴에이지 운동자들의 논리를 그대로 옮겨 놓은 것처럼 보인다. CCM 옹호와 반 뉴에이지 논리는 서로 접점이 밀접하지는 않지만, 서로 반대되는 경향성은 명백하다. 예를 들어 다음과 같은 내용에서 그 반대되는 지향성을 명백하게 읽어 낼 수 있다.

신상언은 비트가 강한 음악을 연주하던 스트라이퍼(Stryper)라는 록 그룹이 처음에는 그리스도를 찬양하기 위해 록 음악을 사용했지만, 결국 세상으로 되돌아갔다고 말한다(197쪽). 그는 록 음악식으로 연주되는 모든 음악에서 그럴 가능성이 있다고 본다. 반면에 양동복은 CCM과 일반 팝 음악계를 넘나드는 애미 그랜트(Amy Grant)에 대해서 비난하는 방식으로 소개하지 않는다(290쪽). 오히려 그는 애미 그랜트가 CCM에서 시작하여 팝계에서도 뭔가를 해낸 것을 자랑스럽게 생각한다.

"드디어 크리스천 아티스트가 팝계를 석권한 것이다. 크리스천 아티스트의 노래가 팝 챠트 1위에 오른 것은 일반 팝 스타가 크리스천 음악으

---

3) 양동복, 『새로운 대중음악 CCM』, (참빛 미디어, 1995), 267쪽.

로 전향해서 이룬 것이 아니고 처음부터 CCM을 시작해 온 이들이 이룬 것이다(307쪽)."

이런 견해에는 CCM 가수가 일반 팝음악을 부른다고 해서 크게 부끄러워할 것도 아니라고 생각할 뿐만 아니라, 그런 곳에서도 성공적일 수 있는 CCM 음악가에 대해 응원하는 성격도 담고 있다. 뿐만 아니라, 팝음악을 CCM 출신들이 하게 되면, 일반 팝음악을 정화시켜 주는 역할을 한다고 본다(308쪽).

양동복은—마치 신상언이 스트라이퍼를 비난하면서 소개하듯이—록 음악을 강력하게 비난한 사람이었던 지미 스왜거트(Jimmy Swaggert)를 언급한다. 스왜거트는 1980년대 미국의 대표적 텔레비전 부흥사였고, 맹렬한 CCM반대자였다. 그는 크리스천 록을 사탄의 음악으로 몰아세웠다. 그러나 그는 두 번에(1987과 1991) 걸친 창녀와의 스캔들로 인하여 자신의 파멸을 가져온 것은 물론이고, 교회에 대한 돌이킬 수 없는 악영향을 끼쳤다고 말한다(337쪽).

양동복은 CCM이 선교적 기능을 가졌을 뿐만 아니라, 오락적 기능까지 가졌다고 말한다. 교회가 음악을 오락과 연관시켜 생각하는 것은 흔한 일이 아닌 것을 그도 인정한다. 그러나 그는 CCM이 가진 선교적 기능이 오락적 기능으로부터 온다고 생각한다. 그는 또한 이 CCM이 대중음악의 한 분야인 것도 긍정한다. 그는 전도서 3장에 나오는 울 때, 웃을 때, 흐느낄 때, 춤출 때가 있다는 말을 근거로 크리스천도 생활에서 오락이 필요하다고 말한다. 오락이 사람의 생활에서 없을 수 없는데, 기독교인이 필요한 오락을 기독교인으로부터 얻는 것이 비기독교인으로부터 얻는 것보다 더 좋다는 것이다. 그는 미국에서 젊은 크리스천들 상당수가 일반 대중음악 대신 CCM을 듣고 있는 것이 그 반대의 경우보다도 단연코 낫다고 말한다. 양동복은 CCM에서 신상언이 말하는 기독교적 "대안 문화"일 수 있다는 것을 긍정하고 있다. 한 예로 그는 샌디 패티(Sandy Patti)의 경우를 예로 든다. 샌디의 음악을 들으러 가는 사람들은 "전도나 회개"하러 가는 것보다는 기독교적 음악을 들으러 간다는 것이다. 이로 보면 양동복은 교회음악(양동복은 이 개념을 거의 "크리스천음악"이라는 말로 표현한다)이 선교에 사용될 수 있다는 점을 긍정하는 것은 물론, 그보다 한 걸음 더 나아가서 오락적인 면까지 포용할 수 있다고 생각하는 것이다. 그는 오락적 성향의 기독교 음악을 "크리스천을 위한 컴템퍼러리 뮤직(contemporary music for christians)"이라는 방식으로 재정리한다.

양동복은 자신의 주장을 성경적으로 뒷받침하기 위해서 교회음악 논의에서 항상 기본적 텍스트로 제시되는 엡5:18-19절에 나오는 "시, 찬미, 신령한 노래"를 제시한다. 이를 간단히 제시하면 다음과 같은 내용이 된다(226쪽).

시: 하나님께 속한 마음을 개인적으로 반영한 것.
찬미: 성전의 예배를 위한 찬양의 시편. 직접 하나님을 찬양한 것.
신령한 노래: 신령한 노래가 세상 속의 크리스천의 삶을 반영하면서 신령한 주제를 세상에 나타낸 것.

이 성구에 대한 해석은 사람마다 다른 특징을 가지고 있다. 흔히 전례적이지 않고 공식적이지 않는 교회음악을 옹호하는 데에서는 "신령한 노래"를 통해 그 정당성을 주장하는데, 여기에서도 신령한 노래를 통해 CCM을 정당화한 것을 볼 수 있다.

양동복은 CCM이 예배에서도 사용될 수 있다고 단언한다. 이 음악이 교회에 일반화 되는 것은 아직 시간이 걸릴 것이라고 말하면서도, 이미 성가대가 자주 부르는 CCM의 예를 들어 말하고 있다(226쪽). 〈찬양하라 내 영혼아〉, 〈좋으신 하나님〉, 〈모퉁이 돌〉, 최덕신의 곡들 등. 물론 양동복이 지적한 것보다도 더욱 리듬이 강한 CCM도 성가대가 부르는 경우가 있다. 이러한 예를 들면서 양동복은 대중음악적 교회음악이 예배에서도 순화되는 과정을 가질 수 있다고 말한다.

4. 최 혁(음악가, 목회자)

"고전음악의 사상적 배경이 인본주의에 있다면 고전음악은 우리의 영적인 생활에 아무 도움도 주지 못합니다. 오히려 우리를 멸망으로 인도하려는 사탄의 고단위 술책이 들어 있습니다. 하나님 믿기 전에는 고전음악에 열광하던 사람이 거듭난 후에는 그 음악이 듣기 싫어졌다는 간증을 많이 들었습니다. 저도 국민학교 때부터 베토벤 교향곡을 암기하고 있을 정도로 고전음악에 오랫동안 빠져 있었던 사람입니다. 그러나 예수님으로 말미암아 거듭난 후 고전음악을 많이 들을 때마다 저의 마음이 우울해지고 영혼이 어둡고 점점 복잡해져가는 것을 여러 번 느꼈습니다."[4]

최 혁은 "대중음악은 세속적이고, 고전음악은 교회적인 음악이다."라고 생각하지 않는다. 그는 두 음악 종류에 차등을 두지 않는다. 그는 두 가지 모두에 세속적 성격이 있을 수 있다는 사실에 주목한다. 이는 고전음악을 공부한 사람의 입에서 나온 말이기에 조금 의외의 내용이라고 할 수 있다. 왜냐하면 고전음악을 공부한 사람들은 교회음악 논의에서 자신들의 음악은 교회적이라는 무언의 전제를 가지고, 대중음악의 세속성을 논하는 관습을 보이기 때문이다. 최 혁의 교회음악 논의는 그 출발점이 아주 개인적인 체험에 놓여 있다. 그는 책의 머리말에서 어떤 복음성가 가수가 〈내일 일은 난 몰라요〉라는 복음성가를 부르는 것을 듣고 눈물을 흘린 사실을 얘기한다. 그것은 엉터리 노래에 "야간에 술집에서 들을 수 있을 것 같은 천박한 오르간" 반주를 듣고 흘린 눈물이었다. 그리고 자신이 했던 음악 공부와 교회음악 훈련에 관해 말하면서 그것이 전혀 교회음악과 상관이 없었노라고 고백한다(4-5쪽).

최 혁의 책은 학술 논문 스타일이라기 보다는 설교 스타일로 기록되었다. 그래서 그런지 설교적 글의 단점도 보인다. 즉 확실치 않은 것을 인

---

4) 최 혁, 『나의 찬송을 부르라』, (규장문화사 1994), 302쪽.

용하는 것이 없지 않다(예: 36쪽의 2박자와 3박자 기원설). 그러나 이 책은 교회음악 논의에서 상당한 진전이 있음을 보여준다. 이 책은 고전음악에도 대중음악에 못지 않은 세속적 요소가 있음을 지적하고 있다. 그것도 아주 강한 어조로 말하고 있다. 특히 제11장에서는 음악에 나타난 사탄의 사상을 나열하고, 이에 대한 경각심을 고취시키는데, 록 음악만 다룬 것이 아니라 클래식도 다루었다.

그리고 그는 찬양을 다양하게 할 수 있음을 주장하고 나선 것이다. "하나님께서는 우리가 불러야 하는 곡목은 지정해 주셨지만 그 부르는 방법에 있어서는 매우 자유로웠습니다(57쪽)."라는 말이 이 책의 큰 테마를 이루고 있다. 단지 마음이 하나님 앞에 올바로 서면 하나님께 대한 찬송은 어떠한 외모를 취하든지 상관없다고 말하고 있다. 어떤 악기나 어떤 형식의 찬송도 괜찮다는 주장이다. 모든 음악적 방법이 가능하다는 주장은 우리에게 특히 현대적 대중성가를 염두에 두고 생각할 수 있는 부분이다.

최 혁은 세속음악을 말할 때에 『세상음악 – 대중음악과 고전음악』이라는 제목으로 말하고 있다(271쪽). 그는 「록음악에 나타난 사탄의 영향」, 「뉴에이지에 나타난 사탄의 영향」, 「고전음악에 나타난 사탄의 영향」을 같은 방식으로 비판하고 있다. 그가 록음악에 나타난 사탄의 영향이라고 하는 것은 다른 사람(Eric Bager)의 분류에 따라 "반역, 폭력, 허무주의와 절망, 도피주의, 마약, 술, 성(性), 자살과 살인, 신비주의, 사탄숭배, 하나님과 예수님 모독"의 내용을 갖고 있다고 말한다(276쪽). 그는 사탄의 영향을 받은 음악에 대해서는 그 음악에 대한 논의를 하지 않고, 그런 음악하는 사람들의 말을 인용하는 것으로 대신한다. 예를 들어 존 레논(John Lenon)의 말: "기독교는 물러갈 것이다. 그것은 사라져 버리던가 줄어들 것이다. 나는 그것에 대하여 말할 필요도 없다. 나는 옳고 또 내가 옳다는 것을 증명할 것이다. 우리는 지금 예수보다 훨씬 유명하다."

그는 이러한 말들과 이를 말한 사람들을 길게 나열한다.[5] 그리고 최

혁은 이러한 사탄의 음악이 미치는 영향에 대해서 얘기한다. 그가 든 예는 다음과 같다(279쪽). 록음악 연주회에서 사람들이 밟혀 죽은 것, 10대의 임신의 증가가 그것을 조장하는 록음악에 의한 것이라는 것, 33차례 강간한 청년은 록 그룹 AC/DC의 열렬한 팬이라는 것, '자살 해결법'이라는 음악을 듣다가 권총으로 자신의 머리를 쏜 청년이 있다는 것, 팝 스타의 사인(死因)을 분석해 보면 마약, 교통사고, 총기 살해, 심장병, 알콜중독, 에이즈, 암으로 죽었다는 것. 여배우 샤론 테이트(Sharon Tate)와 그의 가족을 죽인 찰스 맨슨(Charles Manson)이 좋아하던 노래는 〈시체여 나를 흥분시켜다오〉라는 말이 거꾸로 녹음되어 있다는 것. 반면에 최 혁이 뉴에이지음악을 말할 때에는 주로 음악적 성격을 얘기한다. 그 음악은 마음을 편하게 하는 차분한 음악임을 말한다. 선율과 작은 소리를 강조한다고 말한다. 어떤 것은 교회음악이 아닌가 하는 착각이 들 정도로 그 제목이 기독교적인 것이 있다고 말하고, 실제로 그 음악 역시 교회음악으로부터 그 선율을 빌려 온 것을 말한다. 그는 조지 윈스턴의 디셈버(December)라는 피아노 곡 음반을 분석하고 그 음악적 성격을 다음과 같이 묘사하였다. 음의 반복이 많다. 동형진행이 많다. 고집악구가 많다. 다이나믹스가 거의 없다. 종결악구가 약하여 끝맺음이 확실하지 않다. 화음과 선율이 단순하다. 긴 시가의 음에 어떤 의미를 부여하려 한다. 가사를 없애고 기악 음악으로 만들었다.

최 혁은 이러한 음악적 특징을 가진 모든 음악에서 뉴에이지의 그림자를 발견하려는 시도로 나아가지 않는다. 단지 종지가 없는 것은 윤회사

---

5) 이를 책에 있는 대로 길게 소개하는 것보다는 몇 가지의 요점만 소개하면 다음과 같다: "누가 나를 만들었단 말인가"(AC/DC). "음악은 더 이상 오락이 아니라 종교이다"(Judas Priest). "성(性)은 내 이미지의 일부이다"(Madonna). "파괴의 땅에 온 것을 환영한다"(Twisted Sister). "나는 어린이들이 통곡하도록 어린 아이들을 죽인다."(Dead Kennedy). "살인은 …자꾸자꾸 할 필요가 있다."(Police). "…정치도 사업도 종교도 모두 싫어요… 코카인을 조금만 사 주세요."(Queen). "만일 예수가 구원해 준다면 그는 자기 자신이나 구원하라고 해라."(Jethro Tull). "천국은 재미없는 곳…차라리 지옥에 가서 사탄이나 찬양하자."(Talking Head). "나는 적그리스도이며 무정부주의자이다."(Sex Pistols).

상과 관련이 있지 않은가 하는 추리를 하그는, 뉴에이지 운동가들이 명상으로 도달하려고 하는 "평화"는 죄의 문제를 해결하지 않은 평화이기에 진정한 평화가 아니라고 말한다. 또한 찬양의 집단성에 대해 강조하는 경향과는 다르게 "찬송의 개별성"도 강조한다. "찬송이 대중적이지만 그 내용은 개별적이어야 한다"(98쪽)고 말한다. 즉 찬송에 개별적인 신앙고백이 있어야지 "집단이 만들어 내는 분위기에 휩싸이면" 안 된다는 것이다. 이러한 점도 교회음악에서 흔히 듣는 이야기는 아니다. 이런 얘기는 지나치게 한 쪽으로만 쏠려 집단성만 강조하는 정통적(?) 교회음악관에 대한 반론처럼 들린다.

위와 같은 주장을 읽은 사람들은 80년대 이후 한국에서 많이 불려진 복음성가였던 〈나 가진 재물 없으나〉(송명희 시/최덕신 곡)를 만나는 것을 이상하게 느끼지 않을 뿐만 아니라, 이 노래가 작사자의 신앙을 증거하는 좋은 찬송이라고 말하는 것에 대해서도 부담을 느끼지 않을 것이다. 이렇게 이 책은 반드시 옛날의 유명한 사람의 찬양에 관해서만 말하는 것이 아니라, 오늘날의 덜 그럴듯한 사람들의 찬송에 관해서 언급하고 있다. 특히 서문에는 음악적으로 보잘 것 없는 사람의 음악을 듣고 저자 자신이 감동한 얘기를 적고 있다. 그는 음악적 가치에 관해서는 자유로운 입장을 취한다.

그가 "나의 노래를 부르라"는 이사야서를 인용한 것은 찬송가 가사가 하나님 찬양으로만 되어있어야 한다는 흔한 주장을 되풀이하기 위한 것이 아니라, 찬양을 거스르는 경향에 대한 강한 경각심을 보내고, 나름대로의 음악을 통해 하나님께 나아가는 여러 가지 찬양 방법의 다양성을 옹호하기 위한 것이다.

6. 종합 토론

김이태는 대중이 갈구하는 것이 무엇인가를 살펴서 그들이 갈망하는 바에 대해 관심을 기울였다. 그는 그 사람들을 불쌍히 여기는 생각을 갖고 있다. 반면 신상언은 적그리스도의 활개침에 대한 경각심과 분노를 담고 있다. 김이태와 신상언의 생각이 서로 다른 관점을 갖고 있으며, 언뜻 보기에 반대적인 성격의 것이 강해 보인다. 그러나 이 둘은 서로 강조점이 다를 뿐 전혀 만날 수 없는 생각을 하고 있지 않다. 어떤 면에서 보면 신상언은 (대중)문화적 도구에 대해 김이태보다 더 긍정적인 사고를 갖고 있다. 왜냐하면 그가 기독교적인 대안 문화의 창조를 말하고 있기 때문이다. 신상언이 대중문화에 대해 더 큰 반대자처럼 보이게 하는 것은 그가 김이태보다 훨씬 더 강한 표현을 사용하기 때문이다. 강력한 표현은 그가 반기독교주의에 대해 매우 강력한 투쟁을 원하기 때문이었다고 생각된다. 그의 분노는 대중문화를 더 예리하게 보는 눈을 주었지만, 다른 한편으로는 지나친 과민함도 가져와서 적절한 해석을 넘어선다.

신상언이 말하는 기독교적 대안 문화가 양동복이 말하는 CCM인지는 확실치 않다. 왜냐하면 그가 대안 문화를 말하면서도 대중음악적인 교회 노래에 대해서 별로 우호적인 것으로 생각되지 않기 때문이다.

양동복의 발언, 즉 오락으로서의 기독교 음악을 말하는 것은—적어도 한국에서는—유래가 없는 언급이다. 아마도 산업의 발달과 더불어, 사회의 비기독교화와 더불어 그러한 요청은 증가할 것으로 보인다. 머지않아 2000년대에 가게 되면, 그러한 논의는 더욱 확산될 것이다. 그 때는 기독교 안에서도 이러한 새로운 문화적 요구에 대한 것들이 더 많아지고, 쉽지만은 않을 교회의 지혜로운 결정들이 있어야 할 것이다. 왜냐하면 양동복이 말하는 것은 기회와 위기를 동시에 가지고 있기 때문이다.

양동복이 제시한 것 중 가장 실현성이 큰 것은 기존 대중적 교회음악이 고전적 연주방식으로 교회화되는 것을 말한 것이다. 이러한 것의 한 예로 샌디 패티가 노래했던 〈How majestic is your name 주 이름의 위엄과 영광〉과 같은 것은 이미 교회 성가대들이 자주 부르는 노래이다.

양동복은 이렇게 이미 교회의 현실이 되어 있는 현상을 지적한 것이다. 기존의 교회는 이러한 음악이 CCM인 줄을 대개 모르고 있다. 왜냐하면 성가대의 연주방식은 대중음악적 분위기를 강하게 풍기지 않기 때문이다.

많은 사람들은 그 음악의 출발점이 어떤 음악인지 알지 못하고 있다. 어쩌다가 그것이 알려진 경우, 또 만약 그 근원이 좋지 못하다고 판단될 경우에는 거기에 대한 비판이 따른다. 그러나 일반적 회중이 그런 위치에까지 이르지 못하기 때문에 그런 일이 흔하지는 않다. 더구나 새로운 노래의 경우는 성가대가 연주할 경우, 그것이 CCM인지 아니면 일반적 성가인지를 구분하기란 용이하지 않다. 그러니까 사람들이 그 음악이 CCM인지 아닌지를 구분하는 것은 사용되는 악기와 노래하는 창법 때문이다. 하이 해트(Hi-hat)와 북채로 치는 갖가지의 드럼과 심벌즈, 앰프로 소리 크기가 증폭되어 거센 소리를 내는 전자 기타, 수많은 종류의 소리를 구사할 수 있는 신디사이저 등이 우선 '그 음악이 CCM이다.'라고 말할 수 있게 한다. 음악의 대부분이 타악기의 일정하고 분명한 비트(Beat)에 의해 강력하게 통제되고, 전반적인 소리는 섬세하기보다는 요란하다. 거기에다가 마이크를 통해 증폭되는 노래는 흔히 성악적 기술을 거부하고, 거친 질의 목소리로 노래한다. 따라서 외양적으로 대중음악적 연주라는 것이 쉽게 드러난다. 원래 고전음악이나 점잖은 찬송가라도 이런 방식으로 노래할 수 있다. 따라서 원래 무슨 음악이었느냐에 상관없이 이 연주 방식에 의해 대중음악적인 성격이 되고 마는 것이다.

최 혁에게서는 대중음악과 고전음악의 구분이 절대적인 가치를 갖지 못한다. 그에게는 둘 다 인간의 죄성이 담겨져 있는 것이다. 그의 지적은 옳다. 그러나 그는 대중음악을 고수하려는 생각에서 한 말은 아니다. 그는 대중음악적인 것이라 할지라도, 부족하게 보이는 것이라 할지라도 하나님의 일을 할 수 있다는 생각이다. 그는 이런 언급을 하면서, 동시에 매우 공격적이고 반기독교적인 음악에 대해 경각심을 불러일으키기도 한다. 그러니까 그는 반기독교적인 것을 음악의 형태에서 본다기보다는 그런 음악을 하는 사람들의 의도에서 보고 있다.

　위에서 언급된 내용을 볼 때에 20세기의 교회는 대중문화 속에서 탄생한 것일지라도 교회에서 정화시키는 작업을 많이 해야 할 것으로 예견된다. 다시 중세로 돌아 갈 수는 없다. 교회는 새로운 도전을 받고 있으며, 더 많은 지혜를 요구하는 문제들 앞에 서 있다. 교회는 다양한 문화적 양태로부터 위협을 받기도 하고, 쓸 만한 도구를 얻기도 할 것이다. 문화에 대해, 사회에 대해, 세상에 대해 눈을 가리는 태도만으로는 교회가 바른 대응을 했다고 말하기 어렵다. 때로는 교회가 크게 힘겨워 할 세력을 만나기도 하겠지만, 그 어려움 때문에 무서워하고 뒤로 물러설 수는 없다. 대중문화의 도전은 우리의 생활 도처에 깔려 있다. 그것을 멀리 하는 것으로 우리의 할 일을 다했다고 말할 수 없을 정도로 우리는 대중문화적 환경에 둘러싸여 있다.

　우리가 이런 문화에 대해 적절하게 대응하는 방법은, 그러한 문화를 기독교적인 도구로 잘 활용할 수도 있다는 생각에 대해 열려 있는 것이다. 우리가 어떤 일정한 형태의 음악을 '교회의 것'으로 못 박고, 다른 모든 것들은 교회적이 아니라고 보는 것은 어떤 음악양식을 절대적으로 지켜야 할 규범으로 파악하는 것이 되고 만다. 이 경우 도구가 되어야 할 것이 목적이 되는 경향을 보인다. 우리는 사회가 제공하는 도구에 대해 무조건 닫혀 있을 필요는 없다. 교회에 도움이 안 되면 고전음악도 대중음악도 사용하지 않을 수 있어야 하며, 도움이 된다면 이것도 저것도 사용할 수 있어야 한다. 그보다는 우리의 관심이 우리의 목표에 가 있어야 한다. 그것은 김이태가 보여주었듯이, '사람들이 어떻게 하면 하나님을 만날 수 있게 하느냐'와 같은 관심이다. 이것은 물론 사도행전적 관심이다. 그러나 다른 관심도 있을 수 있다. 사람들이 나름대로 '하나님 찬양'을 할 수 있게 하는 것도 이러한 대중문화를 살필 때에 가져야 할 관심이다.

정보화시대의 목회를 위한 인터넷 특강

강진웅(장로회신학대학교 전산교육원 연구원)

1. 무엇이 인터넷인가?

1) 인터넷의 사회문화적 특징

인터넷(Internet)이란 원래 미국의 군사용 네트워크를 손쉽게 연결하기 위한 기술 개발의 결과물로서 민간에까지 개방되어 널리 쓰이게 된 네트워크 서비스를 말한다. 쉽게 말해 네크워크와 네트워크를 연결하는 네트워크로서 인터네트라는 명칭을 얻게 된 것이다.

인터넷의 사회문화적 특징을 말하자면 이미 모든 신문과 잡지에서 과학분야의 주제로서 가장 빈번히 기사화 되는 것으로 보아 설명할 필요도 없겠지만 인류문화의 새로운 매체로서의 기능을 넘어서서 생활을 변화시키고 사고방식에까지 영향을 미치고 있다는 점에 주목해야 하겠다.

(1) 문화 보존의 수단

인터넷의 사회문화적 특징의 하나로 문화 보존의 수단이라는 점을 들 수 있다. 원래 컴퓨터가 인간의 계산 능력을 보충하고 또한 무한대로 확장할 수 있는 기억장치를 이용하여 방대한 데이터를 축적하고 검색하는

데 목적이 있다. 인터넷은 이렇게 컴퓨터에 축적된 방대한 인류 문명의 결과물들을 언제 어디서나 자유롭게 검색하고 관람할 수 있게 해 준다는 측면에서 문화 보존의 수단 역할을 하고 있다.

예를 들면 다양한 번역의 성경이나 우리나라의 팔만대장경, 조선왕조실록 등이 인터넷을 통하여 검색 가능하게 되는 것이 좋은 예가 될 것이다.

(2) 문화 전달의 매체

앞서 인터넷이 문화 보존의 역할을 강화시키고 있다고 말씀드렸지만 인터넷은 그보다 앞서서 문화 전달의 새로운 통로로서의 역할이 더 크다고도 볼 수 있겠다.

예를 들자면, 세계의 많은 신문과 잡지, 텔레비전, 라디오 방송국들이 인터넷을 통하여 보도와 방송을 하고 있다. 이제는 몇 개의 전국채널과 십여 개 정도의 지방방송 채널을 통하여 세상을 바라보는 것이 아니라 수없이 많은 각 나라의 텔레비전과 라디오의 화면과 음성을 인터넷을 통하여 자유롭게 보고 들을 수 있다는 이야기이다.

뿐만 아니라 방송과 보도의 내용을 보는 사람의 취향과 관심에 따라서 취사선택할 수 있는 선택권이 주어져 있다는 점이 단순한 바보상자 텔레비전과는 상당히 다른 문화 전달 매체로서의 특징을 갖는다고 말할 수 있다.

이러한 매스 미디어의 전달 매체로서의 특징과는 별도로 인터넷은 극도로 발전하는 개인의 의사 소통 매체로서의 역할을 감당하고 있다는 점이다. 호출기나 휴대전화의 차원을 넘어서서 전자우편 주소나 개인 홈페이지, 한 걸음 더 나아가면 개인 방송국이나 개인 신문을 얼마든지 제작하여 송출할 수 있는 개인적 권한과 능력을 발휘할 수 있는 매체의 역할을 한다는 점을 생각하면 이제 의사 소통, 자기 주장, 상호 연락의 통로로서 인터넷은 놀라운 차원의 문화 전달 매체로서의 역할을 하고 있다는 점을 알 수 있다.

(3) 문화 창조의 도구

인터넷이 놀라운 차원의 문화 전달 매체로서의 역할을 담당하고 있다는 점 이외에 새로운 특징이 있다면 인터넷 자체가 하나의 새로운 문화 창조의 도구로서 또한 문화 창조의 분야로서 역할을 하고 있다는 점이다. 예를 들어 홈페이지를 작성할 때에 HTML(Hyper Text Markup Language)와 자바(JAVA) 혹은 CGI(Common Gateway Interface) 등의 기술들을 습득해야 하는 어려움이 있기는 하지만 간단한 기술들을 이용해서 그림을 그리거나 음성을 녹음하고 화면을 삽입하는 등 자신이 원하는 듣고 보고 느낄 수 있는 문화 창조가 가능하다는 점을 생각하면 인터넷은 가히 새로운 문화의 영역이요 삶의 영역이라고까지 말할 수 있겠다.

2) 인터넷의 개념과 용어

인터넷의 개념은 맨 처음 말한 것처럼 각종 네트워크를 서로 연결해주는 네트워크 기술을 이용하는 서비스를 말한다. 특별히 TCP/IP라고 하는 네트워크 통신규약이 핵심 기술이라고 보면 좋을 것이다.

여기서는 인터넷 사용자의 입장에서 알아두어야 할 인터넷의 개념과 용어를 간단히 설명하도록 하겠다.

(1) 원격 접속(Remote Login, Telnet)

인터넷 서비스에 있어서 가장 기초적인 서비스의 하나는 "원격 접속"이다. 단순히 접속(Login)만을 말하자면 하나의 네트워크에 사용자 권한을 가진 사람이 터미널 혹은 개인용 컴퓨터로 연결하여 사용하는 것을 말한다. 원격 접속이란 하나의 네트워크에 접속한 사용자가 다른 네크워크에까지 접속이 가능하게 하는 인터넷 서비스를 말한다. 예를 들면 천리안에 연결된 사용자가 천리안 네트워크 접속 상태에서 장신대 네트워크에 연결하여 자기의 사용자 영역을 사용하는 것을 실례로 들 수 있겠다.

원격 접속 뿐 아니라 인터넷 사용을 위하여 알아 두어야 할 용어 한 가지는 "아이피 주소(IP Address)"라는 것이다. 아이피 주소는 인터넷 상에서 사용되는 각각의 컴퓨터와 네트워크 장비에 부여되는 유일무이한 주소를 말하는데 예를 들어 장신대 서버의 아이피 주소는 "203.234. 139.3"이고 장신대 네트워크의 통로 역할을 하는 게이트웨이 장비의 아이피 주소는 "203.234.139.1"이라고 하는 것이 보기이다.

그러나 일반 사용자들과 보통의 사람들이 많은 인터넷 상의 아이피 주소를 기억하는 것은 무척 곤란한 일이기 때문에 사람에게 의미를 전달할 수 있는 형태의 주소 체계를 고안하게 되었는데 그것이 "도메인 네임 시스템(Domain Name System)"이다. 줄여서 DNS라고 부른다. 디엔에스를 사용하게 되면 앞서 말한 장신대의 서버 주소가 "acha.pcts.ac.kr"과 같은 방식으로 표기 되어 일반인이 쉽게 의미를 짐작하고 암기하는데 도움을 주는 것이다.

이때 acha라는 것은 하나의 컴퓨터에 부여된 고유명사인 셈이고, pcts라는 것은 "장로회신학대학교"라고 하는 하나의 집단의 집합명사가 되는 것이고, ac란 아카데미(academy)의 약자로서 교육기관이라고 하는 성격을 규정하는 표기이며, 마지막 kr은 대한민국을 나타내고 있는 것이다. 이렇게 디엔에스에서 사용하는 몇 가지 약속만을 알고 기억한다면 다양한 인터넷 상의 주소들을 쉽게 이해하고 또한 기억할 수 있게 될 것이다.

(2) 전자우편(E-Mail)

전자우편이란 인터넷을 이용하여 메시지를 주고 받는 서비스를 가리킨다. 간단한 메모의 전달은 물론 장문의 편지, 혹은 컴퓨터에서 사용되는 모든 종류의 파일들을 묶어서(attach) 보낼 수도 있는 전송서비스이다.

전자우편을 사용하기 위해서는 물론 자신의 "전자우편 주소 (E-Mail Address)"가 있어야 하고 또한 편지를 받을 상대방의 전자우편 주소를 알고 있어야 함은 물론이다.

전자우편의 주소는 예를 들어 kangpaul@acha.pcts.ac.kr과 같은 식으로 표기하는데 acha.pcts.ac.kr은 앞서 설명한 디엔에스 방식의 장신대 서버임을 알고 있으므로 kangpaul과 @만 이해하면 될 것이다. 여기서 kangpaul이란 개인 사용자의 아이디(ID)이다. 이것은 원격 접속시에도 동시에 사용되는 개인의 사용자 권한을 확인하는 식별자인 셈이다. 또한 @는 흔히 '골뱅이'라고 부르는 구분표시로서 앞의 아이디와 뒤의 디엔에스를 연결해주고 있다.

참고로 홈페이지 주소라든지, 각종 디엔에스의 이름들과 전자우편의 주소는 소문자로 표시하는 것을 원칙으로 하고 있다는 점을 말하고 싶다. 유별나게 대문자를 사용하는 경우가 아주 없는 것은 아니지만 거의 대부분 소문자만을 사용하고 있다는 점을 알고 있어야 대문자를 입력하여 접속이나 전송이 실패하는 경우를 방지할 수 있을 것이기 때문이다.

(3) 월드 와이드 웹(WWW, World Wide Web)

월드 와이드 웹이라는 것은 "세계로 펼쳐진 거미줄"이라고 직역할 수 있겠지만 사실은 인터넷의 새로운 서비스의 하나를 가리키는 말이다. 줄여서 "웹"이라고만 불러도 이제는 전세계의 수많은 사람들이 '거미줄'로서가 아니라 '월드 와이드 웹'으로 이해하고 있는 개념이 된 것이다.

웹은 우선 Hypertext방식의 자료를 담고 있다는 점을 알고 있어야 한다. 하이퍼텍스트란 단순한 문자 뿐만 아니라 그림, 음악, 동화상 등의 복합적인 자료들을 표기하는 문서 저작기술을 가리킨다. 그래서 이전의 전자우편이나 원격 접속의 경우 단순한 문자의 전송이 이루어지는 한계가 있었는데 비하여 웹에 와서는 화려한 그림과 문자와 움직이는 생동감 있는 자료들의 전송이 가능하게 되어 선풍적인 인터넷 열풍이 만들어진 주인공이라고 말할 수 있을 것이다.

특별히 웹을 볼 수 있도록 제작되어 있는 프로그램들을 통칭하여 "브라우저(Browser)"라고 부르는데 그 중에서 "넷스케이프(Netscape)", "익스플로러(MS-Internet Explorer)" 등이 널리 사용되고 있다.

웹이 제공되는 컴퓨터의 주소를 가리키는 용어는 "유알엘(URL)"에서 부터 "웹 사이트(Web Site)"니, "홈페이지(Homepage)"니 하는 말에 이르기까지 다양하게 불리우고 있다. 보기를 들자면 www.pcts.ac.kr 를 장신대의 홈페이지 주소, 장신대 웹 사이트, 장신대의 유알엘이라고 말할 수 있는 것이다.

(4) 파일 전송(FTP, File Transfer Protocol)

인터넷의 다양한 서비스 가운데 한 가지만 더 설명하자면 파일 전송 규약의 약자인 "FTP(File Transfer Protocol)"라고 하는 것이다. 이것은 말 그대로 컴퓨터에서 사용되는 파일들을 송수신하는 서비스를 전문으로 하는 인터넷의 기능이다. 특별히 파일전송을 전문으로 하는 컴퓨터 들의 주소, 유알엘을 가리켜 FTP Site라고 부른다.

2. PC통신

PC통신은 본래 BBS(전자게시판, Bulletine Board System)에서 시작된 단일 네트워크의 전화 접속 서비스를 가리키는 것이다. 이것이 점차로 인터넷과 접속되면서 PC통신과 PC통신 사이의 벽이 허물어지게 되었고 그와 동시에 인터넷 사용자와 PC통신 사용자가 함께 증가하는 시대를 맞이하게 된 것이다.

쉽게 말해 인터넷을 사용하기 위하여 PC통신에 가입하는 것이고, PC통신을 사용하다 보면 인터넷을 자연스럽게 사용하게 된 것이라는 뜻이다.

아무리 인터넷 시대라지만 아직까지 PC통신을 이용한 서비스가 방대하고 특별히 국내의 자료들, 한글화 된 서비스들은 아직까지 인터넷 보다는 PC 통신에서 더욱 다양하게 얻을 수 있는 상황이므로 여기서 PC통신에 대하여 간단히 설명하려는 것이다.

1) PC통신의 사용 방법

PC통신의 사용 방법은 우선 모뎀이 설치된 개인용 컴퓨터와 전화선이 연결되어야 한다는 것이다. 이러한 컴퓨터에 "이야기", "한네트" 등의 통신 프로그램을 사용하여 PC통신 서비스를 제공하는 천리안, 하이텔, 나우누리, 유니텔 등에 전화를 걸고 접속하게 되면 PC통신의 사용이 가능하게 되는 것이다.

물론 그 전에 자신이 사용하고자 하는 서비스 업체에 연락하여 사용 권한을 확보해 두어야 하는 것은 물론이다. 사용자 권한이란 ID을 받고 비밀번호를 사용할 수 있게 되는 것을 말한다.

2) PC통신의 주요 기능

PC통신에서 제공되는 주요 기능은 본래 출발할 때부터 있었던 전자게시판의 기능이 대표적인 것으로서, 모든 사용자들이 자유롭게 자신의 의견이나 소식을 게재하고 또한 다른 사람이 게재한 자료를 열람할 수 있는 기능을 말할 수 있다. 그밖에는 유용한 프로그램이나 자료들을 축적하여 제공하는 자료실 기능과, 사용자간에 서로 소식을 주고 받는 전자우편 기능, 그밖에 교통, 통신, 여행, 법률, 날씨 등등의 생활정보 서비스를 제공받는 부가 서비스들과 사용자들끼리 일정한 관심사에 따라 독립적인 사용 공간을 부여받는 동호회 기능 등이 주요한 PC통신의 기능이라고 말할 수 있다.

3) PC통신 접속 시범

3. 실습을 위한 예제

1) 정보 수집 예제

(1) PC통신을 통한 의견 청취, 기사 검색, 자료 전송, 생활정보 활용
PC통신을 이용하여 국내 주요 일간지의 기사를 검색하고 출력하여 자료로 이용할 수 있는 예제를 수업 중에 실시하였다.
(Chollian, Hitel, Unitel, Nownuri, 동호회, 공개자료실, 기사검색, 생활정보)
telnet://chollian.dacom.co.kr

(2) WWW을 통한 정보 검색 방법
PC통신을 이용한 기사 검색에서는 그림이나 기타 멀티미디어 자료들을 대할 수 없었으나 웹을 이용한 자료 검색에서는 신문기사 중에 곁들여진 사진과 각종 그림도 얼마든지 함께 수집할 수 있는 특징이 있었다.
이때 사용되는 정보 검색 도구들을 가리켜 Information Search Engine이라고 부르는데 국내에서는 심마니, 까치네, 미스다찾니 등이 유명하고, 국외에서는 야후, 인포시크, 알타비스타 등의 서비스가 널리 사용되는 정보 검색 도구들이다.
(심마니, 신문기사 검색, 중앙일보, Yahoo, Infoseek, Altavista…)
http://simmany.hnc.net http://www.kpi.or.kr
http://www.joongang.co.kr http://www.yahoo.com
http://www.infoseek.com http://www.altavista.digital.com

(3) WWW의 전자 신문, 잡지, 방송 청취
기사 검색 이외에 앞서 설명한 문화 전달 매체로서의 웹의 특징을 살펴보기 위하여 국내외 방송국들의 홈페이지를 둘러 보았다.
(조선일보, 기독공보, KBS, MBC, SBS, 빛과 소금, CNN,

NBC….)

  http://www.chosun.com
  http://www.users.unitel.co.kr/~kigongbo
  http://www.kbs.co.kr http://www.mbc.co.kr
  http://www.sbs.co.kr http://www.swim.org/tyrannus/light
  http://www.cnn.com http://www.nbc.com

(4) 기독교 관련 자료 검색

(예장(통합)교단총회 홈페이지, 한국컴퓨터선교회, 아로마월드, 대한
성서공회, 기독교가정사역, 한국성경연구원, 기독교사회복지, 빛과 소
금)

  http://www.dacom.co.kr/~pck http://www.kcm.co.kr
  http://www.aroma.co.kr http://www.church.co.kr
  http://www.hnc.co.kr/~bskorea
  http://korealink.nm.kr/infofamily
  http://www.interpia.net/~csbk
  http://welfare.or.kr/goodnews

(5) Web에서의 성경 검색

(KBG, 매튜헨리주석, KJV Topic List…)
  http://ccel.wheaton.edu/henry/mhc/mhc.html
  http://www.cybercc.com/web/bible.htm
  http://www.cforc.com/KjvTopic.cgi

(6) 국내외 신학교, 기독교 대학교

장로회신학대학교 http://www.pcts.ac.kr

2) 통신, 자료 교환 예제

(1) PC통신에서의 전자 우편과 자료 올리기, 내리기 예제

(2) 인터넷 전자우편
mailto://kangpaul@acha.pcts.ac.kr
mailto://kangpaul@chollian.dacom.co.kr

(3) 인터넷 자료 주고 받기(FTP)
ftp://ftp.microsoft.com

4. 결론 및 제안

1) 정복할 것인가? 정복당할 것인가?

이 글을 통하여 인터넷에 관해 설명하는 것은 단순히 새로운 문화요소로서의 인터넷을 이해하는데 목적이 있는 것은 아니다. 기독교인들은 때때로 새로운 문화 요소에 대하여 새로운 과학기술에 대하여 저항감을 가지는 경우도 많이 있는데, 앞에서 보았을 때 인터넷에 대하여도 기독교인들이 저항감을 가지거나 신앙과는 관계없는 것으로 여기게 될 소지가 많이 있을 것이다.

그러나 앞서도 말한 바와 같이 인터넷은 이미 우리 생활 가까이 다가오고 있으며 우리가 사는 세상 속에서 새로운 문화 창조와 전달 매체로서의 중대한 위치를 정해 가고 있기 때문에 우리가 이것을 단순히 무시하거나 외면할 수 없는 상황에 도달하게 될 것이라는 것을 기억해야 할 것이다.

인터넷은 기독교인들이 새롭게 정복하고 다스려야 할 영역으로서 창세

기의 문화명령에 순종하는 자세로 대해야 할 분야라고 생각한다.

2) 인터넷 정복을 위한 제안

인터넷의 조류에 맥없이 끌려 가거나 아니면 방관자적인 입장에 서는 것이 아니라 보다 적극적으로 인터넷과 삶이 결합되는 미래시대를 맞이하기 위한 몇 가지 제안을 하자면 다음과 같다.

(1) 인터넷 사용자로서의 입문

무엇보다 인터넷을 실제로 사용하는 일이 우선 되어야 할 것이다. 마치 전화를 사용하고 팩스를 사용하고 호출기와 휴대전화를 사용하게 되는 추세와 마찬가지로 기독교인들과 목회자들도 PC통신과 인터넷을 사용하는 사용자로서의 입문이 미래사회에는 필수적인 삶의 요건이라고 본다.

(2) 인터넷을 이용하는 교육, 사역 환경의 조성

인터넷에 광범위하게 제공되는 자료들을 잘 취사선택하여 기독교 교육, 사회교육, 문화 향유, 목회 사역의 새로운 도구와 자료로써 사용하는 적극적인 사용자로서의 태도가 요청된다고 보는 것이다.

(3) 인터넷 정보 제공자로서의 발돋움

마지막으로 인터넷을 정복하는 비결은 유해한 사이트들을 발견하여 청소년이나 영적인 해악을 입을 수 있는 성도들의 접근을 막는 것도 필요하겠지만, 보다 적극적으로 인터넷을 통하여 기독교 문화와 하나님 나라의 복음을 전파하는 투자가 필요하다고 본다.

다른 모든 사회 문화 단체들과 심지어 타종교, 사이비 종파들까지 적극적으로 인터넷에 자료를 제공하고 있는 상황에서 기독교인들이 인터넷을 외면만 하고 있다면 너무나도 다양한 가능성을 지닌 새로운 사역의 장을 포기하고 마는 어리석음이 될 것이다.

인터넷을 정복하는 가장 좋은 방법은 우리도 인터넷을 통하여 인류에게 보탬이 되는 자료, 인류에게 생명을 전하는 소식들, 그 생명을 풍성하게 하시는 하나님의 놀라운 통치의 실재를 드러내는 작업일 것이다.

21세기의 교회와 기독교문화

21세기와 기독교문화

임성빈(장로회신학대학교, 기독교윤리학 교수)

I. 왜 문화를 말하는가?

왜 한국교회는 문화에 관심을 가져야 하는가? 한국사회라고 하는 한정된 시·공간을 함께 하는 교회와 사회는 문화라는 매개를 통하여 서로 만나고 있다. 이러한 관점에서 본다면 문화가 한국교회의 사회적 책임을 논하는 자리에서 차지하는 비중은 결정적이다. 하나님 나라의 가치관은 곧 문화를 통하여 한국사회로 매개되는 것이기 때문이다.

그러나 불행히도 오늘의 한국교회는 한국문화에 뿌리 내리지 못하고 있다는 지적을 받고 있다. 이러한 지적은 아직도 많은 한국인들이 한국교회를 한국의 종교로서 보다는 서양종교로서 이해하려는 경향이 농후하다는 것으로 뒷받침 된다. 이러한 양상은 80년대 이후에 더욱 본격적으로 대두되기 시작한 민족주의적 정서와 문화를 강조하는 사회적 추세에서 기독교를 주변화시키는 역할을 하고 있다.

전통문화와의 관계 설정이 그러하였듯이 한국교회는 대중문화와의 관계에 있어서도 어려움을 겪고 있다. 전통문화와 한국교회의 관계가 역사적인 의미에서의 신앙의 모판 형성이라는 측면에서 의미가 있는 것이라면, 대중문화는 매우 현재적이고 미래적인 의미에서 한국교회에 영향을 미치고 있다. 전통문화가 어제의 우리 선조들이 신앙을 해석하고 실천하는 데에 영향을 끼쳤다면, 대중문화는 오늘의 사람들이 신앙을 해석하고 살아가는 데에 점차 큰 변수의 역할을 하고 있다. 그러므로 미래의 한국교회와 한국 기독교인의 틀은 전통문화와 대중문화와의 만남을 통해서 그 기본적인 성격이 형성되고 있다.

문화와 교회의 관계는 인식론적인 관점에서만 중요한 것이 아니다. 오히려 선교적인 관점과 윤리적인 관점에서 그 중요성이 더욱 강조되어야 할 것이다. 선교를 위한 공감대 형성은 문화를 통하여 이루어지는 것이다. 또한 전통적인 의미에서 선교가 목표로 하는 가치관의 전환은 기독교 가치관의 탁월성을 전제로 하는 것이다. 그러나 탁월성은 초월적인 차원에서만 논할 수 없는 것이기에 내재적인 차원에서의 논의를 필요로 한다. 내재적인 차원에서 기독교의 탁월성은 문화적인 차원에 있어서 기독교의 탁월성을 요청한다. 이러한 관점으로부터 우리는 다음의 질문들을 제기할 수밖에 없다. 과연 오늘의 한국교회는 한국의 어제와 오늘의 문화 안에 어떠한 자리매김을 하고 있는가? (기독교문화가 주변 문화에 머물고 있는 것은 아닐까?) 많은 한국인들과 충분한 접촉점을 마련하고 있는가? 또한 그러한 문화의 복음화를 위하여 어떠한 노력을 기울이고 있는가?

오늘날 한국교회의 위기는 문화와의 관계설정이 취약한 것에서 비롯된 점이 크다. 더욱이 21세기로 상징되는 새로운 문화양상의 대두는 한국교회에 벅찬 도전으로 다가오고 있다. 이 글은 한국교회의 문화관에 대한 아쉬움을 21세기라고 하는 새로운 도전에 대한 철저한 준비와 응전으로써 극복하려고 하는 의도에서 시작된 것이다. 그러므로 일반적인 대중문화와 전통문화에 대한 언급보다는 포스트모더니즘과 소비문화로 그 성격을 규정하여 볼 수 있는 21세기 문화를 집중적으로 다룰 것이다.

2. 서태지가 왜 문제인가? [1]

'서태지는 새로운 세계의 기수이다.'[2] '서태지의 음악은 청소년들에게 심각한 피해를 입힌다.'[3] 얼마전 청소년들의 우상이라 불릴 만큼 인기를 끌었던 서태지와 아이들에 대한 매우 대조적인 평가는 우리 사회를 이른바 '신세대'와 '쉰세대'의 이분법적 구조로 몰고 가는 듯한 느낌을 줄 정도이다. 그렇다면 과연 기독교적인 입장에서는 서태지 신드롬을 어떻게 해석할 것인가의 질문은 이러한 이분법적인 분열 구조에 또 다른 갈등의 원인을 제공하게 된다.

어떤 이들은 서태지를 뉴에이지와 연결시키기도 한다. 심지어 사탄 숭배주의와도 결부시키려 한다. 그러나, 그런 음악류를 즐기지 않는 보통 사람들도 기독교계 일부의 서태지에 대한 비판에 그리 호의적인 것은 아니다. 적지 않은 언론매체들은 서태지의 음악에 대한 기독교계 일부의 비판을 오히려 종교재판으로 보도하고 있는 형편이다. 사실상 기독교계 내부에서도 통일된 여론을 찾아 보기가 어려운 형편이다. 마치 같은 적을 앞에 놓고도 대응 방법이 달라 서로 또 다른 적이 돼버린 것과 같다.[4]

21세기의 문화는 이른바 포스트모더니즘과 세계시장 경제체제 내에서의 소비문화의 어울림으로 특징 지어질 수 있다. 후에 보다 상세히 밝힐 것이지만 이른바 '서태지 신드롬'은 포스트모더니즘과 소비문화 사이의 융합적인 문화 현상으로도 해석할 수 있다. 그러므로 신앙인의 21세기를 위한 준비는 이러한 문화 현상들에 대한 적절한 기독교적 응전을 가능케

---

1) 이 부분은 《신앙과신학》, (1997)에 게재된 「21세기의 윤리좌표 설정에 관하여」를 수정, 보완한 것임.

2) 송재희 외 4인, 『신세대 네멋대로 해라』, (현실문화연구: 서울, 1993), p.63. 이들은 "서태지를 20세기의 가장 창조적인 아티스트의 한 사람"이라고 주장한다.

3) 신상언.

4) 《복음과상황》을 중심으로 벌어졌던 신태균과 신상언의 논쟁이 그 좋은 예이다.

하는 것이어야 할 것이다. 이제 우리는 우리의 응전이 보다 구체적인 것이 되게 하기 위하여 이러한 제반 문화 현상들에 대한 본격적인 분석을 시도하려 한다. 이러한 분석 후에는 우리에게 열려진 '넓고 편한' 선택의 길들을 살펴 볼 것이다. 최종적으로 21세기의 예상되는 정황 속에서도, 어제나 오늘이나 변함없는 기독인의 정체성을 지켜줄 기독신앙의 핵심적인 요소들을 확인한 후에, 보다 책임 있는 기독인으로서의 '좁고 험한' 구체적인 결단을 모색할 것이다.

3. 포스트모더니즘이란 무엇인가?

1) 포스트모더니즘과 한국인

포스트모더니즘을 해석하는 시각에는 크게 두 가지의 관점들이 영향력을 미치고 있다. 그 하나는 모더니즘과의 연속선상에서 포스트모더니즘을 해석하려는 관점이고, 다른 하나는 모더니즘과의 단절이라는 관점에서의 해석이다. 후자는 모더니즘을 낳은 계몽주의(Enlightenment)가 주장하는 데카르트식의 "명확하고 분명한(clear and distinct) 이성"에 기초한 보편적 진리관에 대한 비판과 도전으로서의 포스트모더니즘을 강조하고 있다. 이와는 대조적으로 전자의 관점은 모더니즘의 연속으로서 혹은 발전적 계승으로서 포스트모더니즘을 논한다. 이러한 관점은 모더니즘에 대한 보다 주의 깊은 관찰을 주장한다. 즉 모더니즘 자체에는 이미 포스트모더니즘이 표방하는 바의 요소들이 포함되어 있다는 것이다.[5]

만약 포스트모더니즘이 모더니즘과 구별된다면 그것은 근본적인 의미에서 단절이 될 수는 없으며, 후기자본주의 사회가 조성하는 삶의 정황의

---

5) David Harvey, *The Condition of postmodernity*(Blackwell: Cambridge & Oxford, 1989), p. 10.

급격한 변화에 대한 새로운 적응 및 응답으로서의 구별이라는 것이다.

포스트모더니즘과 한국인은 어떠한 관계에 있는가? 사실 한국인과 포스트 모더니즘의 관계는 그리 단순하게 서술될 수 없다. 포스트모더니즘을 논의하기 위한 전제인 모더니즘은 본질적으로 서구적인 시원성을 가지고 있는 매우 서구적인 개념이기 때문이다. 모더니즘을 낳은 계몽주의는 서구인들에게 있어서는 그들의 사고의 틀을 바꾸어 놓은 결정적인 사건이다. 그러나 과연 우리 한국인과 계몽주의는 어떠한 관계에 있는가? 어떠한 의미에서 우리의 학교교육은 계몽주의의 산물이지만 대부분 우리의 삶은 합리성과 자율성을 근본으로 하고 목표로 하는 계몽주의 사조와는 너무 다른 문화권 안에 자리하고 있다. 그러므로 서구인들의 자기 위기의식의 발현이자 반성이라고 할 수 있는 포스트모더니즘을 한국에 있어서의 문화적 논의에 그대로 적용하는 것은 부적절한 면이 분명히 있다.

그러나 이러한 부적절함에도 불구하고 세계 시장경제 체제로서의 세계 질서의 재개편, 즉 '세계화'라는 엄연한 현실은 우리로 포스트모더니즘을 논하지 않을 수 없도록 한다. 우리가 원하지 않는다고 하더라도 서구 주도적인 문화 현상은 우리의 삶에 지대한 영향을 미치기 때문이다. 더욱이 우리의 청소년들에게 있어서 포스트모더니즘의 논의는 한층 더 현실적이 될 수 있을 것이다. 그들에게 있어서의 '세계화'는 현실이기 때문이다.

2) 포스트모더니즘의 다양한 양태들

무엇보다도 우리는 오늘의 포스트모더니즘에 대한 논의를 통해 진리의 보편성이 부정되면서 오히려 진리의 파편성이 강조되는 현상을 주목해야 할 것이다. 이성을 중심으로 한 보편성을 강조하는 모더니즘의 영향력이 급격히 감소 내지는 변환되는 상황이 이러한 진리의 파편화 현상을 초래하고 있다. "연결적이며 폐쇄적인 형식보다는 분열적이며 개방적인 반형식"이 "의도"보다는 "우연"이 "창조/총체화(totalization)/총합"보다는 "탈창조/해체/반명제"가, "의미론(semantics)"보다는 "수사학(rhetoric)"이 "서사(narrative)/방대한 사건(grande histoire)"보다는 "반서사(anti-narrative)/사소한 사건(petite histoire)"이 "초월성"보다는 "내재성"이 모더니즘과 대조되는 포스트모더니즘의 대표적 양상들로 지적되고 있다.[6] 대체적으로 포스트모더니즘은 어떠한 사물의 "영원불변"한 요소에는 큰 관심을 두지 않으려 하면서 오히려 "순간성, 분절성, 불연속, 혼란" 따위를 전면적으로 수용하려는 경향을 가진다.[7]

〔1〕 다양성에 대한 관심

상대성과 다원성으로 상징되는 포스트모더니즘의 양상은 전통적으로 관용(tolerance)을 주요한 덕으로 표방하여 왔던 서구의 자유주의에 더욱 강력한 자극을 주었다. 그리하여 이전에는 자신의 주도권이 은연중 전제된 가운데 다른 이들을(others) 관용하였던 자세에서, 이제는 어떠한 형태의 특권도 허락하지 않는다는 의미에서의 다원주의(pluralism)가 주창되기에 이르렀다. 예컨대 현대 해석학이 전제로 하는 해석자와 텍스트의 시원적인(genealogical) 다원성을 근거로 성서의 해석에 있어서의 근본적인 다원성이 요구되기에 이르렀으며, 또한 신학의 방법론에 있어서도 "특정한 문화적 전통이나 사회적 해석에 영향을 받지 않고 우리의 신앙이나 신학에 독립적인 기초를 제공할 수 있는 역사적이거나 인간적인 경험, 즉 어떠한 외부적인 기준도 있을 수 없다."[8] 는 주장을 낳기에 이르렀다.

---

6) Harvey, op.cit., p.44.

7) 앞의 책, p.70

8) Francis Schussler Fiorenza, *Foundational Theology: Jesus and the Church*(New York: Crossroad, 1984), p.289, Mark K. Taylor, *Remembering Esperanza: A Cultural-Political Theology for North American Praxis*(Maryknoll, New York: Orbis Books, 1990), p.37에서 재인용.

기성세대의 관점으로는 수용하기가 무척 어려워 보이는 신세대들의 '튀는 문화'는 바로 이러한 다양성을 추구하는 포스트모더니즘의 표피적 현상이다. 서태지의 빨간 가발과 희한한(?) 옷차림은 이러한 다양성 추구의 구체화이다. 그렇다면 우리의 청년 신앙인의 복장은 어떠하여야 하는가? 신앙과 복장 등의 스타일은 관계가 있는가? 도대체 우리의 신앙함이란 무엇을 의미하는가? 우리는 어디에서 우리의 삶의, 신앙함의, 신학함의 기준을 찾을 수 있겠는가? 이제 우리 기독교인들은 신학함과 신앙함에 대하여 보다 심각한 도전을 다원주의 시대 속에서 받게 된 것이다.

〔2〕 억압에 대한 저항

상대성과 다원성에 대한 포스트모더니즘의 강조는 그러한 것들을 인정하지 아니하는 현존 질서(status-quo)의 억압성에 대한 강렬한 저항을 유도한다. 미쉘 푸코(Michel Foucault)와 코넬 웨스트(Cornel West) 등은 사상이나 텍스트, 이론들과 언어의 사용 등으로 구성되는 담론들(discourses)은 그 자체가 일종의 실천의 성격을 띠고 있다는 점을 간파하였다. 예컨대 백인우월주의에 기초한 인종차별주의의 예에서 관찰 되듯이 인종차별주의는 단순한 관습이 아니라, 사상, 텍스트, 이론, 나아가 언어의 사용 등에 의하여 더욱 강화되어 간다는 것이다. 인간사회의 억압들이 이러한 담론들에 의하여 매우 교묘하게 조정되고 있음을 간파한 것은 포스트모더니스트들의 독특한 공헌 중 하나이다. 억압이 담론들의 형태로만 이루어지는 것이 아니고 담론적인 억압이 유지될 수 있도록 장을 마련하여 주는 보다 "비담론적인 것들(extra-discoursive affairs)", 예컨대 사회제도, 계급구조, 경제적 필요와 제도적 기구들의 존재에 의하여 가능하다는 관찰은 이러한 입장을 유지하는 포스트모더니스트들에게 정치적으로도 매우 저항적인 행동을 유발토록 한다.[9]

---

9) Mark K. Taylor, op. cit., pp.37-38.

우리가 60년대 말에 미국과 프랑스 등지에서 목격하였던 체제저항운동이 이러한 사조의 성격을 엿볼 수 있는 좋은 예가 될 것이다. 이러한 의미에서 포스트모더니즘이 담고 있는 주요한 경향 중의 하나는 "억압에 대한 저항성 (Resistance to Domination)"이라고 말할 수 있다.

예컨대, 서태지에 대한 이른바 신세대들의 열광에는 그들의 노랫말과 의상 스타일 모두에 함축되어 있는 기성의 권위에 대한 저항성이 일정 역할을 하고 있다고 볼 수 있다. 물론 모더니즘에서도 기존의 권위질서에 대한 저항이 발견되는 것은 사실이지만 포스트모더니즘에서의 그것은 보다 시원적(genealogical)이라는 점에서 구별된다. 과연 이렇게 철저하며 근본적인 저항성이 지향하는 결국은 무엇일까? 과연 이러한 저항성은 궁극적으로는 인류사회의 해체를 의미하는 것은 아닌가? 해체가 종착역이 아니라면 우리는 사회를 구성할 수 있는 합의점과 기초를 어디에서 발견할 수 있을 것인가의 문제들이 앞으로 기독교가 응답해야 할 물음들일 것이다.

〔3〕전통에 대한 새로운 관심과 강조

그러나 포스트모더니즘은 모든 의미에서 과거와의 단절만을 지향하고 있는 것만은 아니다. 기존의 권위에 대한 도전과 비판이라는 점에서 포스트모더니즘은 모더니즘과의 연속선상에 있다. 즉 교회로 대표되는 기존의 권위들에 도전하면서 이성을 강조하였던 계몽주의자들의 도전과 포스트모더니즘의 기존의 권위에 대한 도전은 비견될 수 있기 때문이다. 그러나 포스트모더니즘은 모더니즘이 의심없이 수용하면서, 그 안에 안주하였던 "명확하고 분명한" 이성에 대하여서도 가차없는 비판을 가한다는 점에서 구별된다. 결국 해체주의자들에게서 극치를 보이는 이러한 가차없는 비판의 종착점은 허무주의 내지는 상대주의이다.

이러한 난국을 간파한 일단의 학자들은 모든 것이 파편화 되고 혼란 속으로 빠져드는 가운데 자신의 자아 정체성을 담보하는 방편으로서의 '전통'을 새롭게 강조하였다. 이 점에 있어서도 매킨타이어(Alistair

Macintyre)로 대표되는 일군의 학자들이 주장하는 '전통'은 매우 공동체적인 성격을 강조하고 있다. 주목할 것은 공동체적인 전통을 강조하는 이들은 거의가 한결같이 계몽주의 및 그에 기초한 모더니즘, 나아가 모더니즘에서 비롯되는 현대문화 및 사조에 대하여 매우 비판적이라는 점이다.[10] 이러한 모더니즘에 대한 비판은 종교에 대하여 적대적이었던 모더니즘의 역사를 잊지 않고 있는 일단의 신학자들에 의하여 매우 적극적으로 수용되었다. 이른바 "후기자유주의 신학(post-liberal theology)"을 주창하는 죠지 린벡(G. Lindbeck), 하우워와스(Hauerwas) 등이 그 대표적 인물로 지적될 수 있을 것이다. 그러나 전통이 강조된다고 해서 무조건 문화적 보수로의 회귀를 뜻하는 것은 아니다. 오히려 여성신학 등의 해방신학 및 다양한 맥락적 신학(contextual theologies)들에서는 전통 안에 감추어져 왔거나 억눌려 왔다고 생각되는 부분들을 적극적으로 발굴하여 그들의 주장에 역사성을 부여하려 노력하고 있기 때문이다.[11]

서태지의 〈하여가〉와 〈발해를 꿈꾸며〉 등의 노래는 이러한 문화적 양상을 나타내는 하나의 예가 될 수 있다. 혼돈스런 세상 속에서 민족의 뿌리를 노래한다는 것은 많은 젊음들에게 나름대로의 정체성을 확인시켜 주는 행위가 될 수 있었을 것이다. 그렇다면 한국 기독교인으로서의 우리의 정체성을 확인할 수 있는 전통은 더디에서 찾을 수 있을 것인가? 과연 성서의 전통만이겠는가? 한국의 전통은 어떠한가? 등등의 질문들이 우리에게 부딪혀 오는 질문들이며, 21세기에 우리의 삶에서 보다 구체적으로 응답하여 할 질문들일 것이다.

---

10) Alasdair MacIntyre, *After Virtue: A Study in Moral Theory* (Notre Dame: University of Notredame Press, 1981), p.245.

11) Mark Taylor, Richard Foster는 전자를 'postmodernism of reaction'으로 후자는 'postmodernism of resistance'로 분류하였다.

4. 소비문화란 무엇인가?

20세기 말을 살아가는 우리들의 경험은 한국의 청소년들, 즉 내일의 주역들이 자리하게 될 삶의 자리인 21세기의 기본적인 삶의 문화가 현재보다 더욱 소비문화의 형태를 띠게 될 것이라는 예측을 가능케 한다. 문자적인 의미에서 소비문화(consumer culture)는 소비자 중심의 사회가 형성하는 문화를 가리키는 단어이다. 그것은 대량생산의 흐름과 함께 상징들의 의미와 일상 생활의 경험들과 관행들이 재조직된다는 것을 의미한다. 이러한 소비문화의 특징적 양상은 대중들에 의하여 소비되고 유지되고 계획되고 요구되는 일상용품의 범위가 무척 확장된다는 것이다.

그러나 실제로는 이러한 생산물들의 극대화와 다양화는 결코 대중들의 필요에 의해서 그 양과 품목이 결정되는 것은 아니라는 점이 주목되어야 한다. 사실상 소비문화는 소비자들 보다는 광고물들, 미디어(media), 상품의 전시 기법 등에 의하여 주도된다. 광고와 미디어 등은 상품의 생산을 촉진하기 위하여 쉴새없이 새로운 이미지와 기호들을 창출함으로써 기존의 상품들의 용도와 함께 함의되었던 의미체계를 붕괴시키는 역할을 하기 때문이다. 상품의 과잉생산으로 인한 새로운 기호의 과잉생산은 그러한 기호가 가리키는 준거적 실체에 대한 탐구를 포기하게 하므로써 결국 문화의 일반적인 경향을 초월적인 것이 아닌 사회의 삶 한가운데로 향하게 한다.

그러나 이 문화는 철저히 파편적인 것이고 어떠한 기존의 이데올로기의 틀에도 정합적으로 들어 맞지 않도록 항상 재조정되고 있다. 이러한 문화 속에서의 개인은 상품을 선택하는 행위에 있어서 특이한 양상을 나타내게 된다. 예컨대 비공리주의적인(non-utilitarian) 태도를 취하는 것이 좋은 예이다. 즉 전통적인 의미에서 상품 선택을 좌우하였던 공리주의적 성향보다는 소유자의 개성이 발현될 수 있는 특정한 양식적 표현이 중요시 된다.[12] 그러므로 이러한 문화 속에서는 인격(virtue)의 형성보다는 개성(personality)의 발현이 더욱 강조된다.[13]

이러한 개성화, 개인주의화의 특징들과 함께 소비문화는 계급간의, 남녀간의, 어른과 어린이 혹은 청소년간의 권위적인 계층질서를 파괴하는 기능을 하기도 한다. 전통적으로 발언권이 약하였던 집단들도 구매력이라는 힘으로써 어엿한 사회구성원으로서의 기능을 인정받게 되는 현상이 그것이다. 이러한 대중소비를 전제로 하는 소비문화는 기능적으로 민주주의를 가능하게 하는 측면이 있다. 이때 나타나는 문화적 양상은 특정한 사회적 집단에 대한 귀속감이나 몰입의 현상과 동시에 개인간의 차별이나 다른 집단 구성원과의 구별이 강조된다는 것이다.[14] 이른바 X-세대, Y-세대, 미시족 등의 문화집단화도 소비를 촉진하려는 소비문화 일반의 현상과 이러한 의미에서 밀접한 연관성을 띠고 있는 것이다.

대량생산과 대량소비로 인하여 가능하다고 믿는 인간의 행복감의 극대화를 담보로 생산기업의 이익을 극대화 하고, 또한 소비자의 욕망을 충족시키 위한 충분한 재생산을 위하여 요구되는 막대한 자본의 축적으로 구성되는 것이 소비문화의 연결고리이다. 어떤 이들은 근대주의로부터 시작된 이러한 소비주의(consumerism)의 물결은 현대인에게 종교의 의미와 효용성을 상실하도록 하는 역할을 하였다고 주장한다. 그리하여 현대를 탈종교의 시대라고도 하였다. 왜냐하면 소비주의 및 소비문화는 현대인들에게 대체종교로서의 역할을 하고 있다고 볼 수 있다. 소비문화가 창조하여 내는 기호들, 이미지들과 상징들의 광범위한 연결망은 현대인들에게 일종의 신성한 것으로서의 역할을 하고 있기 때문이다.

물론 그것들이 하나의 조직적인 신념체계를 구성하는 것은 아니지만, 사람들이 특정한 선택을 하는 데에 있어서 결정적인 영향력을 끼치는 것은 사실이다. 이러한 경향성은 이른바 지식·정보화 사회로 일컬어지는

---

12) Mike Featherstone, "Consumer Culture, Postmodernism, and Global Disorder," *Religion and Global Order*(New York: Paragon House Publishers, 1991), p.138.

13) 앞의 책, p.139.

14) 앞의 책.

21세기에는 더욱 뚜렷하여 질 것이다. 이러한 예측은 우리에게 과연 기독교적인 신앙의 이미지와 상징들로 표상되는 기독교인의 바람직한 삶이 소비문화의 물결 속에서 어떠한 형태로 생존할 수 있을 것인가의 구체적이고 윤리적인 질문으로 도전되어 온다.[15]

5. 21세기의 열린 선택들

지금까지 우리는 다가오는 21세기의 도전들을 현재 우리의 경험들을 통하여 예상해 보았다. 소비문화의 확산으로 말미암아 기존의 이데올로기에 근거하여 이른바 하층계급을 이루었던 사람들이 보다 평등한 삶을 누리게 되었다는 것도 무시할 수 없는 사실이다. 그러나 기본적인 사회, 경제적 삶의 정황을 좌우한다고 보는 소비문화에 대한 분석은 21세기 사회에서 인간의 가치는 구매력에 의하여 결정될지도 모른다는 불안감을 안겨 주었다. 또한 인간의 향락을 극대화 시켜줄 수 있는 재생산의 다양화, 대량화를 위한 자본의 축적에 대한 욕망은 결국에는 인간의 기본적인 삶의 필요를 위한 경제가 아닌, 자본의 축적 그 자체를 목적으로 하는 매우 소비적인 경제구조를 갖게 함으로써 생태계의 파괴에도 결정적인 영향력을 미칠 것이라는 불안한 전망도 갖게 한다. 무엇보다도 거미줄과 같이 인간 삶의 기본 정황을 누비고 있는 소비문화의 상업주의적 기호체계는 일종의 대체종교로서 기존의 전통적 종교의 기호들을 상업주의화 내지는 무력화시키고 있다는 점이 근본적인 도전이라고 지적할 수 있을 것이다. 이제는 많은 사람들이 더 이상 하늘에 있는 '하늘나라'를 기다리기 보다는 풍요한 이 땅의 나라를 위하여 살고 있는 지경에 이르

---

15) 예컨대 이제 더 이상 소비문화 내에서의 십자가는 희생과 고난의 상징이 아니다. 아름다움을 위한 수단일 뿐이다. 그렇다면 21세기를 살아가는 이들에게 예배당의 '멋있는 십자가'는 어떠한 상징을 의미할 것인가?

렀다.

이렇게 초월성을 상실한 소비문화의 틀 속에서 '전통에 대한 새로운 자각', '다원성의 추구'와 '억압에의 저항'으로 상징되는 포스트모더니즘의 양상들이 더욱 어우러져 나타날 21세기의 삶의 정황은 참으로 기독교인으로서의 정체성(Christian Identity)과 책임있는 사회인(Social Responsibility) 됨을 함께 추구하려는 이들에게 엄청난 과제로 도전하여 온다. 이제 이러한 도전에 대하여 디미 응답을 시작한 여러 형태의 삶의 모습들에 대한 분석을 통하여 보다 통전적인, 그러므로 더 책임 있는 우리 삶의 모습을 모색하여 보기로 하자.

1) 근본주의를 선택?

'다양성의 추구'가 강조되는 포스트모더니즘의 경향과, 기존의 가치체계 및 그에 근거하여 유지되었던 사회구조를 붕괴시키고 있는 소비문화의 도전 앞에서 일단의 종교인들은 근본주의(Fundamentalism)로서 응답을 하고 있다. 포스트모더니즘이 일정한 가치관을 제공하지 못하고 그저 다원화 된 사회의 현실만을 이야기 하며, 그에 따른 다원적인 선택들을 제시할 때, 사실 많은 사람들은 보다 확실하게 신뢰할 수 있는 하나의 신념체계, 즉 가치체계를 갖기를 원한다. 이러한 일반대중의 욕구를 가장 단순하게 만족시킬 수 있는 것이 곧 근본주의로의 선택인 것이다. 이러한 의미에서 근본주의는 18-19세기의 그것이 그러하였듯이 언제나, 즉 21세기에서도 급격히 변화하는 세계 속에서 신앙의 정체성을 확고히 하려는 신앙인들이 취할 수 있는 결단의 한 표현이 될 것이다.

일반적으로 근본주의자들은 절대자가 의도하는 바의 선(good)을 지키기 위해서 특정한 공동체와 나라를 지정하였다는 점을 우선 강조한다. 또한 이러한 사명을 완수하기 위해서는 그 종교의 경전 및 전통이 추인하는 특정한 형태의 정치적, 경제적, 문화적 질서가 이행되어야 한다고 생각한다. 이러한 질서들의 구체화를 위한 작업의 과정에는 자기들과 다른 견해를 가진 사람들에 대한 비관용적 태도나 그들과의 투쟁은 별로 문제가 될 수 없다. 오늘날 이러한 근본주의적 경향은 모든 종교에 걸쳐서 그 영향력을 확대하여 나가고 있다.[16]

물론 기독교도 예외가 아니다. 일반적으로 근본주의자들은 하나님이 그들에게 임무의 완수를 위한 메시지와 구체적인 전술들을 주었다고 믿는다. 먼저 전술에 관해서 말한다면, 그들은 하나님은 거룩한 전쟁(holy war)을 위하여 전사를 필요로 하며 자신들이 곧 그 전사들이라고 믿는다. 거룩한 전쟁이 곧 그들의 신학의 내용물이자 원칙이며, 방법론 및 정치적 전략들을 형성한다고 주장한다. 또한 그 전쟁은 하나님의 지휘 아래 벌어지는 거룩한 전쟁이므로 간혹 전쟁의 승리를 위한 수단이 자유주의자들이 장악하고 있는 매스컴 등에 의하여 비난 받는다고 하더라도 개의할 필요가 없다고 믿는다. 이러한 거룩한 전쟁의 목적은 그들의 사회적, 인격적 정체성의 핵심을 구성하고 있으며, 또한 공공의 영역에서의 연대적인 투쟁을 촉구하는 세계관(world-view)이 이 세상에서 공인되는 것이다. 그 목적을 이루기 위해서는 대중집회나 투표 참여 등 모든 수단을 동원할 수 있다. 또한 그들이 전쟁에서 주로 사용하는 무기는 근대주의 이후에 대두되기 시작한 이 사회의 타락한 측면에 대한 강조이다. 현대사회의 악마성을 강조하기 위하여 그들은 환원주의적 경향을 무릅쓰면서 이 사회의 부정적 측면들을 강조한다.[17] 이러한 근본주의의 부정적 경향성은 사람들로 하여금 이 세계를 증오하게 만든다. 그들은 참으로 복잡한 구성으로 이루어지고 있는 이 세계의 현실을 선-악, 아름다움-추함, 참-거짓, 천사-사탄 등의 이분법으로 도식화한다. 결국 이러한 경향성은 근본주의자들로 하여금 이 세상은 악으로 가득차 있으며 자신

---

16) Henry Wilson, *Christian Fundamentalism Today*(WARC: Geneva, 1994), pp.6-7.

17) Thomas F. Stransky, "Fundamentalists, Protestants & Catholic: An Ecumenical Challenge?," p.27-28, *Christian Fundamentalism Today*.

들만이 선한 무리라는 선민의식을 강화하여 준다.[18]

어떤 의미에서 본다면 이러한 근본주의적 영향력의 확대 역시 일종의 포스트모더니즘적 양상이라고 평가할 수도 있을 것이다. 왜냐하면 다원성과 모호함으로 가득찬 이 시대 속에서 특정 공동체 안에서의 '전통에 대한 새로운 자각'을 통하여 자아의 정체성을 추구하겠다는 경향과 근본주의적 응답은 그 맥을 같이 한다고도 볼 수 있기 때문이다. 혹자는 근본주의적 경향은 인간의 이성이 발달하지 못하고, 정보가 부족한 사회에서나 일어날 수 있는 것임으로, 지식, 정보화 사회로 지칭되는 21세기에는 이러한 근본주의적 양상이 줄어들 것이라는 예상을 할 수도 있을 것이다. 그러나 그러한 예상의 근거는 매우 허약한 기반을 갖고 있다. 우리가 인도의 힌두 근본주의나 미국의 기독교 근본주의에서 목격하고 있듯이 지식과 정보의 많은 양은 결코 근본주의를 저지하지 못하며, 어떠한 경우에는 공공매체 등의 전달 수단들을 통하여 오히려 그 전파가 촉진되고 있는 형편이다.

그러나 21세기를 살아갈 우리의 신앙적 삶의 모습은 결코 근본주의로 만족될 수 없을 것이다. 무엇보다도 근본주의는 하나님의 창조주되심과 구속주되심과 심판자되심 사이의 연속성을 단절시키고 있기 때문이다. 사실, 이 세상을 선과 악의 세계로 이분법화 하기에는 하나님의 창조 능력의 선하심과 이 세상을 향한 구속의 사랑이 너무도 크다. 또한 하나님의 형상된 청지기로서 이 세상에 대한 책임 있는 응답이라는 과제에 대하여서도 근본주의는 많은 아쉬운 면들을 노출시키고 있다. 물론 다원주의 및 소비문화의 도전 앞에 허약하게 붕괴되어 가는 기존의 교회와 신앙의 모습들과 비교하여 본다면, 신앙인으로서의 정체성을 삶의 한가운데로부터 지키겠다는 그들의 결단이 자극이 되는 것은 사실이다. 그러나 인간사회 및 문화의 다양성은 계몽주의에 입각한 인간의 교만과 타락에

---

18) 앞의 책, p.28.

서 비롯된 것만이 아니라 하나님의 창조와 구속의 섭리, 즉 하나님의 섭리로부터도 추론될 수 있다는 사실을 그들은 간과하고 있다. 하나님의 형상대로 창조된 인간들을, 나도 그저 다른 사람만큼은 물질을 소비하며 살겠노라는 것에 삶의 목적을 두는 인간의 형상으로 타락시키는 소비문화의 유혹만큼, 하나님의 뜻에 따라 다양하게 지어진 이 세계 내의 존재들과 인간들의 삶의 모습들을 자신들의 뜻과 같지 않다고 하여 파괴하려 애쓰는 근본주의자들의 교만도 경계해야 할 것이다.

2) 자유주의를 선택?

나와 다른 것들에 대한 관용(tolerance)은 전통적으로 자유주의자들의 미덕이었다. 그들이 걷는 길은 근본주의자들의 그것과는 모든 면에서 대조적이다. 급격히 변화하는 시대적 정황 속에서 근본주의적 성향의 사람들이 '전통의 새로운 강조'에 관심을 두는 것에 비하여 자유주의적 성향의 사람들은 '다원성의 추구'를 보다 강조한다고 볼 수 있다. 이러한 응답 유형은 자유주의적인 전통에 속한 것이다. 전통적으로 자유를 대표적인 가치로 보는 자유주의자들은 될 수 있는 대로 인위적인 외부적 결정들, 즉 보편적이고 비인격적인 법칙들에 의한 사회 생활의 규제에 대하여 반대하는 경향을 가진다. 자유로운 양심, 반대할 수 있는 권리, 종교적 관용과 언론의 자유 등을 초기 자유주의 사상의 특징으로 꼽을 수 있을 것이다. 이러한 의미에서 포스트모더니즘의 양상 중 '다원성의 추구'와 '억압에의 저항성' 등은 모더니즘에서 잉태된 자유주의와 그 궤를 같이 하는 것임을 알 수 있다.[19]

모더니즘과 포스트모더니즘 사이의 관계 설정 문제와 관련하여 우리의

---

19) 물론 자유주의가 계몽주의적 이성만의 산물은 아니다. 사실 '만인 제사장설' 등으로 개인의 존엄성을 강조한 종교개혁과 청교도 정신도 서구 자유주의 정립에 지대한 공헌을 하였음을 인정해야 할 것이다.

관심을 끄는 것은 자유주의에 있어서의 이성의 위치와 역할이다. 사실 계몽주의시대에는 인위적이며 억압적인 전통에 대항하는 주요한 무기로서 이성이 등장하였다. 그로부터 이성의 담지자인 개인들을 중심으로 하는 사고의 틀로서의 개인중심주의가 본격적으로 대두되기 시작하였다. 여기에서부터 주장되기 시작한 것이 사회계약론이었던 것이다.[20] 즉 이성과 자기규제의 자연법 등에 대한 확신으로부터 사회의 구성과 유지가 이성을 가진 개인들의 계약에 의하여 유지된다는 것과 교육을 통한 사회통제가 가능하며, 결국에는 역사와 함께 발전이 이루어짐으로 인하여 인류역사의 완성이 이루어질 것이라는 매우 낙관적인 사회, 역사관을 자유주의는 인류에게 심어주었던 것이다.

아직도 이러한 계몽주의적 사고를 인류사회의 대안으로 생각하는 하버마스(Habermas)는 "모더니즘이 추구하던 그 계획의 비판적 전유(a critical reappropriation of the modern project)"[21]로서의, 즉 모더니즘의 계승적 발전으로서의 포스트모더니즘을 주장하고 있다. 물론 이러한 주장들은 무조건적으로 '다원성의 추구'를 환영하지는 않는다. 인간의 자유와 해방(emancipation)을 추구하기 위하여 '억압에의 저항'도 다방면으로 추구하려 한다. 그러나 실제로 그들이 속한 서구의 자유주의적 전통은 2/3세계의 정황 속에서의 해방을 위한 실천(praxis)의 강조에 비하여 매우 이지적인 차원에 머무르고 있다는 느낌을 지울 수 없을 것이다. 바로 이러한 점이 해방신학자들의 서구신학 및 사회이론가들에 대한 주요 비판 중 하나이다. 이제 우리는 자유주의적 삶의 태도에 대하여 심각한 의문을 제기하지 않을 수 없다. 즉 '다원성의 추구'는 '억압에의 저항'에 걸림돌이 될 수도 있기 때문이며, 때로 '억압에의 저항'은 '다

---

20) Stephen C. Mott, *A Christian Perspective on Political Thought*(New York: Oxford University Press, 1993), p.131.

21) Jurgem Habermas, "Modernity- An Incomplete Project," Mark K. Taylor, op. cit., p.31. 에서 재인용.

원성의 추구'를 부정할 수도 있기 때문이다.

이른바 포스트모더니즘의 공헌 중 하나는 인간의 이성에 대한 근본적인 재평가일 것이다. 실증주의적 의미에서의 좁은 이성관은 붕괴되었고 이제는 공동체적 의미에서의 넓은 이성관이 새로이 탄생하게 된 것이다. 이제 우리는 계몽주의적 사고에 입각한 종교에 대한 비판들에 대하여 새로운 반성을 시작할 수 있을 것이다. 기독교적 사고는 이제 더이상 방어적인 자세만을 고집할 필요가 없어졌다. 근본주의적 사고가 기독교의 입장에서 너무 공격적이며 배타적인 자세만을 고집하는 교만을 범하고 있다면, 자유주의적 사고는 세속적인 입장에 대하여 너무도 방어적이었고 또한 타협적이었다고 말할 수도 있을 것이다. 또한 근본주의적 신앙은 기독교와 세상과의 단절을 과격하게 주장함으로써 기독교인으로서의 정체성을 유지하려 하였던 것에 비하여, 이른바 자유주의적 신앙은 기독교와 인간 경험의 연속성을 전제로 하면서 신앙의 공공적 책무(Public Accountability)를 강조하여 왔다고 볼 수도 있다. 그러나 이제 우리가 확연히 깨닫는 것은 신앙은 결코 이것과 저것 사이의 양자선택이 아니라는 것이다. 오히려 신앙은 이것과 저것, 즉 기독교의 정체성과 사회적 책임성을 모두 추구하여야 하는 것이다.

3) 신보수주의를 선택?

기독교의 정체성과 사회적 책임성이라는 두 마리 토끼와 같은 존재를 동시에 성취하려고 하는 시도 중 요즈음 주목되는 것이 바로 신보수주의적인 삶의 모습이다. 일반적인 의미에서의 신보수주의는 반공주의적 입장에서 민주주의적 정치제도에 헌신하면서, 건강한 민주적 정부는 정부에 의하여 통제가 불가능한 개인간의 만남 차원에까지 영향력을 미칠 수 있는 "중재적 구조들(mediating structures)"의 출현을 요구한다고 주장한다. 그러므로 이들은 교회나 교인들이 사회의 한가운데로 들어와야 한다는 것을 강조한다. 그러나 이러한 입장과는 대조적으로 이른바 신보수주의자들은 사회정치적인 문제들에 민감하게 참여하였던 기존의 교회들과 교회 기관들의 활동에 대해서는 지극히 비판적이다.[22]

그들은 다음과 같은 이유에서 신보수주의자들이라는 평을 받게 되었다. 먼저 급변하는 사회적 정황 속에서 기존의 기구들과 가치들을 보존함에 그들의 우선적인 관심이 있다는 점에서 이들은 보수주의적이다. 그러나 이들 대부분은 성서적 근본주의자는 아니며, 또한 자유주의나 그보다 더한 급진적 입장의 편력을 거쳐서 현재의 보수적 입장에 이르렀다는 점에서 신보수주의자라 불리우고 있는 것이다.

사실 다수의 신보수주의자들이 과거에는 사회주의에 심취하였던 사람들이지만 이제 그들은 사회주의를 통한 민주주의의 가능성에 심각한 회의를 가지고 있다. 결국 그들은 우리가 민주주의 없이 자본주의를 가질 수는 있지만 자본주의 없이 민주주의를 성취할 수는 없다고 주장하기에 이른 것이다. 그리하여 폴 존슨 같은 이는 "자본주의는 자유-민주주의적 정치체제를 촉진시킨다"고 하므로써 정치적인 자유는 경제적인 자유없이는 불가능함을 논하면서, 나아가 "정치, 경제적 자유의 개념은 모두 역사적 원동력으로서의 기독교적 양심의 작용으로부터 기인하는 것이다"라고까지 주장하였다.[23] 물론 대부분의 신보수주의자들은 그리스도의 초월성이 특정한 정치체제를 초월한다는 것은 인식하고 있다. 그러나 그들의 민주주의에 대한 선호는 여느 체제에 비하여서도 민주주의가 우월하다는 확신에서 비롯된 것이다. 심지어 뉴하우스(Neuhouse)는 "민주주의의 근본적 개념, 예컨대 인간의 존엄성에 대한 강조와 그를 뒷받침하는 정부의 최소화, 경제, 정치와 문화 생활의 영향력을 영역면에서 구별하는 것 등은 기독교에 그 뿌리를 둔 것임을 의미한다."고 주장한다.[24]

---

22) J. Phillip Wogaman, *Christian Perspectives on Politics*, (Fortress Press: Philadelphia, 1988), p.72.

23) 앞의 책, p.78.

24) 앞의 책, p.74.

이러한 신보수주의적인 응답은 자본주의에서 파생한 소비문화와 포스트모더니즘의 주요한 양상들인 '전통의 강조'와 '다원성의 추구' 등의 도전에 매우 적절한 것이라고 평가받을 수 있을 것이다. 엄연한 현실인 소비문화를 맹목적으로 매도하는 자세도 아니고, 소비문화 자체에 향락적으로 매몰되는 것도 아니며 오히려 경제활동의 근본정신이자 원동력으로서의 기독교적 양심으로 돌아가자는 그들의 주장은 나름대로의 현실적인 설득력이 있다. 대안없이 자본주의를 공격하기만 하는 좌파들의 주장에 식상한 대중에게 자유민주주의의 전제조건이자 촉매로서의 자본주의를 논하는 신보수주의자들의 논리는 매우 설득력을 갖는 것이 사실이다. 또한 경제적인 생활과 도덕, 문화적인 생활의 영역을 구별하여, 그것들이 정치적인 삶에 종속될 수 없음을 주장함으로써 전체 사회의 창조적 자유를 보존하려는 노력은 '다원성의 추구'가 대안 없는 상대주의와 허무주의로 전락하지 않도록 하는 돌파구를 마련하였다는 평가를 받을 수도 있을 것이다.

그러나 이러한 모든 긍정적인 평가에도 불구하고 신보수주의적인 응답을 우리의 21세기의 삶의 모습으로 선택하기에는 어려운 점도 많다. 무엇보다도 과연 이러한 삶의 모습을 가지고 이른바 '무한경쟁의 시대' 속에서 하나님 사랑, 이웃 사랑을 충실히 수행해 나갈 수 있겠느냐는 의문이 부딪혀 올 것이다. 우리가 '세계화'의 대세 속에서 우리의 시야를 세계적으로 확장하였을 때, 우리는 이러한 신보수주의적 주장들이 정치적으로는 미국의 힘과 존재를 합법화 하려는 것에 관심한다는 것을 간파할 수 있게 된다.[25] 이것은 곧 현존의 질서(status-quo)를 그대로 유지하려는 이른바 선진 제국들의 국가 이익에 너무도 쉽게 이용될 수 있는 가능성을 의미하는 것이다. 이러한 가능성은 곧 하나님의 형상대로 지음받은 인간을 인간의 형상대로 조작하려는 이 세계 내의 힘 있는 인간들과 기

---

25) 앞의 책, pp.80-82.

독교의 야합 가능성이기도 하다.

6. 21세기 기독교문화 형성을 위한 우리의 준비

소비문화와 포스트모더니즘과의 결합이 극대화될 것으로 예상되는 21세기의 정황은 오늘의 우리에게 보다 통전적인 준비를 하도록 도전하고 있다. 우리가 보다 통전적으로 21세기의 삶을 준비해야 하는 이유는 21세기 삶의 정황이 우리에게 도전하는 영역의 넓이와 깊이가 매우 근본적이기 때문이다. 즉 기존의 가치관이 소비문화와 포스트모더니즘 등에 의하여 전환되고 그에 따라 이 사회의 윤리적 기준도, 바람직한 삶의 모습도 급격히 변해 갈 것이기 때문이다. 그때는 우리가 중세 교회사를 읽었을 때 느꼈던 것과 같은 시대적 괴리감을 우리의 후손들이 우리들의 삶으로부터 느낄 수도 있을 것이며, 20세기의 가치관을 유지하면서 살아가는 우리들 자신들은 극심한 가치관의 혼란 속에서 매우 자신감 없이 살아갈 수도 있을 것이다. 이러한 점에 유념할 때, 우리는 다음과 같은 점들을 실천함으로써 21세기에 보다 책임 있고 통전적인 삶을 위한 준비를 지금, 여기에서부터 시작해야 한다.

1) 우주의 주인되신 하나님의 주권에 대한 재확인

삶과 신앙의 일치, 신앙과 신학의 건설적인 만남를 추구하는 신학은 '하나님의 주권'을 전제로 한다. 무엇보다도 중요한 출발점은 하나님이 이 세상을 선하게 창조하셨다는 사실이다. 또한 하나님은 세상을 그저 창조만 하신 것이 아니고, 그것 자체의 방법으로 운행되도록 하셨다. 그러므로 하나님의 주권은 주관하시는 분과 주관을 받는 자들간의 계속적인(ongoing) 관계성을 함의하고 있다.

동시에 강조되어야 할 것은 하나님이 존재하는 모든 것을 창조하셨기 때문에 이 세상의 어떤 것도 그의 주권적 질서 밖에 존재하는 것은 없다는 사실이다. 그러므로 이른바 성과 속을 이분법적으로 구별하는 것은 불가능한 것이다. 우리의 신앙과 경제, 정치, 문화적 삶은 결코 분리될 수 없는 것이다. 하나님이 정치, 경제, 문화 생활 전반을 포함하는, 존재하는 모든 것을 주관하신다는 것은 하나님이 성경과 기독교적 전통만이 아닌 정치, 경제, 문화적 기구들과 개인적인 경험들, 즉 세상의 문화를 통해서도 일 하신다는 것을 의미한다.

한국교회의 사회적 책임을 가로 막고 있는 이원론적 사고와 편견은 하나님의 주권에 대한 새로운 강조로써 극복되어야 한다. 우주는 하나님의 영광이 펼쳐지는 무대라는 칼뱅의 고백처럼 정치, 경제, 문화를 망라한 전 사회의 영역에서 하나님의 주권이 인정되어야 한다는 것을 우리는 잊지 말아야 한다. 그러한 의미에서 우리는 고질적인 성(聖)·속(俗)의 이원론을 강화시키는 신앙의 사사화를 극복하는 과정에 있어서 하나님의 주권에 대한 강조를 필요로 한다. 또한 신앙과 신학의 이원화를 촉진시키고 있는 전통적이며 반지성적 경향도 하나님이 주신 최고의 선물인 이성에 대한 재평가로써 극복하여야 할 것이다.[26]

2) 만인제사장설에 대한 재평가

비록 기독교인들이 행함이 아닌 신앙에 의하여 의롭다 함을 받는 것은 사실이지만, 그럼에도 불구하고 이 세상 안에서 기독인이 일한다고 하는 것은 신앙적인 삶에 있어서 매우 근본적인 것이다. 우리는 부적절하고 죄악된 행위들로부터 자유함을 얻으면서, 동시에 그리스도를 믿는 신앙 안에서 우리를 용납하시는 하나님의 은혜에 대하여 감사의 삶으로써 응답하여야 하는 것이다. 그리스도인으로서 우리를 부르심은 곧 이 세상에

---

26) 물론 이와 함께 '성령으로 거듭난 이성'을 강조해야 할 것이다.

서 우리의 소명을 뜻한다. 그것은 가정과 개인적인 인간관계, 나아가 시민으로서 우리의 역할과 우리 직장의 일을 포괄하는 삶의 전 영역에서, 이웃과 공동체의 선을 위하여 우리 자신의 전력을 다하는 것을 뜻한다.

이때 배제되어야 할 것은 성과 속, 또는 성직자와 평신도를 엄격히 가르는 도식적인 이분법적 사고이다. 성직자가 이 세상에서 하나님의 사역을 하기 위하여 부르심을 받은 것과 같이, 다른 모든 기독인들도 그들의 직업의 종류를 막론하고 그 일터에서 하나님의 뜻을 성취하라는 부르심을 받았다. 그러므로 이 세상 안에서 우리가 가지는 직업은 거룩한 것이며, 그 안에서 우리의 부르심이 성취되어야 한다는 측면에서 본다면 우리의 직장은 종교적인 영역이 되는 것이다.[27]

하나님의 주권과 함께 강조되어야 할 이러한 만인제사장직은 오늘의 한국교회에 많은 반성을 촉구한다. 첫번째로는 목회자와 장로들이 당회라고 하는 지도 집단으로서 교회의 의사결정과 정책을 주도할 때에 잊지 말아야 할 것은 그 결정적인 기준과 목표는 항상 이웃과 공동체의 선을 위한 것이어야 한다는 사실이다. 어떤 의미에서 우리의 교회는 세상을 섬기기 위한 그리스도의 도구이기 때문이다. 두 번째로는 우리의 신앙과 일의 영역을 하나님 나라와 상관시킴으로써 자신의 일터에서 최선을 다함이 곧 소명이라는 사실을 확인하는 일이다. 우리 교회의 현실은 교회만을 성스러운 현장으로 축소시킴으로써 시민으로서의 제사장직에 소홀하는 기독인이 너무 많다고 볼 수 있다. 세 번째로는 그리스도의 많은 지체들로 이루어진 몸된 교회로서의 본질과는 어긋나게 소수의 소리 큰 지체들이 결정권을 행사하고 있는 현실에 대한 각성이다. 그러므로 평신도 활성화를 통한 그리스도 지체들의 활동 정상화를 모색해야 할 것이다.

---

27) D. Krueger, op. cit., p.53.

3) 하나님 중심의 물질관

무엇보다도 21세기가 우리의 신앙에 도전할 가장 주요한 분야는 물질에 대한 것이다. 여기에서의 물질이란 돈만을 의미하는 것은 아니다. 그와 함께 인간 육신의 정욕과 안목의 정욕과 이생의 자랑을 추구하기 위해 관심하는, 이른바 육에 속한 모든 것들을 의미한다. 그러나 우리가 분명히 하여야 할 것은 물질이란 본래 창조주이신 하나님이 창조하신 것이며, 인간을 통하여 새롭게(?) 가공되는 것은 노동 명령(창 1:23)에 따라 이 땅의 모든 것들을 위한, 즉 하나님 사랑. 이웃 사랑을 위한 것이라는 근본 목적을 가지고 있다는 것이다. 그러므로 인간의 가치관의 척도가 물질이 될 수는 없으며, 오로지 물질은 수단일 뿐이라는 점을 우리는 항상 분명히 하여야 한다. 즉 하나님의 형상대로 지음받은 인간의 존엄성은 결코 물질의 많고 적음에 의하여 판단될 수 없으며, 우리의 삶의 목적도 물질이 될 수는 없다는 것을 분명히 하여야 한다. 이러한 확신은 우리로 하여금 소비문화 속에서 물질주의에 매몰되어 버리지 아니하고, 이 세상 안에서도 하나님의 가치관의 초월성을 바라 보며 살 수 있도록 하여 줄 것이다.

그러나 하나님이 물질을 선하게 창조하셨다는 창조신앙은 성육신으로 상징되는 구속의 신앙과 함께 우리로 하여금 하나님 중심적인 가치관은 이 세상의 어느 것과도 대치할 수 없는 초월적인 것이지만, 이 세상의 물질을 참으로 가치있게 하여 주는 것임을 또한 분명히 하여 준다. 즉 물질의 참된 가치는 그것이 하나님의 나라와 그의 뜻대로 쓰여졌을 때에 이 세상 안에서 나타난다는 것이다. 그러므로 우리가 하나님 중심의 물질관을 분명히 하였을 때, 우리는 소비문화와 포스트모더니즘에서 흔히 상실하기 쉬운 하나님의 초월성과 근본주의 등에서 잃어 버리기 쉬운 물질의 참된 가치와 이 세계 내에서 하나님의 내재성도 함께 붙잡을 수 있게 될 것이다.

4) 정의로운 청지기 의식

지금 나에게 있는 물질은 사실은 나의 것이 아니라 나에게 맡겨진 것이라는 하나님 중심적인 물질관에 대한 자각은 우리로 맡은 바의 물질을 잘 관리하는 것이 곧 작은 일에 충성하는 것, 곧 신앙하는 것임을 깨닫게 하여 준다. 창조와 구속에 근거한 하나님의 물질에 대한 주권, 나아가 전 우주에 대한 하나님의 주님 되심(Lordship)에 대한 통찰은 우리로 하여금 정의로운 청지기로서의 삶을 결단케 할 것이다. 소비문화라는 기본적인 삶의 틀 속에서의 '세계화'는 보다 잘 살기 위한 '무한경쟁'으로 해석되지만, 정의로운 청지기로서의 '세계화'는 하나님께서 맡겨 주신 것들에 대한 '무한책임'으로서의 이 세상의 강도 만난 자들에 대한 '무한사랑'을 뜻하는 것이다.

우리가 21세기의 정황으로서 예측한 소비문화와 포스트모더니즘에서 나타나는 일반적인 특징들은 하나님에 대한 초월성을 세상적인 기호들로서 대체하려 한다는 것과, 예컨대 '전통의 강조', '다원성의 추구'와 '억압에의 저항' 등등 삶의 양태들은 모두가 자기중심적인 성향이 강하다는 것이다. 물론 '전통의 강조'와 '억압에의 저항'은 혼돈의 시대 속에서 자기가 살아야겠다는 절박감의 표시로 해석할 수 있음에 비하여, '다원성의 추구'에서는 남을 인정하려는 자세가 있음이 사실이다. 그러나 보다 적극적인 차원에서 이웃 사랑의 개념과는 거리가 멀다. 어떤 의미에서 '다원성의 추구'란 강도 만난 자의 입장에서는 일종의 사치스러운 구호로 들릴 수도 있는 것이다.

21세기의 청지기로서 우리는 특별히 경제적 정의 문제에 민감하여야 할 것이며, 국제적인 시야를 가지고 이미 세계적 문제로서 논의될 수밖에 없는 생태윤리 및 인권의 문제 등에 에큐메니칼운동이나 시민운동, 혹은 비정부민간단체(NGO) 등의 활동을 통하여 활발히 참여해야 할 것이다.

5) 그리스도의 몸으로서의 공동체의식

우리의 이러한 노력이 결코 홀로 개인적인 차원에서는 이루어질 수 없다는 자각은 우리를 공동체적인 교제와 연합의 삶으로 인도한다. 여기에서 공동체적인 연대는 정의로운 청지기직 수행을 위하여 범세계적인 연대(solidarity)가 필요하다는 의미에서는 수평적인 연대이며, 세대간의 연대가 필요하다는 의미에서는 수직적인 연대가 되어야 한다. 예컨대 경제정의에 대한 문제는 이른바 지식, 정보가 앞선 선진국들과 그렇지 못한 2/3 세계와의 연대 속에서 해결의 실마리를 찾을 수 있다는 면에서 수평적인 연대를 절실히 요구한다. 또한 생태윤리에 대한 문제는 수평적인 연대뿐만이 아니라 우리의 2세, 3세들을 의식하면서 개발과 환경의 문제를 고려해야 한다는 측면에서 수직적인 연대를 요구하는 것이다. 물론 경제정의와 생태위기의 문제는 이제 더이상 구분되어 논의될 수 없는 것이기에 이 모든 문제의 접근은 총체적인 연대를 통하여 이루어져야 할 것이다.

이러한 연대는 하루 아침에 이루어지는 것이 아니고 어렸을 때부터의 공동체적 교육을 통하여 한 개인의 성격으로 조성되어야 한다. 개인주의를 조장하는 현대문화 속에서 이러한 공동체적 품성을 기른다는 것은 참으로 도전적인 과제일 것이다. 그러나 21세기를 준비하는 우리 가정과 교회는 공동체적 품성의 형성에 우선적인 관심을 기울여야 한다. 물론 공동체적 품성이 강조되는 것이 사회, 경제적 정의를 이룩하기 위한 수단이기 때문은 아니다. 무엇보다도 우리의 공동체성을 학고하게 해 주는 것은 우리 자신이 바로 그리스도의 몸의 지체라는 교회론적인 자각이다. 기독교인으로서 공동체적 품성은 무엇보다도 먼저 성서의 이야기를 자기의 이야기로 공유함으로써 가능하여 질 것이다. 또한 우리는 한민족으로서 이야기를 함께 공유함으로 보다 한국적인 기독교인이 될 수 있을 것이다. 물론 이 두 이야기 사이에는 일정한 긴장감이 존재한다. 그러나 초월하신 하나님의 주권 속에서 이 두 이야기는 창조적인 조화를 이룰 수 있을 것이다.

6) 포괄적인 영성의 회복

우리의 청소년들에게 열려져 있는 21세기의 선택들이 나름대로는 매우 다양한 관점에서 제시된 것들로 보일 수도 있지만, 사실상 그들 사이에는 하나의 공통점이 발견된다. 그것은 '이 세계'에 대한 치열한 관심과 '저 세계'에 대한 무관심이다. 근본주의적인 선택이 매우 '영적인 것' 같이 보이지만 사실은 매우 이 세계적, 즉 내재적인 관심으로 주도되고 있다. 자유주의로의 선택이나 신보수주의로의 선택은 더할 나위없이 현세적이다.

그러나 계몽주의의 환상에서 벗어나기 시작한 많은 보통 사람들이 일상의 삶 안에서 발견되는 신비적인 면에 관심을 갖기 시작하였다. 이른바 '영적인 것'에 대한 이러한 호기심과 관심들은 지금까지의 선택들로서는 그들의 영혼의 욕구를 충족시킬 수 없는 지경에 이르렀다. 포스트모더니즘의 문화양상으로 인한 상대화, 허무적인 정서에 소비문화가 주도하는 근본적인 내재화의 경향성은 많은 사람들에게 오히려 '저 세계'에 대한 갈망을 불러 일으키게 되었다. 이러한 욕구에 대한 나름대로의 응답이 이른바 뉴에이지 운동의 배경인 것이다. 우리는 여기에서 뉴에이지 등의 영적 운동에 대하여 긴 논의를 하지는 않을 것이다. 그러나 우리가 이러한 현상들을 통하여 분명하면서도 급박하게 자각하여야 할 것은 영적인 차원에 대한 새로운 강조이다.

우리는 기독교의 영성을 새롭게 강조하여야 한다. 물론 영성은 포괄적인 것이고 전인적인 것이다. 그러나 기본적으로 영성은 하나님과 인간사이의 신비한 관계로부터 출발한다. 이러한 하나님과 인간 사이의 신비한 관계는 우리를 경건한 삶으로 인도한다. 경건이란 하나님 중심의 삶을 의미한다. 하나님 중심의 삶은 우리로 이 세상에서 절제된 삶으로 인도한다. 이 세상 것들에 대한 절제는 우리로 하나님과의 교제, 즉 말씀과 기도의 삶을 더욱 보장하여 주기 때문이다.

7. 왜 문화를 말하여야 하는가!

서태지의 성공에는 나름대로의 이유가 있었음을 우리는 논증할 수 있을 것이다. 그들은 '억압에의 저항', '다양성의 추구'와 '전통에 대한 새로운 강조' 등으로 대표되는 이른바 포스트모더니즘의 문화 현상에 나름대로 응답을 함으로써 대중들의 문화욕구를 충족시켰다. 또한 이러한 문화적 욕구를 상품화 하는 소비문화의 기본형식을 간파하였기에, 앞선 광고술과 매니지먼트로 막대한 수입과 인기를 동시에 획득하였던 것이다. 여기에서 우리는 다시 한 번 예수님의 불의한 청지기의 비유를 음미할 필요가 있다. 세상 사람들도 자기들 나름대로의 성공을 위하여 온갖 세상 지혜를 동원하는데, 우리는 보다 지혜로워야 하지 않겠는가?

하나님 사랑, 이웃 사랑의 보다 구체적인 실천을 위하여 우리는 우리의 삶의 장인 문화 현장에 보다 구체적으로 관심 가져야 한다. 그러나 우리의 문화 현장에 대한 관심은 그것을 본받기 위함이 아니라 그 안에서 하나님의 거룩하고 온전하며 기뻐하시는 뜻을 분별하여 그것으로 변화를 받기 원함이다(롬12:2). 급변하는 문화적 급류 속에서 하나님의 뜻을 분별케 하여 주는 것은 오로지 신앙의 힘이다. 보다 구체적으로 그 신앙은 우리로 인간을 인간되게, 하나님을 하나님으로 볼 수 있게 하여 주는 힘이다. 이제 우리가 힘 써야 할 것은 우리의 신앙의 성장이요 성숙이다. 우리는 성장하여 성숙한 신앙을 통전적 신앙이라 부를 수 있을 것이다. 즉 통전적 신앙이란 인간과 하나님의 관계를 보다 종합적으로 잘 분별케 하여 주는 산 신앙인 것이다.

우리가 보다 통전적인 신앙을 가져야 하는 이유가 여기에 있다. 그 통전적인 신앙은 우리의 그리스도에 대한 사랑을 "지식과 총명으로써 더욱 풍성하여(빌 1:9-11)"지도록 도전하고 인도하기 때문이다. 서태지는 부와 명예를 위하여 그의 재능과 통찰력을 사용하였지만, 우리는 그 이상의 삶의 목적을 위하여 살 수 있다. 그것은 그리스도께서 우리에게 궁극적인 삶의 목적을 알려 주셨기 때문이다. 우리의 삶이 풍성한 의의 열매를 가득히 맺음으로써 하나님께 영광과 찬송이 되는 삶의 궁극적 푯대를 향하여 우리의 삶의 내용과 모습, 즉 문화는 항상 방향지워져야 할 것이다.

기독교문화 형성을 위한 기독교 교육적 대안

박원호(장로회신학대학교 기독교교육학 고수)

한국교회가 100년의 역사를 지나면서 지금까지의 교회 개척이나 성장의 단계를 넘어서서 문화 형성에 깊은 관심을 갖게 된 것은 지극히 당연하다. 이제 교회의 사명은 자체만을 위한 것이 아니라 교회 공동체를 포함한 사회의 정신적 터전으로서의 문화 형성에 기여해야 할 것이다. 이는 또 다른 복음 전파의 모습이다. 이 글에서는 문화 형성을 위한 교회 교육의 역할과 사명을 생각해보고자 한다. 먼저 문화(culture)라는 어휘를 정의함으로써 시작하도록 하자.

1. 문화 형성과 기독교 교육

1) 문화란?

문화란 어느 특정한 영역을 가르키는 말임과 동시에 사회 전반에 걸쳐서 사용되는 용어임을 알 수 있다. 물론 특정한 사회 전체를 가리키는 의미로서의 문화를 지칭하기도 하지만 삶의 세부적인 영역들이 모두 문화의 대상이요, 문화 형성의 힘이다. 교통 문화, 음주 문화, 결혼 문화 등등, 이러한 말들이 바로 문화의 세부적인 영역을 의미한다. 그러면 이러한 말들이 구체적으로 무엇을 의미하는가? 이러한 말들이 교회, 더 구체적으로 교회 교육과 어떤 연관을 갖는가?

린튼(Linton)은 문화를 정의하면서, "문화란 학습된 행동과 그 행동의 결과들이며 그 요소들은 특정한 사회의 구성원들에 의해서 나누어지고 전해진다."[1] 여기서 우리는 문화란 먼저 일정한 행동양식을 의미함을 알 수 있다. 즉, 아무런 행동이 아니라 나름대로의 정해진 법칙이 있는 행동을 의미한다. 어떤 행동이나 관습이 나름대로의 규칙을 형성하면서 자리를 잡을 때 우리는 문화라는 말을 사용한다. 그러기에 토마스 그룸(T. Groome)은 문화는 "사람들이 자신들의 가치, 신앙, 행동의 지침으로 갖는 삶의 규정적인 방식"이라고 정의한다(the patterned way of life produced by a people through which its members have guidelines for valuing, believing and acting).[2]

다음으로 문화적 행동은 가치성을 갖는다. 문화적 행동이나 가치, 그리고 신념 등은 사회와 그 구성원의 가치를 향상시키는 성향을 갖는다. 구체적으로는 문화적 행동이란 공동체적 행동을 말한다. 즉, 우리가 바라는 문화는 공동체가 함께 동의하고 바라는 행위를 말한다. 예를 들어, 교통 문화라고 할 때 이는 이웃을 생각하는 운전의 모습을 말한다. 따라서 문화는 규정성과 공동체성을 함께 포함하고 있는 개념이다.

아울러 우리는 문화의 의도성을 소홀히 생각하지 말아야 한다. 문화는 일반적으로 생각하듯이 저절로 습득되거나 전달되는 것이 아니다. 여기에는 공동체의 엄청난 의도적, 비의도적 노력이 소요된다. 예를 들어, 어린이들이 언어를 배우는 데에는 부모와 주변 사람들의 부단한 노력이 기울여진다는 것을 아는 사람은 많지 않다. 수없는 가르침과 반복, 수정, 보상을 통해서 언어가 자리 잡게 된다. 따라서 기독교적 문화 형성

---

1)C. A. Nelson, *Where Faith Begins*, John Knox Press, Richmond, VA, p.36.

2)T. Groome, *Christian Religious Education*, Harper and Row, SanFrancisco, 1981, p.110.

을 위한 교회 교육적 노력은 결코 쉬운 일이 아님을 알 수 있다.[3]

특히 오늘날 급변하는 사회적 상황은 교회 교육으로 하여금 적극적으로 문화 형성에 참여하도록 요청한다. 리처드 니버(H. Richard Niebuhr)의 주장과도 같이 교회는 항상 문화에 대한 변화의 책임을 지고 있다. 자칫 교회 교육이 교회라는 울타리에 갇혀서 문화에 대한 책임을 감당치 못함으로써 신앙이 사회와 분리 내지는 역설적 관계를 갖지 말아야 할 것이다. 앞으로의 교회 교육은 사회와의 관계를 떠나서는 결코 가능치 않다. 미래의 사회는 여러 면에서 교회 교육에 엄청난 과제와 도전을 안겨다 준다. 헐(Hull)은 『왜 오늘날 기독교인이 배우려 하지 않는가?』라는 책을 통해서 사회의 변화가 교회 교육에 미치는 영향을 지적하면서 다음과 같이 몇 가지 사회적 현상을 설명하고 있다.[4]

2) 현대 사회의 특징

현대 사회의 첫번째 특징으로 그는 관료주의(bureaucracy)를 들고 있다. 이는 일정한 규정에 따라 각 개인을 획일적으로 취급하는 것을 말한다. 이는 개인을 전제주의나 편견으로부터 보호해 주는 장점이 있는 반면 개인을 숫자나 이름으로 격하시켜 비인간화를 야기한다.

다음으로 기술적, 또는 도구적 이성주의(technical, instrumental rationality)의 사회이다. 이는 원인과 결과를 중시하고 이성적인 분석과 판단이 중요하며 유용성 내지는 효과라는 것이 큰 목적이다. 이러한 시대 정신으로 물든 현대인에게 종교로서의 기독교가 갖는 많은 부분이 부정되거나 거부된다. 예를 들어 초월성이란 것은 현대인의 도구적 이성

---

3)이러한 이해는 교회의 "교육적 본질"과 일치함을 알 수 있다. 교육은 본질적으로 체계성, 의도성, 온전성, 가치성을 갖는다.

4)John M. Hull, *What Prevents Chrisitian Adults From Learning*, Trinity Press, Philadelphia, 1991, ch.1.

주의의 틀에서는 큰 의미가 없을 뿐 아니라 불합리하기까지 하다.

세 번째로 구조적, 문화적인 다원화주의(structural cultural pluralism)를 들고 있다. 경제를 위주로 해서 문화, 종교의 다원주의로 인해 현대는 심각한 혼란을 겪을 수밖에 없다. 동시에 사회의 분업화로 인해 사회의 구조나 삶의 영역이 분업화 되고 서로 독립되면서 지금까지 가졌던 유기체적인 관계가 무너지기 시작한다. 이로 인해 개인화의 중시와 함께 종교는 더 이상 삶의 전 영역에 해당되는 게 아니라 삶의 일부분에만 해당된다. 개인주의는 이상의 특징들이 가져다주는 당연한 결과이다. "내가 원하는 종교를 택하겠다.","내가 선택하고 내가 결정하고 내가 주도하는 것이지 남이 간섭할 일이 아니다."라는 생각들이 종교에서 나타나게 되고 이로 인해 교회라는 공동체의 영향은 점점 약화된다.

오늘날 급변하는 사회적 상황 역시 여러 가지 면에서 현재의 교회 교육으로서는 감당키 힘든 여건임을 알 수 있다. 오늘날 우리는 과거와 같이 고정되고 비교적 변화가 없는 사회에서 살고 있는 것이 아니라 사회 자체가 엄청나게 빠른 속도와 범위로 바뀌어지는 가운데 살고 있다. 개인은 더이상 독자적인 개체가 아니라 사회 변화의 소용돌이 한가운데서 살고 있는 개인이다. 특히 매스 미디어를 통한 사회 변화는 과거와는 전혀 다른 사회적 삶의 형태와 질을 요구한다. 지금까지의 교회 교육은 열심히 교회 안에서 가르치면 사회 안에서 저절로 능력 있게 살아갈 수 있다는 식의, 즉, 교회와 사회의 분리 모델에 따랐다. 그러기에 내용의 구성에 있어서도 대부분은 성서, 교회, 교리 중심이었다. 하지만 이러한 모델이 급변하는 사회에서 더이상 유효하지 못하다는 것은 지극히 당연하다.

이로 보건대 현대라는 시대에서 기독교 정신을 이어 나가고 이에 따른 문화를 형성한다는 것은 교회 교육의 중심적 사명이요, 동시에 결코 쉽지만은 않다는 것을 알 수 있다. 도구적 이성주의로 기독교의 초월성이 도전 받고 사회의 급변으로 인해 영구적이고 지속적인 진리가 도외시되며 다원주의로 인해 기독교의 독자적인 정체성이 위협 받는다. 나아가 개인주의는 전통적 기독교의 공동체성을 부인하고 있다. 물론 그렇다고 이러한 모습들을 부정적으로만 볼 필요는 없다. 오히려 이러한 문제들이 기독교로 하여금 더욱 문화의 형성에 관심을 기울이도록 한다. 문제는 우리가 어떠한 자세로 대처하느냐이다. 이러한 현상에 대해서 우리는 리처드 아스머(R. Osmer)가 지적한대로 교회는 개혁 교회가 가졌던 바른 교육적 기능을 회복해야 한다.[5] 그러면 문화 형성은 기독교 교육과 어떤 관계를 가지는가?

3) 문화 형성을 위한 기독교 교육

웨스트 호프(John Westerhoff III)는 오늘날 교회 교육의 근본적 문제를 잘못된 신앙 이해로 지적하면서 기독교 교육은 종교(Religion)에 대한 전달이나 지식 습득이 아니라 신앙에 있다고 주장한다. 따라서 오늘날의 학교식 교수 방식의 교육 패러다임은 신앙에 적합하지 못하며 대신 신앙 공동체-문화화(Faith community-enculturation)라는 패러다임을 주장한다. 그에 따르면, "신앙은 자의적이고 의도적인 신앙 공동체 안에서만 양육된다."[6] 교육 과정의 중심은 학생의 사회적 상호작용을 통한 기독교적 경험이다. 사회적 상호 작용은 과정으로서만이 아니라 내용으로서의 기독교 교육의 핵심이다.

따라서 문화의 형성에 관심을 갖는 기독교 교육은 근본적으로 교육의 중심이 되는 바른 신앙 이해로부터 출발해야 한다. 웨스트 호프의 지적과도 같이 오늘날 기독교 교육의 가장 근본적인 문제는 바로 신앙에 대한 잘못된 이해에 있다. 그러면 신앙이란 무엇인가? 이 질문으로부터 출발하자.

---

5)Richard Osmer, *A Teachable Spirit*, Westminster Press, Louisville, KY, 1990.
6)John Westerhoff III, *Will Our Children Have Faith*, Seabury, New York, p.52.

4) 기독교 교육과 신앙

올바른 신앙 이해는 바른 교회 교육의 첫걸음이다. 모든 교회 교육의 이론적, 실천적 노력들은 신앙 이해와 연결되어 있다. 신앙은 교회 교육의 기초인 동시에 모든 교육적 활동을 인도하는 지침이다. 교회 교육의 목적, 내용, 방법, 환경, 평가 등의 요소들은 바로 신앙의 이해에 기초해야 하고 신앙을 위한 것이 되어야 한다.

먼저 신앙은 지적 신앙(Belief) 즉, 교리나 신조, 성서 지식과는 구분된다. 물론 신앙에는 이러한 면들이 있다. 그러나 결코 이에 제한되지 않는다. 신앙은 전체 존재의 방향성이고 존재의 터전이다. 그러기에 근본적이다.[7] 신앙을 위한 교회 교육은 근본적인 삶의 터전에 관심을 가짐으로써 하나님과의 관계를 중심으로 자신, 이웃, 그리고 자연과의 관계를 포함한 인간의 모든 관계를 주도한다. 넬슨(C. E. Nelson)에 따르면 신앙은 ① 세계관과의 관계에서 인식의 체계를 형성하고, ② 가치 체계에 따른 양심을 형성하고, ③ 사회 그룹의 관계에서 개인적 관계로부터 자기 정체를 창조한다."[8]라고 주장한다. 여기서 우리는 신앙을 중심으로 하는 기독교 교육은 곧 문화 형성의 사역임을 알 수 있다.

다음으로 신앙의 생명성이다. 신앙은 생명을 지닌 실체로서 우리의 삶에 변화를 가져온다. 신앙은 일평생 자라서 우리가 그리스도 안에서 자라도록 한다(엡 4:16). 교회 교육의 사명은 이러한 성장이 지속적으로 그리고 균형있게 일어나도록 사역하는 일이다. 따라서 신앙을 위한 교회 교육은 지속성과 균형성이 필히 고려되어야 한다. 신앙은 생명이 있어서 자란다고 할 때 '자란다는 것'이 무엇인지를 정리해야 할 것이다. 신앙의 성장은 크게 양적 성장과 질적 성장으로 나뉘어진다. 양적 성장이란 어느 단계에서의 신앙의 지식이 많아지고 그 지식이 인격과 삶, 그리고

---

7) James Fowler, *Stages of Faith*, Harper and Row, San Francisco, 1981.
8) Nelson, *Where Faith Begins*, John Knox Press, Richmond, 1971, p.9.

확신으로 나아가는 모습을 말한다. 여기에는 지식의 차원, 행함의 차원, 도덕과 사회의 차원, 초월적인 차원이 포함되어 있다. 질적 성장이란 신앙이 어느 정도 시간이 지나면 위에서 말한 모습들이 질적으로 변화되어 새로운 단계로 나아가는 것을 의미한다. 신앙의 성장이란 양적 성장도, 질적 성장도 일어나야 한다. 지나친 양적 위주의 성장도, 지나친 질적 위주의 성장도 문제이다. 대개 어린이의 경우 성인의 단계를 미리 가르침으로 해서 양적 성장에 어려움이 있으며 성인의 경우 지나치게 양적 성장을 강조함으로써 질적 성장에 어려움을 겪는다.

오늘날 제임스 파울러(James Fowler)를 중심으로 해서 신앙 성장에 대한 체계적인 연구가 이루어져서 교회 교육은 큰 도움을 받게 되었다.[9] 파울러에 따르면 신앙은 일평생을 통해서 일곱 번의 질적인 변화를 겪는다. 신앙은 질적인 변화를 통해서 지적, 도덕적, 자아적, 사회적, 초월적 차원 등의 모든 면에서 성숙하게 된다. 신앙의 성장은 개인의 노력과 아울러 교회의 교육적 사명이 함께 할 때에 가능하다. 많은 경우 전체 성장 과정에 대한 이해가 없음으로 해서 교회의 교육은 단절과 비체계적인 모습을 갖게 된다. 따라서 교회는 각 단계의 신앙적 특성을 이해하고 그에 합당한 교육적 뒷받침을 할 수 있어야 한다.

나아가서 신앙의 공동체성이다. 신앙은 공동체에서 출발하며 공동체를 터전으로 성장한다. 따라서 바른 신앙적 공동체는 교회 교육의 근본 터전이다. 우리가 교회 교육을 행함에 있어서 항상 교회의 본질을 거듭 거듭 확인하는 것은 바로 이 이유 때문이다. 신앙 공동체를 떠나서는 교회 교육은 가능치 않다. 교회 교육은 참된 신앙 공동체를 가져야 함과 동시에 교회 교육은 교회가 참된 신앙 공동체가 되도록 노력해야 한다.

이러한 신앙 이해는 기독교 교육의 중심이 되어야 한다. 기독교 교육이 문화에 관심을 가져야 하는 이유가 바로 여기에 있다. 기독교 교육은

---

9)박원호, 『신앙의 발달과 기독교 교육』, (서울: 장로회신학대학교 출판부, 1995).

궁극적으로 문화로서의 신앙에 관심을 갖는 것이다.

2. 문화 형성을 위한 교회 교육의 체계

그렇다면 어떻게 해야 문화로서의 신앙이 형성되는가? 먼저 지적할 것은 오늘날 교회 교육이 채택하고 있는 주일 "학교식"의 체계에 대한 이해이다. 한국교회는 기독교가 전래되기 시작한 시점과 거의 동시에 교회 학교를 가지게 된 것은 큰 축복이요 감사이다. 그리스도의 제자를 훈련하고 양성하는 터전으로서, 신앙적 삶이 깊어지고 넓어지는 기관으로서, 사회적 책임을 감당케 하도록 준비시키는 도구로서의 주일 학교는 아무리 그 중요성을 강조해도 다함이 없다. 이제 교회 학교 없는 교회, 교회 학교 없는 교육은 생각할 수 없게 되었다. 한국교회는 선교 시초부터 주일학교를 가지게 됨으로써 교육적인 면에서만이 아니라 교회 전체의 시작과 성장, 그리고 확장에 있어서 크게 도움을 입게 된다.

무엇보다 주일학교를 통한 교회 교육은 지난 100년간의 교회의 성장에 있어서 중심적 역할을 감당했음을 지적해야 할 것이다. 흔히들 교회 성장과 교회 교육은 별개의 영역이라고 생각하나 실상은 그렇지 않다. 교회의 성장은 주일학교의 성장에 크게 의존하고 있으며 주일학교의 성장은 곧 교회의 성장과 직결된다. 유년 주일학교를 통해서 신앙을 시작하게 되는 수가 어떤 경우보다 가장 많은 것이 바로 이를 증명하며[10] 교회 개척의 경우에 있어서 예나 지금이나 주일학교는 선봉장의 역할을 감당해 왔다. 아이들을 모아서 성서와 찬송을 가르치고 그들을 돌봄으로써

---

10)우리의 통계는 나와 있지 않으나 미국의 경우도 이는 동일하다. Jack Seymour, *The Story of The Protestant Sunday School*. 24쪽. 83%의 성도들이 주일학교를 통해서 신앙을 갖게 되었다고 한다. 한국 선교사들의 초기 선교에서도 교회의 성장을 위해서 성경 공부를 가장 강조했음도 이런 맥락에서 이해될 수 있다.

비로소 교회가 시작되는 터전을 마련하게 되는 경우가 얼마나 많은가! 지난 100여 년 동안의 한국교회의 경이적인 질적, 양적 성장은 만일 주일학교를 통한 전도가 이루어지지 않았더라면 결코 가능치 않았다는 사실을 우리는 기억해야 한다.

나아가서 주일학교는 처음으로 신앙을 갖게 되는 관문의 역할을 했을 뿐 아니라 신앙의 성장에 있어서 핵심적인 역할을 감당했다. 주일학교를 통해서 성서를 배우고 이를 통해서 성도의 교제를 갖게 되며 나아가 사회 참여에 임하게 된다. 성서는 신앙의 중심으로서 삶에 대한 새로운 이해와 비전을 갖게 했고, 주일학교를 통한 교제는 그리스도 안에서 자신을 발견하고 형제 자매 된 사실을 확인하고 하나님께 더욱 가까이 나아가는 통로가 되었으며, 세상 가운데 기독교인으로서 사명을 감당하는 능력을 공급받았던 것이다. 이런 점에서 우리는 주일학교의 사회적 공헌을 높이 평가해야만 한다. 초창기에 주일학교는 신교육의 대명사로서 앞선 교육이었으며 일반인들의 신교육열을 자극하기에 충분했다. 많은 사회 지도자들이 주일학교 교육의 영향을 받았으며 현재 활동하고 있는 대부분의 음악가, 사회 봉사자, 의사들이 그 증인들이다.

동시에 주일학교는 평신도 지도자 훈련에 필수적인 장으로서의 역할도 높이 평가해야 한다. 대부분의 평신도들이 교사의 사명을 감당함으로써 지도자로서의 훈련을 받게 된다. 교회 사역의 일부분을 감당하고 양육하는 책임을 지게 되며 이를 통해 자신의 신앙이 성장하는 축복도 받는다. 주일 학교의 성공 요인 가운데 지적할 수 있는 것은 바로 헌신적인 교사들의 노력이다. 비록 교육적으로는 전문가가 아니었지만 이들은 자부심과 헌신으로 교회 교육에 참여 하였으며 겅은 교사들이 교회 학교의 사명을 평생의 사명으로 감당했다. 참으로 이러한 전통을 가진 주일학교를 가진 것은 그 자체로 큰 축복이 아닐 수 없다. 물론 지금까지 주일 학교가 아무런 문제가 없었다고 말하는 것은 아니다. 그러나 적어도 오늘날까지 교회 학교는 한국교회의 시작과 그 성장에 있어서 중심적 역할을 감당했다는 사실만은 인정해야 한다. 하지만 이러한 주일학교가 오늘날 여러 면에 있어서 어려움을 당하고 있으며 특히 문화 형성의 관점에서 진지한 평가가 있어야할 것이다.

1) 교회 학교의 시작

교회 학교(또는 주일학교)는 1780년 영국의 로버트 레익스(Robert Raikes)의 일요일 학교(Sunday School)에 기원을 둔다.[11] 처음에는 학교 교육을 받지 못한 아이들이 배우는 읽기, 쓰기 등의 단순한 사회 교육 차원에서 시작되었던 것이 훗날 교회로 영입되면서 교회 학교가 되어 오늘에 이르렀다. 우리는 선교사를 통해서 처음부터 교회 학교 체제를 받아 들였다. 이 교회 학교 체제는 한국인의 교육에 대한 본래적 열정과 당시 서구 교육에 대한 동경에 힘입어 크게 성장했으며 교회의 중심 기구로 자리 잡았다.

여기서 우리가 짚고 넘어가야 할 것은 주일 학교는 교회 교육의 본래적 기관이 아니라 사회 교육 기관이었으며 교회의 고유한 교육의 제도가 아니라는 사실이다. 다시 말해서 교회는 교회 학교 이전부터 교육을 위한 제도가 있었으며 그러던 중 18세기에 이르러서 일요일 학교 제도(Sunday School)가 교회 내로 수용되었다는 사실이다. 교회라는 기관에 학교라는 제도가 접목된 것이다. 따라서 처음 주일학교가 교회에 영입될 때에 부모와 목사의 전통적인 교육의 역할을 침범한다는 느낌으로 인해 많은 저항이 있었던 것도 사실이다.[12] 그러다가 주일 학교가 공식적인 교회 기관으로 인정된 것은 1859년 필라델피아에서 있었던 제3회 주일학교 대회에서였다.[13] 시간이 지나면서 이제 주일학교는 교회 교육

---

11) Robert Lynn, *The Big Little School*, REP, Birmingham, 1980.
12) Anne Boylan, *Nursery of the School*, in *The Sunday School Movement 1780-1917 and the American Sunday School Union 1817-1917*, Philadelphia:American Sunday School Union, 1917. p.73.

을 대표하는 교육 기관이 되었으며 교회 교육의 근본 정신이 되었다. 이 점에서 우리는 200여 년이 지난 지금 과연 주일학교 체제가 교회의 본래적 교육 목적과 일치하는지 지적하고 넘어가야 한다. 미국에서는 이미 심각하게 비판되고 그 대안이 제시되고 있는 실정이다.[14]

먼저 우리는 현재 사용하고 있는 주일학교라는 제도가 신앙(Faith)을 중심으로 하는 교회라는 본질과 일치 또는 상응하는가를 질문해야 한다. 교육을 담당하는 기관에는 여러 종류가 있다. 가정, 학교, 사회, 군대 모두 각자 자신의 고유한 목적을 가지그 있으며 자신의 본질에 입각한 교육을 시행한다. 물론 많은 경우 서로 중복되는 경우가 있는 것이 사실이나 각 기관은 자신의 고유한 본질과 목적을 설정하고 이에 합당한 교육 체제를 주장한다. 예를 들어, 군대는 나름대로의 고유한 목적이 있고 이를 위해서 이에 합당한 교육 체제를 가지고 있다. 비록 가정에도 군대식 교육 모습이 있다고 하더라도 군대 교육을 가정에 전적으로 사용하지 않는 것은 그 본래의 기능과 목적이 다르기 때문이다. 마찬가지로 교회도 본래적인 기능과 목적이 있기에 나름대로의 교육 체제를 가지는 것이다. 교회는 그리스도를 구주로 고백하는 신앙의 공동체이며 교육의 터전과 목적은 신앙과 그 성장이다. 그러나 일요일 학교(Sunday School)가 교회로 영입되고 이 제도가 교회를 통하여 성장하면서 교회는 자신도 모르게 학교식 교육 제도를 가지게 되었다. 앞에서 지적한 바와 같이 주일학교가 교회에 끼친 영향은 결코 과소 평가할 수 없다. 그러나 주일학교는 말 그대로 학교식 체제를 따르는 교육이다. 물론 교회 안으로 들어옴에 따라서 많은 수정과 변화를 가진 것은 사실이나 여전히 "학교"라는 근본 이미지를 따른다. 따라서 우리는 이 학교식 제도가 교회의 본질과

---

13) Jack Seymour, *From Sunday School to Church School: Continuties in Protestant Church Education in the United States, 1860-1929*, University Press of America, 1982. p.25.

14) 그 대표적인 학자로서 웨스트호프(John Westerhoff Ⅲ)를 들 수 있다. 그의 책 *Will Our Children Have Faith? Values For Tomorro's Children*을 참고 하면 될 것이다.

목적에 적합한지를 물어야 한다. 이제 학교식 교육 체제의 몇 가지 특징
들을 살펴 보자.

먼저 학교 체제는 무엇보다 지식의 전수를 주된 사명으로 생각한다.
물론 학교 교육의 본래 목적은 지식이나 기술에 제한되지 않는다. 로렌
스 크레민(Lawrence Cremin)은 교육에 대해 "지식, 태도, 가치, 기술,
또는 감성을 전달하고 불러 일으키며 또는 획득하는 모든 의도적이고 체
계적이며 지속적인 노력과 그 노력의 결과이다."[15]라고 정의한다. 그러
나 시간이 지날수록 학교는 점차 지식이나 특정 기술을 중심으로 나아가
고 있음을 부인할 수 없다. 특히 오늘날 전문화 시대에 있어서 학교의
역할은 갈수록 지식으로 편중되고 있음을 알 수 있다. 지식 중심의 교육
에 있어서는 학생의 지적인 능력이 강조되고 나아가서 가르침이라는 방
법이 중심을 이루게 된다.

다음으로 교육의 형식화이다. 학교에는 지정된 교사가 있고 지정된 장
소가 있으며 그리고 지정된 교재가 있다. 학교는 틀에 짜인 형식을 중요
시하는 교육이다. 엘리엇 아이스너(Elliott Eisner)는 말하기를 오늘날
의 교육은 공장의 부품 라인(Assembly line)이라는 근본 이미지를 갖고
서 규격에 맞는 교육만을 고집한다고 한다.[16]

따라서 교사와 학생간의 관계, 학생과 학생간의 관계 등의 잠재적인
커리큘럼(Hidden Curriculum)을 고려하지 않는다. 아울러 학교는 학
생의 연령을 제한한다. 비록 1960년 이래로 평생 교육이 주장되었지만
여전히 학교 교육은 어린이와 청소년, 그리고 초기 청년에 한정되어 있
다. 학교를 떠난다는 것은 곧 교육이 중지된다는 것을 의미한다. 사회와
의 분리 현상 역시 또 다른 학교의 특징이다. 아직도 많은 사람의 생각

---

15)Lawrence Cremin, *Traditions of American Education*, Basic Books, New
York, p.134.

16)Elliott Eisner, *The Educational Imagination: On the Design and Evaluation
of School Programs*, Macmillan Publishing Co., N. Y. 1985, p.10.

에는 학교는 사회로부터 분리된 학문의 상아탑이다. 가능하며 학교는 사회와 분리되어야 한다는 생각을 하고 있다.

그러나 무엇보다 가장 근본적인 학교 교육의 문제는 인식론적인 터전에 있다고 하겠다. 파머(P. Palmer)가 지적한 대로 학교는 근본적으로 호기심과 통제(Curiority and Control)라는 동기로 지식을 대한다. 이러한 동기에 따른 지식의 결과는 철저한 주객의 분리를 요구하며 그 결과 이기주의, 공동체의 파괴, 조작, 이용과 같은 결과로 나타난다.

호기심은 때로는 살인을 행하기도 하며, 또 우리의 지배욕은 죽음의 힘을 몇몇 사람의 매우 불안정한 손에 쥐어주고 말았다. 이러한 원천으로부터 발사된 지식이란 끔찍한 목표를 향해서 가고 있으며, 삶 그 자체에 대한 외경과 같은 근본적인 윤리적 가치에 의해서도 궤도 수정을 하지 않는다는 사실에 놀라서는 안 될 것이다. 호기심은 무도덕적인 열정이요, 알려는 욕구 그 자체를 넘어서는 어떠한 지침도 인정하지 않는다. 지배란 힘에 대한 또 다른 이름에 지나지 않으며 무도덕성뿐 아니라 파멸로 나아가는 경향으로 악명 높은 열정이다. 호기심과 지배가 지식에 대한 주요 동기라면 우리는 결국에는 생명이 아닌 죽음으로 우리를 데려갈 지식을 생산하고 있는 것이다.[17]

2) 학교 교육의 영향

이러한 학교의 특징들은 교회의 교육에도 반영되고 있음을 충분히 인식할 수 있다. 먼저 교회 학교는 지식 전수와 아울러서 예배, 친교, 교제, 신앙 인격들간의 만남 등의 공동체적 삶이 중요한 요인들이다. 그러나 많은 아동이나 청소년의 교회 학교의 경우 예배, 선교, 교제보다는

---

17)Parker Palmer, *To Know As We Are Known*, (『기독교 교육 인식론』, 박원호 역 도서출판 광나루, 1991), 30-31쪽.

성경공부가 학습 대상의 중심이 되고 있는 것은 바로 이를 반영한다. 특히 한국적 상황에서의 학교식 교육은 더욱 이러한 경향을 강화한다. 현재 사용되고 있는 대부분의 용어나 체계도 학교식 용어임을 부인할 수 없다.[18)]

다음으로 교회 학교 교육의 축소 현상이다. 다행히 초대 한국교회의 경우 본래 전 교인을 위한 기관으로 출발했다. 그러나 시간이 지날수록 어린이나 청소년들에 국한되고 있는 것을 본다. 성인들을 위한 교육은 점차 소홀해 지고 있으며 일부 교회에서 성인들을 위한 성경공부가 활발히 진행되고 있는 것을 보지만 아직도 성인 교육에 대한 체계적인 노력이 부족한 실정이다. 이로 인해 성인과 아동, 청소년간의 이원적인 교육이 이루어지고 있는 것도 사실이다. 교회와 교육의 공동체성이 심각하게 도전받고 있는 현상 역시도 학교 교육 체제의 결과라는 것을 부인할 수 없다. 아직도 교회 학교는 어린이나 청소년, 기껏해야 청년들을 위한 교육 기관이다.

가정과의 분리는 또 다른 결과이다. 교회 교육은 항상 가정과의 유기적 관계에서 이루어졌으며 주일학교 체제 이전에는 가정이 중심적인 역할을 감당했다. 신앙의 일차적 교육은 가정에서 이루어져야 하며 가정을 떠나서는 바른 "신앙" 교육이 가능치 않다. 그러나 주일학교 체제가 정착되면서 점차 가정에서의 신앙 교육은 등한시 되고 신앙 교사로서의 부모의 교육적 책임도 도외시 되었다.

학교 체계의 수용은 목회와 교육의 이분화라는 현상을 낳았다. 특히 목회자의 교육 책임 회피도 짚고 넘어가야 한다. 교회 학교의 영향으로 많은 교역자들은 교육이 자신들의 일차적 책임이 아니라는 생각을 은연 중에 가지고 있다. 아울러 자유주의 신학의 부정적인 영향에 따라서 자신을 "교사"로 인정하지 않으려는 모습이나 교육은 인간적인 노력이라는

---

18)현재 사용되고 있는 계단 공과의 기초도 일반 학교 교육의 기초라고 말할 수 있다.

부정적인 신학적 해석이 목회자의 교육적 책임을 더욱 회피하게 하고 있다. 이로 인해 교회 학교는 평신도의 손에 갈겨지게 되었으며 이는 필연적으로 교육의 질의 저하를 가져왔다. 비록 그들의 헌신과 열심을 결코 과소 평가해서는 안 되지만 그에 비해 교육적인 자질이 뒤따르지 못하는 것은 당연하다. 아울러서 교회 교육이 갖는 신학적 터전이 평신도 수준에 머무르는 것도 바로 이 때문이다.

학교 체제가 갖는 인식론적 터전은 가장 깊이 숨어있는 악마적 세력이다. 이 세력은 전혀 우리가 알아채지 못 하도록 교회 학교의 거의 모든 교육 활동 속에 스며들어 있으면서 신앙 성장을 위한 우리의 교육을 방해한다. 주객의 분리를 강조하면서 성서의 지식을 갖는 것에 만족하도록 하며, 객관성과 논리를 강조하면서 교육에서 열정과 헌신을 몰아낸다. 동시에 인권을 가장해서 이기주의를 조장함으로써 공동체를 어렵게 한다. 마지막으로 학교 체제가 강요하는 사회와의 분리는 사회의 소금과 빛으로서의 사명을 감당해야하는 교회 교육과 접목되기에는 한계가 있다.[19]

이상에서 보듯이 학교 체제는 나름대로의 장점이 있음에도 불구하고 심각한 문제가 있음을 알 수 있다. 현재 교회 교육에서 나타나고 있는 문제점들은 근본적으로 학교 체제가 교회 교육에 도입되었기 때문이라고 말할 수 있다.

불행히도 한국교회는 처음부터 주일학교 체제를 받아들였기 때문에 이에 대해 심각히 비판한 적이 없다. 그러나 이제는 더 이상 학교 체제로는 교회의 교육적 사명을 감당할 수 없음을 알아야 하며 지금이라도 교회 교육에 대한 재점검과 아울러 새로운 교육의 구조적 개혁을 시도해야 할 것이다.

---

19)이에 대해서는 파커 파머의 『기독교 교육 인식론』(Farker Palmer, *To Know As We Are Known)*, 박원호 역, 도서출판 광나루, Harper and Row, San Francisco을 참고 하면 된다.

결론적으로 말해 현재의 당면한 문제는 웨스트호프의 지적과도 같이 교회 교육이 약 200여 년 전에 시작된 주일학교 체제에 의존하고 있기 때문이라고 말할 수 있다. 이 체제가 계속되는 한 교회 교육은 더욱 어려움을 당할 것이다. 문화의 형성에 책임을 지고 있는 교회 교육으로서는 심각한 문제가 아닐 수 없다. 이제 우리의 과제는 과연 문화의 형성을 위한 교회 교육은 어떤 체제와 틀을 가져야 하는가?라는 질문이다. 이에 우리는 웨스트호프가 지적한 문화화(enculturation)라는 교육 체제를 생각할 수 있다. 그러면 문화화란 무엇을 말하는 것인가?

3) 문화화란(enculturation)?

웨스트호프에 따르면 문화화를 위한 교육은 사람들의 인식, 경험, 삶의 근본적인 재 방향성으로 인도한다.[20] 이는 "그리스도의 주되심, 하나님의 새로운 가능성의 복음, 그리고 모든 잘못된 종교성에 대항하는 복음의 예언적인 항거를 증거함으로써, 교회가 자신의 영혼을 잃지 않고 현상 유지를 주장하는 문화적 연속 기구가 되지 않도록 한다. 대신 하나님의 나라 안에서, 하나님의 나라를 위해서 생명력 있는 문화 변화의 기구가 되게 한다."[21] 그는 계속해서 말하기를, "진실된 기독교적 삶이란 정치, 사회, 경제적인 영역에서의 하나님의 나라를 대신하는 개인적이고 동시에 사회적이다. 교육의 목적은 이러한 삶 속으로 인도하는 것이 아니다."[22] 그러나 하나님께서는 하나님 나라의 선봉으로, 샬롬의 상징이 되도록 우리를 부르시며 문화적 변화를 위해 공동체로 우리를 부르신다. 따라서 기독교 양육은 형성과 아울러 변화에 초점을 맞추어야 한다. 따라서 기독교 양육은 일평생을 통한 개인과 세계의 변화와 아울러서 세

---

20) 웨스트호프는 교육이라는 말 대신에 catechesis라는 말을 사용한다.
21) Westerhoff, *Building God's People*, p.51.
22) 앞의 책, p.52.

상과의 관계에서의 변화도 목적으로 해야한다. 이러한 주장에서 우리는 기독교 교육이 문화의 형성에 필연적으로 관심을 가져야함을 다시금 확인하게 된다. 그렇다면 이러한 문화화를 위한 교육은 어떠한 노력을 기울여야 하는가? 이제 구체적으로 문화화를 위한 교육의 방법을 생각해 보도록 하자.

3. 문화화를 위한 교육적 노력

교회 교육의 첫번째 과제는 공동체 문화 형성에 대한 관심이다. 즉, 공동체가 공동체다울 수 있도록 힘써야 한다. 교회는 분명 일반 기관이나 단체와는 다른 본질적 특성을 가진다. 그리스도를 주로 고백하는 유기체요, 섬김을 근본으로 하여 세상을 섬기는 종의 사명을 가진다. 교회의 구성원들은 공동체 자체를 통해서 문화를 접촉하게 되며 이를 받아들이게 된다. 공동체는 신앙의 터전이요, 신앙 교육의 구체적인 내용이다. 신앙은 반드시 공동체를 배경으로 해야 하며 공동체가 어떤 모습을 갖느냐에 따라서 신앙이 형성된다. 본인이 아무리 애쓴다 하더라도 공동체가 바른 모습을 갖지 못한다면 바람직한 신앙을 가질 수 없는 것은 당연하다. 앞에서 보았듯이 문화로서의 신앙 교육은 사회적 책임을 져야 한다. 그러기 위해서는 먼저 교회 공동체가 작은 문화의 장이 되어야 하며 여기서 신앙이 경험되고 훈련되어야 한다. 레윈(Kurt Lewin)의 주장과도 같이 배움은 먼저 새로운 소속이다(Learning is first a new belonging)."[23] 다익스트라는 "만일 교회가 회개하고 기도하고 섬기는 공동체(repenting, praying, and serving community)로서의 모습을 갖지 못 한다면 교회에 속한 구성원들이 문화를 경험치 못한다."고 주장한다. 모든 교육은 공동체를 전제로 형성되어야 한다. 이러한 전제는 교

---

23) Nelson, *Where Faith Begins*, p.187.

육의 내용에 예배, 가르침, 교제, 섬김 등의 모든 노력들이 포함되어야
할 뿐 아니라 동시에 이에 적합해야함을 말한다. 특히 가르침의 행위는
핵심적인 활동이긴 하지만 전체 공동체적 삶과의 관련에서 이해되어야
한다. 이를 위한 교회 교육은 공동체의 전통을 전달하고 해석하며 나아
가 경험토록 함으로 이해될 수 있다.

먼저 공동체의 이야기는 반복해서 들려져야 하며 해석되어야 한다. 공
동체는 이야기를 중심으로 형성되어 있다. 이 이야기들은 공동체를 공동
체 되게 한다. 동시에 이 이야기들은 우리의 이야기에 비추어서 공동체
적으로 해석되어야 한다. 많은 경우 목회자 혼자서만의 해석이 일어나는
것은 바람직하지 않다. 적어도 당회 차원에서의 공통적 해석 노력이 있
어야 한다. 다시 말해 교회가 믿는 중심 이야기들(Master stories)에 대
한 공동체적 해석과 고백이 있어야 한다. 이 말은 전통이 결코 과거의
해석 그대로 전해지지 않기 때문이다. 전통은 끊임없이 오늘날의 상황에
따라서 재해석되어야 한다. 이것이 바로 성서 자체의 전통이다. 한 예로
출애굽 사건은 시대를 따라 계속적으로 반복되어 왔다. 그러나 결코 있
는 그대로 암송하는 것이 아니라 새로운 시대의 상황에 따라 공동체적으
로 재해석되었다. 가장 대표적인 사건은 바로 예수 그리스도의 사건이
다. 예수 그리스도의 사건에 대한 해석이 복음서마다 다른 것은 마태,
마가, 누가, 요한의 공동체가 처한 상황이 달랐기 때문이다. 토마스 그
룸의 주장과도 같이 우리들의 이야기과 성서의 이야기가 변증법적 대화
가운데서 만날 수 있어야 한다. 물론 이러한 노력은 반드시 공동체의 노
력이어야 함은 말할 필요도 없다.

다음으로 예배가 교회 교육의 중심이 되어야 한다. 예배는 공동체의
중심이다. 예배의 교육적 중요성은 아무리 강조해도 다함이 없다. 예배
를 통해서 우리는 가장 완벽한 문화 교육적 환경을 갖게 된다. 예배는
공동체의 이야기를 전달하고, 전통을 살리며 나아가서 미래를 위한 비전
을 제시한다. 예배는 가장 과거적이며 동시에 가장 현재적이며 나아가
가장 미래적이다. 우리는 예배가 있기에 미래에 대한 비전을 가질 수 있

다. 모든 나이에 있어서 예배는 교회의 전통을 충실히 전달할 수 있어야
하며 어린이 예배라고 결코 소홀히 해서는 안 된다. 어린이 예배에서도
어른 예배와 같이 예배력을 중시해야 하며 하나의 공동체 형성을 위해서
는 오늘날 미국에서 많이 실시하고 있는 어린이들의 어른 예배 참석도
가능하게 해야한다. 동시에 공동체는 예배에 대해서 항상 그 의미가 퇴
색되지 않도록 해야한다. 왜 현재의 예배 순서를 갖고 있는지, 다르게
시도될 수는 없는지에 대해서 점검할 수 있어야 한다.

예배와 아울러 교회 절기는 또 다른 공동체 전통의 중심이다. 교회는
절기를 해마다 지킴으로써 예수 그리스도의 삶에 참여하게 된다. 자칫
하나의 행사로 되어버리면 공동체의 전통은 사장된다. 또 일부만 참여하
는 일이 있어서도 안 된다. 절기는 전체 공동체의 행사가 되어야 하며
아울러 과거의 전통이 오늘에 살아있을 수 있도록 해야 한다.

이와 함께 반드시 포함되어야 할 것은 공동체의 현재적 삶에 대한 이
해와 해석이다. 현재적 삶은 항상 공동체의 본질에 대한 표현이다. 다익
스트라도 말하기를, "새로운 삶은 근본적으로, 그리고 본질적으로 공동
체적 삶(a shared life)이다."라고 말한다.[24] 교회의 행정, 재정, 건축
등이 대표적인 예이다. 이에 대해 교회는 본질에 타당한지 설명하고 이
를 가르쳐야 한다. 이는 바로 신앙 교육이 자칫 간과할 수 있는 부분이
다. 그러나 이러한 노력은 바로 신앙적 삶으로 연결될 수 있는 중요한
자료가 아닐 수 없다. 물론 성경공부가 필요없다는 말은 결코 아니다.
성경공부는 항상 공동체를 배경으로 해야하며 이는 오늘의 삶과의 만남
에서 일어나야 한다. 자칫 지식 습득 중심의 성경공부는 삶과의 분리를
가져오고 부정적인 신앙의 모습을 가져오는 일을 흔히 경험한다.

성경을 공부함에 있어서는 항상 성서가 공동체의 산물이요, 동시에 공
동체를 위한 것임을 잊지 말아야 한다. 이는 우리의 성경공부는 항상 현
재의 공동체와의 대화적인 만남이 있어야 함을 말한다. 자칫 성서를 개

---

24)C. Dykstra, *Vision and Character*, Paulist Press, New York, 1981, p.18.

인적인 영성의 책으로나 또는 사회 개혁을 위한 지침으로만 사용되는 것은 결코 바람직하지 않다. 성서는 원칙적으로 공동체에 의해서, 공동체를 위해 씌여진 글이다. 따라서 성서의 내용은 현재의 공동체적인 삶과의 관계에서 다루어져야 함을 잊지 말아야 한다. 다익스트라에 따르면 공동체적 삶이란 두 가지 형태를 취한다고 한다. 하나는 상호 인격간의 인격의 나눔이요(a sharing of persons in interpersonal mutuality), 사람들은 깊은 차원에서 다른 사람들의 삶에 참여한다. 그럼으로써 점차 자기 방어적 모습이 줄어 들고 이용하는 모습이 적어진다.[25] 아울러 이는 새로운 삶을 가져다 준 새로운 관점의 나눔이다. 서로에게 그리스도의 삶, 죽음, 부활에 대한 이야기를 들려주며 그리고 이러한 이야기에 따른 자신들의 신앙적 경험의 이야기를 나눈다. 만일 이야기들이 다시 들려질 경우 그들의 경험과 타인의 경험은 이러한 삶의 방식에서 깊어진다. 이 경우 경험의 본질을 지적하는 이야기가 가지고 있는 은유와 이미지들이 나누어진다.

　중요한 것은 성도들 전체가 문화화의 대상이 되어야 한다. 오늘날 처럼 어린이나 청소년 중심의 교육에는 분명히 문제가 있다. 즉, 교육과 목회의 이분화 현상은 결코 성공적인 문화화가 되지 못한다. 전체 공동체가 하나의 문화를 갖기 위해서는 전체 구성원이 동일한 문화적 터전을 가져야 한다. 어른과 청소년의 다른 교육적 체제나, 어린이 내부에서의 다른 교육적 체제는 문화를 위한 장애가 아닐 수 없다. 이러한 의미에서 오늘날 교육이 어린이나 청소년에 국한되어 있는 것은 안타까운 일이 아닐 수 없다. 파울러에 따르면 신앙의 성장은 지속적으로 일어나야 한다. 그리고 그 성장은 교회의 충실한 뒷받침이 있어야 한다. 아울러 교회 교육은 무엇보다 일관성과 지속성이 보장되어야 한다. 즉, 전체 공동체로서의 교육적 뒷받침이 있어야 한다. 그렇지 않고서 공동체적 문화 갖기를 기대하지는 못한다.

---

25)앞의 책, pp.118-119.

다음으로 전체 공동체는 단계별로 신앙을 중심으로 형성되어야 한다. 즉, 사고의 방식, 자아관, 가치관, 세계관을 가져야 한다. 이러한 과제들은 어른들의 과제일 뿐 아니라 청소년들의 과제요, 어린이들의 과제이기도 하다. 교회 교육을 지나치게 지식적으로 형성하는 것이 바로 문제이다.

여기까지는 공동체 안에서의 활동이다. 그러나 공동체는 세상에 대한 사명을 가지고 있다. 이는 공동체와 사회간의 관계에서 형성된다. 공동체는 윤리적 문제들에 대한 깊은 관심을 가져야 한다. 이러한 문제들을 통해서 우리의 신앙은 생명을 띠게 된다. 교회 교육은 단순히 과거의 전통을 전수하는 것만이 아니다. 오히려 전통을 살리는 일은 바로 오늘의 문제와 대화하는 일이다. 이 노력이 등한히 될 경우 전통은 그 생명을 잃게 된다. 교회가 사회에 대해 행하는 또는 행하지 않는 활동에 대해서 토의하는 것은 자체의 전통을 위해서라도 중요한 교육적 기회가 될 것이다.

이를 위해서는 무엇보다 직분자들의 성숙한 신앙이 관건이다. 이들이 성숙해야 전체 공동체의 성숙이 일어난다. 그렇지 않고서는 결코 공동체적 교육을 기대할 수 없다. 이에 우리는 파울러의 신앙 발달 이론에서 나타난 5단계의 신앙 모습을 생각할 수 있다.[26] 그에 따르면 5단계의 신앙은 성숙한 신앙의 모습을 나타내야 한다. 이들은 관심의 폭이 넓어지 사고방식이 성숙하며 인격이 성숙하고 나아가서 삶의 부정적 현실을 받아 들인다. 이들의 모습은 공동체 교육을 위한 중요한 터전을 제공한다. 여기서는 원칙있는 개방성(a principled openness)이 있게 된다. 즉, 자신의 신앙적 정체에 대한 분명한 이해가 있음과 동시에 사회나 다른 신학적 전통에 대해서는 개방적 자세를 갖는 것을 말한다. 이러한 모습이 신앙의 문화화에 중요한 배경이 된다는 것은 두말할 필요가 없다.

---

26) J. Fowler, *Stages of Faith*, Harper and Row, 1981.

이렇게 본다면 문화화를 위한 신앙의 교육은 교회가 바로 5단계 신앙의 모습을 갖는 것이라 할 수 있다.

다음으로 지도자의 지도력이다. 이제 지도자는 자신이 모든 것을 행한다는 지도력에서 벗어나야 한다. 이제는 섬기는 종으로서의 지도력을 가져야 한다. 성도 한 사람 한 사람의 신앙이 성숙하도록 자신의 사명을 감당하는 노력을 기울여야 한다. 특히 교육 전도사 체제에 대해서는 다시금 재고함이 마땅하다. 이들은 교육을 전공한 사람들이라기 보다는 신학교 학생들이다. 이들이 교육의 지도자로 지정되어 있는 것도 바로 주일학교가 처음부터 평신도 운동으로 시작했기 때문이다. 이들의 비전문성과 빈번한 이동은 교회 교육에 많은 어려움을 가져올 수밖에 없다. 조속한 시일 내에 총회에서 결의한 교육사(Director of Christian Education)제도가 실시되어야 할 것이다.

아울러 문화의 형성을 위한 교회 교육은 가정이 참여해야 한다. 지적한 바대로 주일학교 운동이 교회에 자리 잡으면서 가정의 교육적 사명이 등한시 되기 시작했다. 이는 교회 교육에 엄청난 손실이다. 삶으로서의, 문화로서의 신앙은 원칙적으로 함께 하는 삶(Life together)을 통해서 이루어진다. 따라서 가정은 가장 원천적인 문화의 장이다. 앞으로의 교육은 가정을 교회 교육의 중심으로 회복할 수 있어야 한다.

이상으로 우리는 문화 형성을 목적으로 하는 교회 교육의 몇 가지 모습들을 생각해 보았다. 문화화를 목적으로 하는 교회 교육은 주일학교식의 체제로는 한계가 있음을 알 수 있다. 교육의 목적을 지식으로서의 신앙(belief)이 아닌 삶과 문화로서의 신앙(faith)이 되도록 하며 무엇보다 공동체가 교사가 되어야 한다. 방법이나 내용에 있어서도 결코 가르침(teaching)이나 지정된 교과서에 얽매여서는 안 된다. 만남, 대화, 나눔, 축하, 참여, 훈련, 실천 등의 방법이 활용되어야 하며 예배, 말씀, 교제, 섬김 등의 공동체 전체의 삶이 내용이 되어야 한다. 나아가서 교

회는 가정과 사회라는 두 교육 기관들을 포함시킴으로써 교육의 환경을
넓혀야 할 것이다.

문화 변동에 따른 21세기 예배의 변화

김세광(서울장로회신학교 실천신학 교수)

오늘날의 급격한 문화 변동이 정치, 경제, 교육, 과학 등은 물론 그리스도의 신앙 생활에도 나타나고 있는 때에, 오늘날 한국교회 예배의 변화를 살펴보고 다가오는 21세기 예배의 변화를 전망해보려고 한다. 이 연구는 예배 변화의 구체적 대안의 제시보다는 예배 변화에 대처할 때 고려해야 할 범위와 문제점들에 대하여 더 많은 관심을 두고 있다.

1. 예배의 변화에 관한 최근 동향

한국교회에 있어서 예배의 변화에 대한 관심은 근래에 이르러 대두되었다. 여기에는 몇 가지 교회 내적, 외적 요소가 작용하였다. 한국교회가 지닌 내적인 요소로는 한국선교 100주년이 되기까지 한국교회는 오로지 전도지향의 교회였으나, 선교 2세기가 되면서 성숙한 교회의 모습을 생각하게 되었고 따라서 그동안 이어내려 온 예배에 대해서 새로운 관점으로 바라보기 시작한 것이다. 또 다른 요소로는 교회 성장의 정체에 따른 위기 극복의 일환으로 예배의 변화를 시도해 보려는 것이다.

한편, 한국교회 외적인 요소로는 세계교회의 변화에 따른 것인데, 세계교회 일치운동의 예배 복고운동이나 미국 대형교회의 자유로운 예배의 영향이 있다.

이러한 내적, 외적 요소에 따라 변화하는 양상이 교회마다 다르다. 크게 세 부류로 구분할 수 있다.

첫째, 미국 교회에서 보여지는 자유로운 예배에 영향을 받은 예배인데, 문화적 변화에 적극적으로 응답하며, 젊은 연령층에 관심 갖는 교회, 예를 들면, 윌로우크릭교회(Willow Creek),[1] 새들백교회(Saddleback Valley Community Church),[2] 온누리교회 등이 여기에 속한다.

둘째, 세계교회 일치운동의 예배 복고운동에 관심을 가진 교회가 있는데, 신학교육을 통해 전통의 유산을 회복하고자 하는 목회자에 의해 시도되고 있다.

셋째, 예배의 변화에 관심을 갖지 않는 교회로 전수된 예배형식을 충실히 따르는 교회인데, 한국교회의 대부분은 세 번째 부류에 속한다고 보아야 하겠다. 그러나 이 중에는 변화의 필요성을 느끼나, 지역교회 형편 때문에 예배의 변화를 시도하지 못하는 교회도 상당수 있을 것이다. 그러므로 여기서 과연 예배의 변화가 필요한 것인지를 물을 필요가 있다.

---

1) Willow Creek Community Church는 Bill Hybels 목사에 의해 1975년 10월, 시카코 지역에 세워진 후 management-mind를 가지고 2000여 개가 넘는 소그룹을 통해 2만 명이 넘는 대형교회를 이루었다. Exaltation, Edification, Evangelism, Social action의 4가지 목적과 7단계의 전략, 즉, 불신자와 관계 형성, 간증으로 증거, 초신자를 위한 예배, 기존 신자 위한 주중 예배, 소그룹 참여, 봉사 참여(Network Ministry), 청지기 의식(Good Sense Ministry) 등이다.

2) 미국 남가주 오렌지 카운티 남부지역에 위치한 전형적 교회의 백인 증류층 거주지역인 새들백 밸리에 위치하고 있다. 남침례교단소속으로 1980년 릭 워렌(Rick Warren)목사에 의해 시작되었고, 출석교인이 만여 명에 이른다. 이 교회의 목적은 5M (Magnify, Mission, Membership, Maturity, Ministry)으로 이 순서는 목회의 과정을 표현한 것이다. Rick Warren, *The Purpose Driven Church* (Grand Rapids: Timothy Pub, 1995)『새들백교회이야기』, (서울: 디모데,1996. 7)

2. 예배 변화의 필요성과 한계

우선, 예배의 성격 자체가 갱신을 요청한다. 예배란 그 자리에 임재하신 하나님께 회중에 의해 드려지므로, 회중의 존재를 형성하는 삶과 직접적인 관련이 있고, 삶의 자리에 따라 예배의 변화를 요구하는 것이다. 다시 말하면, 회중의 삶이 집약된 표현으로서 예배는 갱신을 필연적으로 요구하는 것이다. 또한, 회중이 변화를 요청한다. 변화된 문화 속에 사는 회중은 새롭게 개념화된 언어와 그들에게 익숙한 예술적 표현으로 복음을 듣고 표현하고 싶어한다. 마지막으로, 사회가 예배의 변화를 요청한다. 회중의 신앙이 그들의 삶 안에서 확인되는 것처럼, 회중의 예배는 그들이 처한 사회의 요구에 응답할 수 있을 때 역동적이고 생명력을 갖게 된다. 사회의 선교적, 윤리적 요청은 예배의 갱신을 부른다.

이러한 예배 변화의 필요성은 대부분 곧감하지만, 변화의 성격과 정도에 대해서는 신학적인 배경과 교회의 특수성, 목회자의 목회관에 따라 다르기 때문에 모든 가능성을 고려해야 한다. 구체적으로 논의하기 전에 역사적 고찰을 하여 다가오는 시대를 전망하는데 안목을 얻을 수 있다.

3. 예배 변화에 대한 역사적 고찰

기독교 예배의 역사와 발전에서 주목해야 흘 것은 전통과 개혁의 변증법적 변형이다. 기독교 예배는 시대마다 전통적인 예전에 예속되려는 성향과 그것으로부터 자유하려는 개혁적 시도가 긴장 또는 갈등 구조를 유지하며 변천되어 왔다.

1) 초기 기독교 공동체에 있어서 예배의 변화

초대 기독교의 예배는 일정한 형식과 자유가 어우러져 있었던 것같다.[3] 천국복음의 전파와 종말론적 사건이 전개되는 제자 공동체에는 황무지를 개간할 때와 같은 자유함이 있었다. 한편으로 유대교의 회당 예배와 불가분리 관계에서 그 형식의 영향을 피할 수는 없었다. 분명한 것은 초기 기독교 예배는 유대교의 하나님 예배와 동일한 기초 위에 세워졌다는 사실이다.[4] 이것은 초대 기독교 예배에 전통에의 예속과 새로운 세계를 여는 자유로움의 특성이 나타난다는 것을 의미한다.[5] 오스카 쿨만이 지적한 것처럼 초대 기독교 예배는 비록 예배의 내용에 있어서는 유대적 전통에 예속되지 않았지만, 형식에 있어서 유대교 예배의식으로부터 많은 영향을 받았다. 예배의 구조는 물론이고 각 요소들도 직접 간접으로 유대적 표현을 따랐다.[6] 그러나 초대공동체 예배의 특징은 그들의 자유로운 영적 표현에 있다. 그들의 예배는 자유로운 예수의 종말론적인 관점으로 유대적 전통들을 새롭게 해석한 예수의 종말론적 선언과 행위에 기초한 것이었다.[7] 이러한 자유를 유대교가 허용할 수 없는 것은

---

3) 그러나, 신약시대에서 예배의 형성과 경과를 연구하기는 불가능하다. 왜냐하면, 신약성서는 예배에 관한 단편적인 자료만을 보여주고 있을 뿐만 아니라, 하나의 통일된 틀이 없기 때문이다. 예배의 단편적 자료들 중에 규칙성을 띠고 있는 것들도 있으나 어떤 형태의 예배순서를 찾아볼 수 없다.〔F. Hahn, *Der Urchristliche Gottesdienst* (Stuttgart: Verlag Katholisches Bibelwerk, 1970), 『원시기독교예배사』(기독교출판사, 1988).〕

4) Hahn, 44. 그 한 예로 사도들의 이방인들을 향한 설교, 예를 들면 행14:15-17, 17:22-31에 구약적 전통에서 본 하나님 신앙을 전제로 하고 있는 것을 들 수 있다.

5) 초대 교회예배에 대해서는 *Worship in the New Testament*, by G. Delling (ET DLT 1962)과 C.F.D. Moule (Lutterworth 1961), 그리고 R.P. Martin, *Worship in the Early Church* (Morgan and Scott 1974)에서 다루고 있으나, Oscar Cullmann과 특히 Ferdinand Hahn에 의해서 이 주제가 가장 잘 논의되었다. F. Hahn, 앞의 책.

6) 오스카 쿨만, 「원시기독교예배」, 기독교서회 19-28. 예를 들면 요한계시록에 있는 찬송가들은 유대교의 노래에서 직접 가져왔거나 모방하여 창작한 것이다. 계 5:9,12,13:12:10-12:19:1-2,6. 각 서신에 있는 송영형식(Doxology), 롬1:25, 9:5, 고후11:31, 딤후4:18, 엡1:3, 롬11:36, 갈1:5, 빌4:20 또한 예배의식에서 사용하는 아멘의 경우, 고전14:6에서 볼 수 있듯이 예배 회중이 말하는 것이었다.

7)예수의 종말론적 선언과 행위는 성전 정화사건이거나 안식일, 정결 규정(막7:15-23), 성전의 희생제사, 이혼에 관한 모세법 등에 대한 주권적인 선언과 새로운 해석에서 나타난다.

당연하다. 자연히 원시 기독교 예배는 유대교로부터 분리되었다. 여기서 우리가 주목할 것은 페르디난트 한이 지적한 원시 기독교 예배가 유대교 예배로부터 나와 새로운 형식을 요구한 것은 종말론적인 하나님 행위의 현재적인 현실성이었다는 점이다. 그는 원시공동체의 본질적인 세 가지 요소는 예수의 활동과 죽음, 예수의 부활과 현재와 임재, 그리고 성령의 활동이라고 말하면서, 이것이 유대교 예배와 함께 할 수 없는 상이점이라는 것을 들었다.[8] 초대 기독교 예배는 이 세 가지 본질적 요소의 상관관계를 통해 잘 이해된다. 즉, 부활의 증인들은 예수의 활동과 죽음의 의미를 깨닫게 되었으며, 성령의 강림과 활동을 통하여 보증을 얻었으며, 바로 여기에서 공동체의식이 성취된 것이다. 이런 초대공동체의 특이성은 유대교 예배의 전통의 예속으로브터 자유를 가져다 주었으며, 이후 예배의 역사 속에서 변증법적 변형을 이루어가는 중심적 요소가 되었다고 할 수 있다.

2) 종교개혁 시기에 있어서 예배의 변화

루터, 칼뱅, 쯔빙글리, 웨슬리에게 있어서 각각 예배의 강조점이 다르다. 그들은 그들 자신의 신학적인 이해에 따라 예배를 변형시켰다. 중세의 예배의 관심은 성례전의 형태와 성물에 있었던 데 반해, 종교개혁자의 관심은 의미 있다고 생각되는 각 예전의 단순한 행위 하나하나에 있었다. 성례전은 약화되고 개신교 예배의 특징이 된 교육적 예배는 더욱 강화되어 갔다. 자국어, 인쇄된 서적, 긴 설교가 이것을 가능하게 했다. 또 한 가지 개신교 예배의 특징이라면 예배구조에서 찬송에 독립적인 가치를 부여한 것이다. 단순성을 강조한 칼뱅든 그의 예전적 모델을 교황제도에 앞선 고대교회에서, 성경에 나타난 하나님의 뜻에 결합된 원리를 찾으려고 노렸했다. 그에게 성경에서 벗어난 것은 주제 넘은 것이고, 배

---

8) Hahn, 앞의 책, 44-5쪽.

은망덕한 것이며, 불경건이고 지독한 불충성이라고 생각했다. 그러기에, 보다 성경에 충실한 예배가 되기 위해서는 가능한 인간의 고안물을 최소한도로 첨가해야 한다고 했다. 그는 "너무 개성적인 예배는 인간의 잘못된 상상력의 산물을 숭배하는"[9] 자들이 만든 것으로 경계했고 그 대안으로 예전적인 예배를 지지했다.[10] 그러나 다른 한편으로 외부형식이 영적 예배에 장애물이 될 수도 있음을 지적했다. 왜냐하면 정교한 의식적 예배를 드리는 것으로, 예배자가 자신들을 진정으로 하나님께 드려야 한다는 성경적 권면으로부터 벗어나고자 한다는 것이다.[11] 쮜리히 예배서(The Zurich liturgy, 1535)를 만든 쯔빙글리는 많은 말이나 교훈, 의식적인 순서보다는 단순성과 고요함을 선호했는데, 기념설로 알려진 그의 성만찬 신학의 특징은 그리스도에 대한 관상(contemplation), 친교(fellowship), 감사, 도덕적 열정이다. 특히 상상력이 고갈되거나 마음이 혼란함으로 빠져들지 않도록 두 가지 관상의 주제를 주었는데, 하나는 성찬의 성물로, 이들은 매우 빨리 효과적으로 예배자의 마음을 자극해서 깊은 명상에 들어갈 수 있도록 해준다. 다른 한 주제는 하나님의 말씀으로, 회중끼리 이야기하는 것처럼 회중들에게 읽어 준다. 이러한 관상은 성찬을 통해 성물 자체의 깊은 의미, 즉 갈보리에서 보여진 하나님의 선하심을 확실히 의심없이 마치 현장에서 눈으로 보듯이 경험할 수 있다는 것이다.[12]

존 낙스는 그의 예배서(The Form of Prayers)에서 후에 개혁교회의 특징이 될 여러 요소들을 강조했다. 즉, 성령의 영감에 의해 집례자 자신의 기도들을 작성하고, 공동체적 행위를 위해 성경을 자국어로 모든이

---

9) 『기독교강요』 1:4:3.

10) 그는 예전이 있을 때, 함부로 바꾸지 못하게 되고, 급작스런 혁신에 의한 경솔함과 변덕스러움을 줄일 수 있을 것으로 생각했다.

11) Bard Thompson, *Liturgies of the Western Church* (Philadelphia: Fortress, 1961), pp.194-195.

12) 앞의 책, p.146.

에게 들리도록 큰 소리로 읽었다. 설교를 우한 단순한 예복만을 남겨두므로 목사와 평신도의 간격을 좁히고, 예배 인도는 칼뱅이 목회했던 스트라스부르그나 제네바에서처럼 성찬상이 아니라 강대상에서 했다.[13]

3) 청교도에 있어서 예배의 변화

청교도의 예배 목표는 교회의 전통적인 인습이나 인간의 고안물로 이루려는 것이 아니라 하나님의 말씀에 의해 정당성을 갖는 규례만을 유지하는 것이었다. 그들의 예배는 엄격한 성경적인 기초, 언약의 강조, 모든 신자의 제사장직에 대한 표현과 평신도에 대한 격려를 담고 있었다. 그 예배는 철저한 성경 중심, 성찬은 물론 찬송과 기도와 교회 건축에 있어서 단순한 예전, 설교와 기도에 있어서 탈원고적 성향을 특징으로 하고 있다.

그 중에 특기할 만한 것은 철저한 성경 중심이었다는 점이다. 설교를 가장 중요한 은혜의 수단으로 여겼는데 이런 설교 중심의 예배는 강대의 중앙에 놓인 강단의 위치에서 나타난다. 설교의 시간은 한 시간에서 두 시간까지 걸리기도 했는데, 이 때 설교는 오늘날의 매스미디아와 시민교육의 역활도 담당했다.[14] 말씀의 묵상 후에 회중의 형편을 충분히 반영한 친밀하고 자연스런 즉석 기도, 검은 가운이나 높은 강단도 말씀에 대한 강조점을 반영한 것이다. 그들의 설교의 특징은 연속 설교에 구절마다 해석하였다. 18세기 이전에는 설교자가 기도와 설교로 모두 즉흥적이기를 기대했고, 18세기 초에는 설교 메모에 매달리지만 않는다면 설교 메모를 사용할 수 있었다. 주기도문은 로마 가톨릭이나 영국 국교회처럼 매주 암송하는 것이 아니라 기도의 모범이라고 생각했다. 교회음악에 대

---

13) 앞의 책, p.290.

14) Harry S. Stout, *The New England Soul: Preaching and Religious Culture in New England* (New York: Oxford University Press, 1986), p.23.

해서는 최초의 청교도들이 교회성가대에 대해 회중들의 찬양 특권을 빼앗는다는 부정적인 견해와는 달리 많은 개혁과 진전이 있었고 성가대들을 배출하는 음악학교들이 설립되었다.[15] 성찬은 목사의 관심에 따라 다르지만 대개 월 1회 또는 격월로 집행되었다. 성찬 받기 전에 회개와 믿음을 요구했고 앉는 자세로 받는 것을 강조했는데, 이는 무릎 꿇음의 우상숭배적 위험을 피하는 것과 그리스도와 함께 누리는 종말론적 특권을 상기시키기 위함이었다.

초기 청교도 예배의 형태와 순서는 단순했지만,[16] 내용은 길었다. 매주일 오전 9시에 대예배를, 오후 2시에 오후 예배를 드렸는데, 예배마다 3시간에서 3시간 반 정도 걸렸다. 예배 시간이 긴 이유는 기도가 길었기 때문이다. 개회 기도도 15분으로 길었지만, 설교 후의 기도는 설교만큼 길어서 한 시간이 걸릴 수도 있었다. 오후 예배도 마찬가지여서, 회중들은 주일의 6시간 이상을 예배 시간으로 보냈다. 그럼에도 이들은 이 예배들에서 지루함을 느끼지 않고 일주일의 삶의 절정으로 여겼다. 이는 예배를 통해 성화된 그리스도인이 되려는 청교도들의 진지한 자세를 잘 나타내준다.

이러한 청교도 예배는 영어 언어권 세계에서 성장해 온, 장로교회, 개혁교회, 회중교회, 그리스도의 제자교회, 감리교회, 침례교회, 유니테리언 교파들에게 지배적인 형식이 되었고 한국교회의 신앙 형태에 큰 영향을 미쳤다.

4) 비예전적 예배[17]

침례교 예배에서는 의식문을 철저히 거부했는데, 심지어 성경의 직접

---

15) Horton Davies, *The Worship of the American Puritans* 1629-1730(청교도예배, 문서선교회) pp.300-304.

16) 앞의 책, pp.25-26.

중보와 감사의 개회기도-성경 한 장의 봉독과 해설-시편 찬송-설교-시편 찬송-기도-축도.

적인 사용도 배제하였다.[18) 설교하려고 본문 봉독 후에 성경이나 원고를 보지 않고 몇 편의 설교를 한다. 즉석기도를 하고 시편을 암송하여 부른다. 성찬은 쯔빙글리의 전통을 따라 매월 또는 분기별로 하지만, 칼뱅주의적 권징을 더 엄격하게—예를 들면 수찬정지—실행하기도 한다. 회중교회(Congregation Church) 예배는 보다 칼뱅주의와 청교도 예배의 영향을 받았는데 예전적인 기도를 거부하고, 웨스트민스터 예배지침서를 비성서적인 것으로 반대한다. 그리스도의 교회(Church of Christ)는 스코틀랜드 교회의 장로였던 알렉산더 캠벨로부터 시작된 것으로, 성직자와 평신도의 구별을 철폐하고, 사도신경은 비성서적으로 보고, 믿음을 고백하면 바로 침례를 행하고, 매주일 성찬을 주장하였다. 오순절교회 예배는 특별한 체험과 황홀함이 성령의 임재라고 확신하는데, 늘 성령의 은사를 구한다. 이는 회개의 체험이나 성령세례와 관계되는데, 대부분 치유를 목표로 한다. 그들 예배의 특징은 자발성인데, 기도와 간증과 고백과 찬송에서 잘 나타난다. 신오순절교회(Neo-Pentecostal church)예배에서는 오순절교회처럼 직접적인 성령의 역사를 믿지만, 오순절교회와는 달리 은사 중심으로 흐르지 않는다. 퀘이커교도들은 성령의 임재를 내적인 조명으로 말하며, 은사와 특권이 있어서 남녀가 평등이다. 내적인 계시를 받기 위해서는 침묵이 필수적이고 외적인 요소인 말씀까지도

---

17) Robert Ann Sharper는 예배 전통을 셋으로 구분하는데, 제단 중심(로마 천주교, 동방교회, 루터교, 성공회), 강단 중심(장로교, 감리교, 침례교, 회중교회), 회중 중심(오순절교회, 퀘이커교도). 162쪽.

18) Robert Ann Sharper, *In His Presence* (예배역식의 변천사:세종문화사), 153. 다음은 17세기 초 침례교의 지도자인 존 스미스가 쓴 예태 안내서이다.

1. 우리는 신약의 영적 예배를 본받아야 하는데, 읽는 것은 영적 예배의 모습이 아니다. 이는 오히려 죄를 짓게 하는 것이다.

2. 우리는 예언을 영적 예배의 일부로 본다. 따라서 예언하는 시간에 도움을 받으려고 성경을 보는 것은 옳지 않다.

3. 우리는 시편을 영적 예배의 표시로 본다. 따라서 시편의 어떤 표적이 나타나기 전에 시편을 보는 것은 옳지 않다.

성령의 체험을 위해서는 이차적이 된다. 성찬의 제정어는 영적인 실체를 말하는 것이고, 세례의 말씀도 성령의 세례로만 이해한다.

5) 현대 개신교 예배

20세기 초에 결성된 캐나다 연합교회(the United Church of Canada)는 주목할 만한 가치가 있다. 1925년에 장로교회, 감리교회, 회중교회가 합쳐서 한 교단을 이루고, 예배의식을 스코틀랜드의 장로교회와 감독교회, 성공회의 예배의식, 감리교와 회중교회로부터 가져왔다.[19] 이런 예배의식은 융통성이 있었다. 찬송도 생략할 수 있고, 사도신경도 필수적은 아니다. 성서일과와 함께 기도문들이 제공되는데, 고전적인 기도문—크리소스톰의 예전, 성공회의 공동기도서, 칼뱅의 기도 등—에서 취하여 짧게 변형시켰다. 성만찬은 매월 또는 년 4회 집례 된다.

20세기 중반 이후 지금까지 서로 대립되는 갱신운동이 계속되고 있다. 전통의 예전적 예배의 회복과 성령 임재 중심의 자유로운 예배인데, 한국교회는 두 갱신운동의 영향을 받고 있다. 다시 말하면, 성례전 회복운동이나 찬양과 경배식의 예배 또는 열린 예배이다.

4. 예배의 변화를 위해 고려해야 할 요소와 원칙

게하르트 마르틴은 어떤 종류의 역동적인 모임에 대해서나 던져야 할 질문은 그 모임이 회중 자신과 세계에 대한 인식을 증가시키는데 기여하고 있는가, 아니면 의식의 둔화, 정감(affect)의 불모화, 본성과 충동의 제약과 금기들로 둘러싸여 있는가 하는 것이라고 한다.[20] 이러한 질문이

---

19) William D. Maxwell, 『예배의 발전과 그 형태』, 정장복 역, (교회커뮤니케이션연구원, 1994), 206-207쪽.

예배에 대해서 주어질 때, 예배의 회중과 세상, 예배와 문화, 예배와 예술, 형식과 자유의 관계로 설명되어야 한다.

1) 예배의 회중과 세상

예배의 회중은 세상과의 관계 속에서 올바르게 이해될 수 있다. 예배의 회중은 세상과 이중적인 관계를 이루고 있는데, 즉, 세상으로부터 부름을 받은 무리이면서, 또한 세상으로 보내진 무리이다. 먼저, 세상으로부터 불리움을 받은 무리로서 예배의 회중은 세상의 불의와 불신앙의 세력으로부터 거부되고 소외된 후, 하나님의 깃발 아래 모여 하나님의 나라를 부르고 그의 의에 따라 통치되는 나라를 선포한다. 그러므로, 회중은 예배에서 세상의 불의를 부정하고, 그것과의 타협의 가능성을 경계하며, 그것들의 종말을 확인하는 한편, 하나님의 뜻과 섭리를 구하고, 그의 완전하심과 능력을 노래하며 약속과 은혜를 확인한다. 그러므로, 예배는 정치적 행동이라는 폰 알멘의 말[21] 이 설득력이 있다.

다음, 세상으로 보내진 무리로서 예배의 회중은 또 다시 이중적 성격을 지니고 있는데, 즉, 선교적이며 윤리적 성격을 지니고 있다. 예배의 선교적 성격은 선교적 주제를 지닌 예배요소, 즉, 세례, 선교적 선포, 세계를 위한 중보기도, 구제를 위한 헌금, 세상에로 파송 등에 담겨있는데, 그러므로 예배의 회중은 선교사적 회중으로 요청을 받게 된다.

여기서 제기되는 질문이 있다. 불신자를 전도하기 위한 특별한 형태의 예배형식이 과연 정당한가?[22] 이러한 여배는 기존 회중을 위해서는 적절

---

20) Gehard M. Martin, *Fest und Alltag*(Stuttgart: Verlag W. Kohlammer, 1973)『축제와 일상』, 김문환 역,(서울: 한국신학연구소, 1985), 124쪽.

21) 폰 알멘, 『예배학원론』(서울: 기독교출판사, 1979), 61쪽.

22)윌로우크릭교회, 새들백교회, 온누리교회, 사랑의교회 등의 구도자를 위한 열린 예배는 이 질문에 긍정적으로 답하고 적극적으로 시행하고 있다. 이에 대한 자세한 토론을 위해서는 《목회와신학》 1997년 4월 39-101쪽을 보라. 이 토론에서 긍정적인 시각은 구도자 예배는 예

하지 못한 형식이 아닌가? 이에 대해 현재 예배 안에 세례나 설교와 같은 불신자를 위한 순서들이 있지만, 그들과 접촉하기에는 여러 가지 한계가 있음을 알기에, 복음의 영접을 촉구하는 선교적 호소를 위한 특별한 예배가 필요하다는 주장에 대해서 구도자 예배를 드리는 교회뿐 아니라 대다수 교회가 긍정적으로 생각할 수 있다. 그런데 예배의 선교적 성격과 중요성은 아무리 강조해도 지나치지 않지만, 불신자들의 교육과 설득의 장으로 예배를 전용하는 것은 예배의 본질을 잃어버릴 수 있다. 예배에서 유의해야 할 것은 예배가 선교의 동기로 혼돈되어서는 안 된다는 점이다. 예배는 선교와 윤리라는 목적을 위한 수단으로 전락할 염려가 있기 때문이다. 선교를 위한 예배를 드릴 때 선교적 성격을 갖는 것이 아니라, 예배 자체의 성격이 선교적이다.[23] 피터 브루너는 예배가 필요한 이유는 회중을 그리스도인으로 만들기 위한 선교적 과업을 이루기 위해서가 아니라, 이미 그리스도인인 회중에게도 동일한 선교적 과업을 요청하기 위한 이유일 때 정당성이 있다고 말한다.[24] 다시 말하면, 예배는 그리스도인인 회중들을 위한 내면적이고 영적인 필요성이 기준이 될 때만, 예배 본질의 변화 없이, 불신자를 위한 선교적 관심과 구체적 프로그램을 펼칠 수 있을 것이다.

마지막으로, 세상에 보내진 무리로서 예배의 회중은 윤리적 요청을 받는다. 청교도 예배의 영향을 받은 한국교회는 예전적인 예배에의 지나친 관심은 세상에 대한 무관심을 가리킨다고 생각하는 이도 있고, 예배의

예배의 성육신화, 예배의 현대화, 젊은이의 언어와 문화의 배려, 상황화인데 비해, 부정적 시각은 여흥적 분위기, 한국 정서를 고려하지 않은 미국 스타일, 복음화보다 교인화를 위한 비지니스식 시도.

23) 폴 알멘은 예배의 정당성은 복음전파를 위한 목적으로부터 얻어지는 것이 아니라 칼 바르트가 지적한 대로 교회의 예배는 실용주의적 측면에서가 아니라 교회에게 명령하신 그 사실에 일차적인 정당성이 있다. op, cit. 77쪽.

24) Peter Brunner, *Worship in the Name of Jesus* (St. Louis, Missouri: Concordia Pub. 1968), pp.110-111.

고상하고 아름다운 분위기나 기분 좋은 느낌은 세상에서의 힘들고 고된 복음의 희생적인 삶을 피하게 한다고 생각하는 이가 있을 수 있다. 그러나 예배와 윤리는 상호배타적인 관계가 아니라 불가분의 관계다. 히브리서 기자는 그리스도인의 선행과 구제를 하나님이 기뻐하시는 제사(히 13:16)라고 했고, 바울도 일상 그리스도인의 삶을 영적인 제사를 드리는 기회로 보았다(롬12:1,2). 윌리암 윌몬이 그의 책 *The Sevice of God*에서 예배와 윤리의 관계를 다루면서, 예배와 세상에서의 윤리적 삶 사이의 보다 통합적이고 상호교환적 관계가 재정립되어야 한다고 역설한 것도 위의 성서적 근거를 반영한다.[25] 예배의 회중은 예배에서 회중 개인의 윤리적 결단 뿐만 아니라 사회적 차원의 윤리적 변혁의 사명을 받는다.[26] 참회의 기도는 이 사명에 대한 자아 성찰의 기회로 주어져야 하며, 그리스도인 공동체의 믿음과 성화를 위한 중보기도와 그리스도적 삶을 담은 선포, 천국시민의 윤리를 재천명하게 하는 성찬은 각각 예배의 윤리적 성격을 적절히 표현해야 할 것이다.

2) 예배와 문화

시대에 따라 교회가 신학적으로 응답해왔듯이 문화의 변천에 따라 예배도 변화해야 한다. 여기서는 회중의 둔화 수용 요구를 적절히 해결해야하는 과제를 안고 있다. 예배와 문화의 관계를 고찰하기 위해 그리스

---

25) William H. *Willimon, The Service of God: Christian Work and Worship* (Nashville: Abingdon Press, 1983), p.16. 윌몬은 이 책에서 예배와 노동, 예전과 윤리, leitourgia과 diakonia 의 깊은 관련성을 강조하고 예배 각 요소 즉 세례, 성만찬, 설교 등의 윤리적 의미를 고찰한다.

26) 폰 알멘, 『구원의 축제』, 154-155쪽. 약자들에 대한 배려, 인간의 권리, 세상의 정의, 평화, 질서, 자유의 요인이 된다: 정의와 예배의 관계에 대한 연구로는 Nicholas Wolterstorff, "Justice as a Condition of Authentic Liturgy," in Theology Today April (1991), pp.6-21.

도와 문화에 대한 리처드 니버의 유형은 유익하다.[27] 웨인 라이트는 다섯째 유형인 '문화의 변혁자로서의 그리스도'(Christ the transformer of culture)가 가장 만족할 만한 유형이라고 하는데, 그 이유는 이 유형이 그리스도와 문화의 양측의 힘을 손상함 없이 잘 나타내고 있기 때문이다. 이는 인간의 타락을 인정한 반면 창조와 성육신의 긍정적 생각을 갖는 것이다. 여기서 타락이란 내재적 죄가 아니라 선한 것의 악용이다. 따라서 회개와 중생이 필요한데, 성육하신 그리스도에 의해 제시된 죽음과 부활의 패턴은 인간의 삶과 문화 변혁의 기조가 된다. 이 변혁성은 의와 죄가 이원론적으로 함께 있는 것(simul justus et peccator)을 인정하지 않는다.[28] 변혁적 유형의 가장 중요한 예전적 모델은 세례이다. 죽음과 부활의 패턴은 일반 세계에 적용될 수 있는 것인데, 세례에서 변혁의 길을 발견할 수 있는 것이다. 이 모델은 일반세계의 어떤 자연적 상징들도, 나아가 어떤 문화적 표현이나 사회적 조직들도 예배를 위해 "세례"될 수 있다는 것을 의미한다.[29]

그러므로, 오늘날의 지적, 예술적, 기술적, 사회적 업적들에 대해서 도외시하거나, 거부하거나 더구나 그것에 흡수되어서는 안 된다. 오히려, 그것들을 "세례"한 후에 확장시켜야할 유산들로 대해야 한다. 예배는 문화 변혁의 에이전트가 되는 기회를 놓치지 말아야 한다.[30]

---

27) 이에 대해 자세한 연구는 Geoffrey Wainwright, *Doxology:The Praise of God in Worship, Doctrine and Life* (London, Epworth; New York, OUP, 1980), ch.2.를 보라.

28) 앞의 책.

29) Frank C. Senn, *Christian Worship and its Cultural Setting* (Philadelphia: Fortress, 1983), pp.92-92.

30) 초대 기독교 공동체의 예를 들면, 당시의 성별, 나이, 신분의 차이에 의한 문화적 한계를 초월한 공동체였다는 점에서 현대교회와 문화적 대화의 가능성이 있다. 이렇게 모든 회중의 참여와 카리스마적 지도력(charismatic leadership)은 초대 공동체의 특징이었다. 그러던 것이 점차 변질되어 제도적 지도력으로 변하면서 여성의 발언권도 제한이 되었다. 4세기에 이르러서는 예배에서 제도적인 지도력에 의해 회중은 밀려나게 되었고, 권위적인 집례자에 의해 회

3) 예배와 예술

예배에서 예술의 중요성은 의심의 여지가 없으나, 그 범위와 정도에 대해서는 예술의 본질에 대한 철학적 이해를 전제해야 하기 때문에 이 논문의 범위를 넘어서는 것이 되므로 규정하기 어렵다. 또한 문화적 위치에 따른 예술의 변형도 변수로 고려해야 하는 복잡함이 있다. 과거 역사적 교회에서 예술에 대한 토론은 주로 이미지에 대한 교리논쟁이었으나, 최근에는 예배에서 예술의 정당성과 표현 범위에 대한 연구가 활발하다.[31]

예배에서 예술의 정당성을 경배와 찬양을 위한 도구로만 제한해서는 안 된다. 오히려 모든 예술의 정당성은 예배에서만 확인될 수 있다는 의미에서 이해되어야 한다. 이는 인간의 목적이 하나님의 영광을 위해서라는 신앙고백적 맥락에서 잘 설명될 수 있다. 폰 알멘이 지적하듯이 평일이 주일에 의해 의미를 갖듯이 일반 예술적 표현은 예배 안에서의 예술성에 의해 정당성을 지니게 된다.[32]

예술의 형태는 그림이나 조형물의 회화적 형태에서부터, 시나 이야기의 언어적 형태와 멜로디를 지닌 음악적 형태를 포함한다. 여기서 예술의 문제는 이와 같은 예배의 각 요소들 뿐 아니라, 사람에 의해, 또한 상징적인 형태로 디자인 된다는 점을 간과해서는 안 된다.

상징적 표현에 대해서는 초대교회의 교부들로부터 강조되어 왔는데,

중은 구경꾼이 되었다. 개혁자들은 개혁된 예전을 통해 회중의 능동적 참여를 꾀하였다. 21세기의 회중은 어느 시대보다 참여적 특성을 지니고 있다. 예배 갱신을 위한 참여적 성격에 대한 연구를 위해서는 Craig Douglas Erickson, *Participating in Worship* (Philadelphia: Westminster Press, 1989)를 보라.

31) Paul Hoon은 예전과 예술의 친화성과 긴장 그리고 예배에서의 예술의 공헌을 논한다., *Integrity of Worship* (Nashville: Abingdon, 1971), pp.270-290; Peter Brunner op. cit., pp.243-289.; Irwin, Keith and Ortmayer, Roger. *Worship and the Arts* (Nashville: National Methodist Student Movement, 1953).

32) 폰 알멘, p.154.

그들은 계속해서 인간이 그의 존재를 완전히 실현할 수 있는 궁극적 완성은 우주의 거룩한 근원을 눈으로 보아 아는 것이다(visio beatifica)라고 주장해 왔던 것이다.[33] 이것이 실현될 수 있는 장이 곧 예배 의식이고, 그러므로 상징적인 표현들이 존재해야 하는 이유가 되는 것이다. 그러므로, 예배에서 언어적, 물질적, 인격적, 드라마적인 상징들에 대한 적극적인 이해가 필요하다. 예를 들면, 세례시에 촛불을 점화, 복음서 봉독시에 일어서는 것, 평화의 인사나 제스처, 성찬에서 여러 상징적 동작 등은 예배 순서가 지닌 의미를 보다 잘 표현해 준다.[34] 예배 안의 상징적 성격은 현대교회 예배 갱신을 메타포의 회복에서 찾은 데이비드 뉴만에서 구체적으로 발견된다. 그에 의하면, 메타포적 예배는 항상 해석학적 질문을 하게 되는데, 즉, "예배에서 무슨 일이 일어나는가?"라는 것이다. 그는 이 질문에 대한 답으로, 메타포로서 예배는 '역동적인 어떤 것'을 만드는 효과를 갖는데, 그것은 '언어-사건(word-event)' 과 '표지-행위(sign-act)' 라고 한다.[35] 예배에서 이 두 가지를 가지고, 없는 것을 있게 하고 감추인 것을 비추어 공동체로 하여금 하나님과 회중, 그리고 회중들끼리 더불어 있음을 알게 된다는 것이다. 다시 말하면, 메타포가 없는 예배에서는 회중은 혼자 있게 된다는 것이다.

예배에서 예술의 표현 정도에 대해서는 교단의 신학에 따라, 집례자와 회중의 이해 차이에 따라 다르다. 이 때, 피터 브루만의 원리는 모든 예배에서 귀담아 들을 수 있다. 모든 예술에 적용할 수 있는 원리를 제롬의 말을 빌려 말한다. "찬양에서 중요한 것은 찬양하는 이의 목소리가 아니라 가사이다."[36] 어거스틴도 심미적 예술에 빠져들 때의 위험을 직

---

33) Gehard. M. Martin, p.139.

34) Geoffrey Wainwright, "Liturgy in the Light of its History," in *The Liturgy of Liturgy C. Jones and G. Wainwritght, E. Yarnold, ed.* (New York: Oxford University Press, 1978), p.507.

35) David R. Newman, *Worship as Praise and Empowerment* (New York: Pilgrim Press, 1988), p.96.

시하고 제롬의 말을 확인한다. "나는 노래 자체에 의해서가 아니라 노래의 주제(대상)에 의해 감동 받는다."[37] 이는 실제의 경우 노래의 대상(주제)보다도 노래 자체에 의해서 감동 받는 경우가 있기에 경계하는 말이다.

4) 예배의 형식과 자유

예배의 형식에 있어서 세계교회를 구분하면, 가톨릭교회나 성공회, 루터교회처럼 예배서를 의무적으로 사용하는 교회, 장로교나 감리교회처럼 예배의 모범이나 지침을 참고로 사용하는 교회로 나눌 수 있다. 이외에 오순절교회나 침례교회, 독립교회처럼 전혀 예배의 형식에 구애받지 않는 교회로 나눌 수 있는데, 이들은 형식의 규정이 예배의 자율성을 제한한다고 생각한다. 한국의 '경배와찬양' 예배와 같은 맥락에서 예배를 이해하는 짐 그래함은 예배의 원칙 중에 예배는 질서와 규율을 지키되 성령님의 인도하심을 제한해서는 안 된다는 것과 예배에서는 인간적인 것이든 영적인 것이든 다양한 재능과 은사들을 표현할 수 있는 기회가 주어져야 한다는 것을 든다.[38] 그가 여기서 가장 강조하는 것은 성령의 인도함을 받는 융통성(flexibility)이다. 그런데, 질서를 말할 때 무덤의 질서가 아니라 군대의 질서여야 한다고 하는데,[39] 이런 질서에서는 그가 주장한 성령의 융통성을 찾기 곤란하다.[40] 이러한 예를 통해서 형식과

---

36) Peter Brunner, *The Name of Jesus* (St. Louis, Missouri: Concordia Pub., 1968), p.265. Non vox canentis sed verba placeant. ("Not the voice but the words of the singer must meet with approval.")

37) 앞의 책, note 281. moveor non canto, sed rebus quae cantantur ("I am moved not by the singing but by what is sung").

38) 짐 그래함, 『잠자는 거인을 깨운다』, (두란노서원, 1990), 53쪽.

39) 앞의 책, 54쪽.

40) 이동원, 「참된 예배는 축복의 근원입니다」, 《목회와선학》 (1997.2), 176-182쪽. 이동원 목사는 '경배와찬양' 예배의 긍정적인 평가로 성령 임재의 강조, 찬양을 통한 경배의 회복, 회

자유의 균형이 쉬운 일이 아닌 것을 알 수 있다.

누구나 인정하는 것은 형식과 자유는 대립되어 양자 택일할 성질의 것이 아니라, 조화되어 함께 어우러져야 한다는 점이다. 즉, 형식은 자유를 제한하기 위한 것이 아니라, 자유를 질서있게 표현하기 위한 것이다. 자유의 무제한적 방임은 영구적 역동성이 아니라, 소모적 혼란만을 조장할 수 있기 때문이다. 그러므로, 자유로운 예배를 지향하는 교회라 하더라도 전통 유산의 발굴과 회복에 대해 부정적 편견을 가져서는 안 된다. 왜냐하면, 단순히 전통의 답습이나 모방이 아니라, 그 시대를 움직였던 살아있는 예배 정신을 찾는 것이라 할 때, 그들도 역시 필요한 것이기 때문이다. 형식과 자유는 각각 예배에서 독특한 특성을 지니고 있는데, 형식을 갖춘 예배는 항구성, 당위성, 거룩성, 공동체성, 진정성의 측면을 강조하는 반면, 형식에 구애받지 않는 예배는 다양성, 자발성, 역동성, 개별성, 이해성의 측면을 보여준다. 예배의 변화는 이 양측면이 균형있게 반영되는 쪽으로 이루어져야 한다. 두 측면을 좀더 설명하면, 형식을 갖춘 예배는 하나님의 영화를 목표로 한다면, 자유를 지향하는 예배는 회중의 성화에 비중을 둔다고 볼 수 있다. 이레니우스는 다음과 같은 통찰로 이 둘을 결합시키고 있다. "회중이 성화하려고 노력하는 만큼, 하나님께 영광되는 것은 없다. 하나님의 영광을 위하는 자세만큼 더 깊은 성화는 없다."

형식과 자유가 공통적으로 표현해야 하는 것에 대해 폰 알멘은 적절하게 제시한다. 그는 세 가지 조건, 즉 명료성과 단순성과 아름다움이 있어야 한다고 한다.[41] 명료성은 예배 안에서 일어나는 모든 것, 언어와 음악과 예술 등이 이해되어야 한다는 의미이며, 단순성은 복잡함의 반대가 아니라 분산의 반대로 질서있는 예배를 말하며, 아름다움은 화려함이나

중 전체의 예배 참여를 들지만, 부정적인 평가로는 말씀의 약화, 전통에 대한 지나친 홀대, 무계획적인 예배를 든다.

41) 폰 알멘, 『구원의 축제』, 143-147쪽.

조잡함, 난잡함이 아니라 정결함과 우아함과 조화를 뜻한다. 이것을 세계교회의 예배에 적용하면, 길고 복잡한 의식적 예배를 드리는 교회의 예배도 그것이 이해되고 질서가 있고 순결할 때, 형식과 자유가 조화된 예배라 부를 수 있고, 완전히 자유롭고 짧은 예배라 하더라도, 집례자의 개인적 기호에 따라 즉흥적으로 인도되거나 어떤 예배신학적 고려없이 청중의 취향에 맞춰 진행되는 예배라면 명료성이나 단순성, 아름다움의 조건들을 갖추지 못한 예배라 지적될 수 있다는 말이다.

지금까지 살펴본 예배의 회중과 세상, 문화, 예술, 예배의 형식과 자유에 대해 토론할 때 고려해야 할 것은 이런 예배 변화의 요소와 기준들은 예배 집례자의 개인적 특성과 예배의 회중들의 공동체적 특성이다. 이러한 특성을 고려하지 않은 예배의 변화는 오히려 혼란을 초래할 가능성이 많다.

5.한국교회의 예배 변화에 대한 바람직한 방향

예배 변화의 요청과 수행은 어느 개인에 의해 이루어지는 것이 아니라, 교회의 일이다. 공동체성이 보장되는 한에서 변화의 가능성을 찾아야 한다.

1) 성령과 회중의 일치를 추구하는 예배

회중의 적극적 참여와 성령의 활발한 활동은 초대 기독교 공동체 예배의 특징이었을 뿐 아니라, 시대가 바뀌면서도 예배 변화가 요청될 때마다 강조해 온 요소였다. 성령 임재의 방식에 대해서는 예전적 예배와 비예전적 예배 사이에 큰 차이가 있다. 즉, 기도문이나 예식문 안에 성령의 임재를 기원하고 확인하는 예전적 예태와 동시대적인 음악이나 즉석 기도를 통해 성령의 임재를 기대하는 비예전적인 예배 사이에는 형식에서는 차이가 있으나, 예배에서 성령과 회중의 일치를 주장하는 것은 같다. 이는 예배가 성령에 의해 인도될 때 모든 순서가 그 본래적 목적을 다할 수 있기 때문이다. 불신앙, 죄, 불결함을 회개하고 구원의 확신을 기대하는 것은 성령의 임재 때문이다. 특히, 성례전 예배는 예배에서의 성령의 중요성을 확인해준다. 또한, 회중들이 다양한 삶의 자리로부터 나왔을지라도 예배에서 그리스도의 한 몸을 이룰 수 있는 것이나, 회중들의 개인적 성향의 차이—감정적인가 지적인가—에도 불구하고 예배의 목적을 이룰 수 있게 하는 것, 또한 회중의 한계를 극복하여 종말론적인 관점으로 세상을 보게 하며 나아갈 힘을 얻게 하는 것은 성령의 활동이다. 이 모든 것은 예배에 능동적이고 자발적인 참여에 의해 더욱 강화된다. 회중의 자발성의 강화는 종교다원화 시대의 선교의 어려움과 혼란 속에서 한가닥 희망을 준다.[42] 그러므로, 예전적 표현이 어떠하든지 우선 지역교회의 예배에서 성령의 임재에 대한 기대와 간구가 적절히 포함되었는지를 항상 살펴보는 것이 중요하다.

2) 세계교회와의 일치를 추구하는 예배

지역교회 예배의 폐쇄성이나 무질서, 집례자 개인의 일시적 취향이나 편견으로부터 벗어나 우리의 예배를 역사적, 우주적 교회의 예배 안에서 이해하고 대화를 시도하므로 그리스도의 몸의 지체임을 확인하며 따라서 다양성, 통일성, 질서, 또는 포용성을 추구하는 것은 세계화 시대의 요청이기 이전에 초대 기독교 예배에서부터 지녀온 예배적 유산이다. 역사적이고 우주적 교회는 예전적 예배와 비예전적 예배를 포함한다. 사도신경이나 니케아 신조의 신앙고백, 회중 개개인과 교회, 세계를 위한 중보기도, 어느 시대와 민족의 신앙고백을 반영한 찬송, 그리스도의 생애를

---

42) 종교다원화 시대에서의 예배의 선교적 성격에 관한 방향에 보다 구체적 제안을 위해서는 G. Wainwright, op. cit., 394-395쪽을 보라.

기념하는 교회력, 세계의 정의와 평화, 선교를 주제로 하는 설교, 세례와 성찬에서 그리스도의 한 몸의 개념을 우주적 교회로 확장, 세계로의 파송과 축도 등을 통해서 세계교회와의 일치를 표현할 수 있다.

3) 교회와 사회의 일치를 추구하는 예배

회중이 속한 문화에 대한 정직한 이해와 대화의 결론을 예배에 수용하고, 전통적 유산과 진지한 만남을 시도하여 지역교회의 문화에 적극적으로 응답하는 예배를 지향한다. 전통적 예배의 무조건적 답습은 현대교회의 회중들로 하여금, 수동적인 방관자나 현실과 괴리된 이중적 신앙 생활을 허용할 가능성이 많다. 또한 예배형식 중에 정서적으로나 이지적으로 이해되지 않는 부분들이 있을 때는 종교개혁자들이 우려했던 예배의 미신화를 조장하는 격이 된다. 그러므로, 예배의 집례자나 계획에 참여하는 자들은 회중의 삶의 자리의 변화에 민감해야 하며, 그들의 소리와 몸짓을 예의 주목해야 할 것이다. 그러나 다른 한편으로 회중 입장의 무조건적 수용과 반영은 예배에서의 하나님의 주도적 행위를 약화시킬 가능성이 있음을 주의해야 한다. 특히 인간의 타락과 부패함과 하나님의 무조건적 사랑을 표현한 개혁교회 예배의 속죄적 성격에 비추어볼 때, 회중의 편리함까지 이르는 지나친 배려는 예배의 본래적 위치로부터 이탈할 수도 있는 것이다.

예배에서 예술적 표현도 회중 또는 예술가의 전시장이 되어서는 안 될 것이다. 예술가의 심미적 세계에 찬사를 보내고, 그 아름다움과 긴장미에 매료되어, 음악회 무대의 축제성, 전시회의 화려함을 예배의 역동성과 혼돈해서는 안 된다. 예배는 세상의 흥행기나 무리의 힘이나 인간의 천재성과 노력에 의해서 이루어지는 것이 아니라, 하나님이 베풀어 주시는 은혜, 즉, 성례전과 말씀으로 이루어지는 것이므로, 그 은혜에 합당한 응답이어야 하기 때문이다. 은혜에 대한 깊은 명상과 체험없이 표현하는 모든 축제적 응답은 일시적이고 경박하며 회중을 산란하게 할 뿐이다. 열린시대를 맞이하여 온통 열린 것을 추구하는 마당에서 드려지는 예배가 열린 음악회나 열린 연극과 같은 흥행성에 춤추지 않도록 유의해야 한다. 예배에서의 역동성이 회중을 군중으로서가 아니라, 한 사람도 포기하시지 않는 하나님의 마음을 펼칠 수 있는 마당이 될 때 감격과 감사의 축제마당이 되는 것이다. 그런 의미에서 예배와 사회의 일치라는 과제는 종말론적 목적을 담은 것이다. 즉, 사회와 수평적 또는 교차적 만남이 아니라, 사회를 개혁하고 주도해 가는 의미에서의 일치를 말한다.

예배에서 회중은 한편으론 한 시대의 역사와 문화를 주도해 가시는 하나님의 섭리와 다른 한편으로는 회중을 하나님 나라의 백성 공동체로서뿐 아니라 그의 가족의 한 식구로서 격려하시고 설명하시는 그 분의 섬세한 손길을 바라볼 수 있어야 한다. 오늘날 중심을 찾기 어려운 문화의 격변기 속에서 예배의 도구로서의 문화에 대한 이해를 깊이할 뿐 아니라, 문화 자체에 대한 하나님의 주도하심을 회복해야 겠다. 무엇보다도, 역사의 수없는 문화적 변천에서 추출된 전통적 유산들을 지혜롭게 활용하는 것이 중요하다. 예배에서 문화선도적 역할을 수행할 수 있을 때 예배의 소외는 극복되고, 나아가 예배당의 울타리를 넘어 사회와 문화라는 큰 장소에 예배를 통합할 가능성을 갖게 되는 것이다.

인터넷 시대의 미래 교회

오해석(숭실대학교 정보과학대학 교수)

1. 급변하는 21세기 정보화 사회(情報化 社會)

『제3의 물결』에서 앨빈 토플러는 다음과 같이 말하고 있다. "인류사회는 수천 년간 제1의 물결(농경사회)을 타왔으며 그 후 수백 년간 제2의 물결(산업사회)을 지나왔다. 이제 인류사회는 고도 정보화 사회로 일컬어지는 제3의 물결에 빠른 속도로 휩싸이고 있다." 다시 말하면, 인류는 3000년에 걸쳐 농경사회를 이루고, 그 후 300년에 걸쳐 산업사회를 구축하였으며, 최근 30년에 걸쳐 정보화 사회를 형성하였다.

21세기를 수년 앞둔 오늘날 우리는 다양한 정보 처리기술과 통신기술의 눈부신 발달로 이른바 정보화 사회라는 새로운 큰 변혁의 시대를 맞이하고 있다. 이제 거대한 산업 사회의 물결은 정보의 무한한 가치 창출과 배분에 기초를 둔 정보화 사회로 제3의 물결을 타고 퇴조하고 있다. 컴퓨터기술과 통신기술(정보통신기술)의 획기적 발전과 융합은 정보혁명을 일으켜 정치, 경제, 사회, 문화는 물론 우리의 의식구조에까지 대변혁을 가져오고 있으며, 통신기술은 다양한 개개의 표류정보들을 체계화하고 정보전달 시간을 더 한층 단축시켜 변화의 속도를 가속시키는 정보화사회의 주역이자 총아로 각광받게 되었다.

정보화 사회의 개념을 최초로 주장한 사람은 1962년 미국의 경제학자 프리츠 마흐럽(Fritz Machlup)으로, 지식산업이 주가 되는 '지식사회'를 예견하여 주장하였다. 1967년 칸(H. Kahn)은 미래사회를 고도산업사회가 발전하여 '탈대량소비사회'가 될 것이라고 주장하였다.

결론적으로, 제2의 물결과 제3의 물결이 지극히 짧은 시간 간격을 두고 우리 사회에 밀려들어오게 됨으로써 인식의 혼란은 더욱 고조되고 있는 것이 사실이다. 한가지 변화가 끝나기 전에 새로운 변화가 들이닥치고 있는, 소위 대변화를 겪는 현실에 우리는 살고 있다.

1) 정보 전달 매체가 변화한다

정보 통신기술의 발전이 정치에 미치는 영향력은 여러 가지 측면에서 전망할 수 있다. 지금까지 우리가 정보 전달 매체로 활용하고 있는 것은 사물, TV, 잡지, 우편, 전화이다. 정보 통신시설이 급진적으로 확대됨에 따라 이 구조가 깨지고 새로운 전달체계로 변모된다. 선거유세 및 투표에 활용되는 사례를 예상해 본다.

정보사회의 정치가는 전자우편함 같은 뉴미디어로 선거구민 또는 일반 국민들로부터 메시지를 신속하게 제공받을 수 있다. 또한 새로운 기술은 선거유세, 정치적 조직화, 뉴스 취재활동, 로비활동, 투표행위 등을 변화시킨다. 이러한 변화는 선거유세 비용의 절감을 가져오고, 여론 형성과정에 있어서 국민들의 참여의 폭을 확대시켰다.

정보사회의 통신기술은 투표소를 전자화 하여 집에서 투표할 수 있게 만든다. 쌍방향 CATV는 방송국이 시청자에게 메시지를 전달하는 것뿐만 아니라, 시청자의 의견을 직접 방송국에 전달할 수도 있다. 전국의 시청자가 동시에 버튼을 눌러서 자기의 의견을 전달하면 선거관리 컴퓨터가 이것을 거의 동시에 집계한다.

사람들이 컴퓨터와 이야기하는 것이 익숙해지면, 우리는 전자 선거유세를 보게 될 수도 있다.

2) 경제구조도 변화한다

정보사회를 산업사회와 비교할 때, 정보사회의 가장 두드러진 경제적 특성은 경제 노동력 구조의 변화이다. 즉, 농경사회에서 노동력은 대부분 추출산업에 종사하고, 산업사회에서는 상품산업에 종사하였으나, 탈산업사회에서는 주로 서비스에 종사하게 되며, 에너지보다 정보가 더 중요시 되는 사회가 된다. 한편, 정보사회어서의 주요 경제 활동무대는 정보 상품과 서비스 생산업체, 공적 사적 조직이라고 하면서, 노동력의 대부분은 정보상품과 서비스를 생산, 처리, 분배, 전달하는 데 종사하게 된다.

3) 정보망 사회가 형성된다

산업사회가 사람이나 물건을 수송하는 데 필요한 철도, 도로, 항만, 공항 등의 사회 기반구조에 의해 이루어진데 반해, 정보사회는 통신망을 이용한 정보 네트워크가 사회의 기반구조로 대체된다. 정보 네트워크란 사회 각 구성요소간의 연결을 의미하고, 따라서 정보 네트워크 사회란 '사람들 사이의 의존관계가 심화된 사회'를 의미하게 된다.

이러한 정보 네트워크 사회는 사회의 물질자원과 에너지를 절약하고, 물리적 이동의 필요성을 줄이게 되어, 효율성이 배가되는 경제적인 사회가 될 것이다. 따라서 현재 정부가 추진하고 있는 국가기간 전산화사업이 완성되면, 사회 전반에 걸쳐 컴퓨터 네트워크를 통한 통신이 이루어지게 되며, 이러한 정보통신 기술의 다양한 활용을 통해 문서이동이 대폭 감소되어 업무처리와 제반서비스 기능이 합리화, 효율화 될 수 있다.

국가기간 전산화사업은 공공부문과 민간부문을 망라한 사업으로 추진되고 있으며, 현재는 공공부문 전산화사업인 국가기간 전산망사업을 중심으로 추진되고 있다. 작고 효율적인 정부의 구현 및 정보산업의 육성과 국민의 정보의식 확산을 목적으로 행정망, 금융망, 교육연구망, 국방망, 공안망의 5대 전산망 사업이 구축되어 왔으며 국민 건강 복지를 위한 보건망도 구축 중에 있다.

4) 언론이 변화한다

컴퓨터와 통신위성을 이용한 신문은, 컴퓨터를 기술적으로 이용하여 기사작성과 신문제작을 자동 처리하게 하고, 신문배달도 신문사에서 각 가정에 신속히 전달되도록 할 수 있다. 이러한 신문제작과 공정의 전산화와 자동화를 CTS시스템이라 한다. 신문지면의 원거리 전송은, 이미 1950년대말 팩시밀리를 이용해 실현되었고, 최근에는 통신위성을 이용하여 보다 능률적으로 거리 제한 없이 저렴한 가격으로 보다 신속하게 독자의 요구에 부응할 수 있게 되었다. 미국에서 이미 시작했듯이, 이제부터는 종이 신문시대에서 전자 신문시대로 서서히 바뀌는 변화가 있게 된다.

또한 서비스의 다양화를 위한 것으로 문자 다중방송, CATV, 위성방송, 팩시밀리 방송 등이 출현할 것으로 전망된다. 이러한 첨단 뉴미디어의 등장은, 방송매체가 사람들에게 일방적으로 대중화된 정보를 전달하는 매스컴(Masscom)시대에는 사람들이 필요한 정보를 스스로 선택하고, 개별화된 정보가 많아지는 미디컴(Midicom)시대로 발전하게 될 것으로 예상할 수 있다.

5) 교육이 변화한다

우리는 미래사회를 위한 준비로써 흔히 교육의 역할과 기능을 강조한다. 정보사회에서는 산업구조가 지식산업 또는 정보산업 중심으로 변화하게 되며, 기술과 지식이 양적으로 증가하고 질적으로도 고도화 되며, 인간의 창조적 활동이 더 많이 요구될 것으로 예상된다. 따라서 교육도 그러한 변화에 대비하는 방향으로 전환되어야 할 것이다. 이에 따라 정보화로 인한 변화는 사회 각 부문에 걸쳐 광범위하게 나타날 것이나 정보화의 교육 부문에는 다음과 같은 변화가 올 것이다.

첫째, 교육 목표가 달라진다

급격한 정보 통신기술의 발전이 가져오는 환경 변화에 적응해야 될 정보사회의 교육목표는 가치창조적 인간, 능등적인 목표지향적 인간, 공동체의식을 가진 협동적 인간의 육성에 두어야 한다. 그러나 정보사회의 교육은 교육 수혜자로 하여금 미래에 대비할 수 있도록 정보를 최대한 이용하여, 객관적이고 합리적인 의사결정에 도달할 수 있는 능력을 함양시킬 수 있어야 한다.

둘째, 교육 내용이 달라진다

종래의 산업사회와 다가올 정보사회에 있어, 정보매체의 변화는 미래교육에 시사하는 바가 크다. 산업사회에서는 정보의 전달이 인쇄매체에 의해 이루어졌으며, 읽기·쓰기·셈하기가 기본능력으로 요구되었다. 그러나 정보화의 진전에 따라, 정보매체가 인쇄매체에서 전자매체로 바뀌고, 고도의 지적 정보가 대량 생산되어, 정브의 수집·가공·검색·창출 능력과 함께 정보의 기능과 영향력 등 정보 전반에 걸친 이해가 사회 생활에 필수조건이 된다. 정보 전반에 걸친 이런 기본 이해능력을 정보능력이라 하며, 정보사회의 교육내용은 정보능력을 함양하는 데 주안점을 두게 된다. 여기서 정보능력은 정보교양과 정보 처리능력을 포괄하는 뜻이다.

셋째, 교육 환경이 달라진다

이제까지 우리의 교육방법은 한 명의 교사가 다수의 학생들을 상대로 교육하는 집단교육이 주된 형태였으며, 교사와 학생간의 의사 소통은 일방향적이었다. 그러나 정보화의 진전은 지식과 정보의 전달방법에 획기적 발전을 가져오게 된다. 정보사회에서는 컴퓨터를 통한 교사와 학생간의 대화가 가능하며, 한 명의 교사에 의해 집단적으로 실시되던 기존의 교실 학습방식에 많은 변화가 있게 된다. 예를 들어 컴퓨터 보조학습(CAI:Computer Assisted Instruction)을 통한 개인학습, 컴퓨터 단말기와 통신 시스템을 이용한 재택학습, 위성통신을 이용한 TV교육 등 다양한 교육방법이 활용될 것이다.

넷째, 교육 방법도 달라진다

대부분 20후반 이후에 고등학교를 졸업하신 분들의 과거 학창 시절을 돌이켜보면 그때 당시의 대부분의 수업 방식은 주입식 교육 방법으로 일관되었음을 알 수 있다. 다시 말하면 국어의 경우는 암기식 위주였고, 수학의 경우는 공식을 암기했으며, 원리에 대해 자상하게 설명하기 보다는 공식에 의한 응용문제를 푸는 방법에 더 치중했었던 기억이 있을 것이다.

95년에 한국을 방문했던 N. Negroponete의 저서인 *Being Digital*에서 밝혔듯이 "한국에는 또 다른 얼굴이 있다. 그것은 한국의 교육은 창의적이고 유연한 교육의 길 대신에 주입식 암기 교육에 극단적으로 가치를 부여하고 있기 때문이다."라고 역설했듯이 이젠 달라져야 하며, 이미 달라지고 있다.

단순 암기의 주입식 방법에서 자기 수준에 맞는 교육을 선택하고, 반복 학습 및 원리 이해를 원칙으로 하므로써 창의력을 키우는 교육 시스템을 바라고 있다. 아마 이러한 교육 방법도 시대적 흐름에 의해서 변화되고, 새로운 교육 방법을 요구하고 있다.

2. 인터넷 기술의 현황

전세계를 하나의 지구촌으로 묶는데 일등 공신인 "인터넷"은 과연 무엇인가? 그리고 활용 방안과 적용은 어떠한지에 대해 알아보자.

1) 인터넷(Internet)은 무엇인가?

인터넷의 기원은 그리 순수하지는 못했다. 인류의 복지와 평화를 위해 서라기 보다는 전쟁시 정보의 손실을 막기 위한 목적과 무기 개발에 효율적으로 정보를 활용하기 위한 목적에서부터 시작한 것이다. 한 곳에 모든 정보를 모아두었을 때 적의 공격으로부터 모든 정보가 손실 된다거나, 정보의 유출에 대한 우려를 막기 의한 것도 있지만, 서로 필요한 정보를 공유하므로써 연구개발의 효율성을 갖는 데 의의가 있었다.

따라서 미국에서는 전쟁과 같은 극단적인 상황에 직면하게 될 때 파생하게 될 군사 자료의 유실을 방지하기 위해 1969년 알파넷(ARPNet)이라는 네트워크를 만들게 되었는데, 알파넷에 대학이나 연구소와 같은 학술 기관을 비롯하여 기업의 네트워크가 연결됨으로 오늘날 인터넷의 시초가 된다.

결국 인터넷은 전세계에 걸쳐 연결된 전산망(Network)으로 전세계를 하나로 묶는 통신망이다. 오늘날에는 국내외의 기업체, 연구소, 학교, 정부기관, 심지어 대외 무역업을 운영하는 기업체에서 인터넷은 필수이며, 개인도 인터넷을 통해 상품을 구입하는 전자 상거래가 성행하고 있는 실정이다.

2) 인터넷을 통해서 어떤 일을 할 수 있나?

(1) 정보 검색

정보를 일반 문서형식, 파일, 그림 등의 다양한 형식으로 찾아내어 활용하는 데에 많이 사용하고 있다. 이를테면 미국 대법원 판례, 대학교의 도서관 목록, 새로운 상품 목록 등 많은 정보를 인터넷을 통해 정보 검색을 하고 있으며, 아울러 정보 검색을 위한 사이트가 인터넷 사용자에게 많은 도움을 준다.

(2) 전자 우편

전자 우편(Electronic Mail : E-Mail)은 전세계 어느 나라 사람하고도 편지를 주고 받을 수 있는 기능으로 유즈넷 뉴스그룹이 있으며 심지어 그룹토론도 가능하다.

(3) 비지니스

비지니스(Business)는 인터넷을 통해서 국내·외 사업에 활용을 하며, 인터넷을 이용한 전자 상거래(Electonic commerce)를 통해 한 개의 기업이 전세계 인터넷 사용자를 대상으로 기업과 소비자간의 직거래를 가능하게 한다. 이는 금융기관과 카드회사의 도움으로 가능하다.

(4) 게임

컴퓨터 게임은 하나의 컴퓨터 안에서 개인적으로 즐기는 기존의 개념에서 인터넷을 통한 불특정 다수의 사람들이 동시에 참여하는 온라인 게임이 성행한다. 이를테면 MUD(Multi-User Dungeon)는 텍스트에 기반한 가상현실 네트워크 게임이다.

(5) 광고, 홍보

인터넷을 이용한 광고 및 홍보가 엄청난 수익 사업으로 떠오르고 있다. 정치 유세 홍보, 청와대, 미국의 백악관 홍보를 위한 인터넷 홈페이지가 있다.

(6) 온라인 대화

인터넷 채팅과 인터넷을 이용한 전화 걸기인 인터넷 폰(Internet Phone)등이 있으며, 단순한 음성 정보를 주고 받는 기존의 전화 시스템에서 벗어난 화상 전화가 우리 곁에 다가 올 것이며, 이는 인터넷을 이용하여 전세계 어느 곳에서도 서로 얼굴을 보면서 대화가 가능하다.

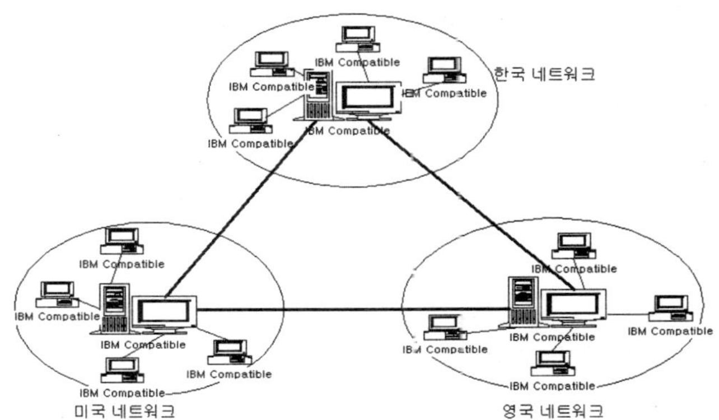

3. 인터넷을 이용하는 목회

위에서 언급한 바와 같이, 정보화 사회는 우리 사회의 많은 부분을 급격히 변화시키며 사회상 전반에 걸쳐 그 여파를 미치고 있다. 정보전달 매체의 변화와 함께 진행되어 온 교육의 변화(LOD) 등이 그 예일 것이다.

루이스 홀본(Louise Holborn)이 자신의 저서 『인쇄』에서 규정하듯이, "종교개혁은 인쇄출판의 도움을 받은 초초의 종교운동"이었다. 이 점은 인쇄물이 그 당시 종교계에 얼마나 커다란 영향을 미쳤는가를 단적으로 표현한 것이다.

이와 마찬가지로, 멀티미디어와 인터넷의 발전이 교회에 주는 영향은 "복합매체를 이용한 두 번째의 종교개혁"이라고 표현해도 무방할 것이다.

1) 재택예배가 가능해진다

현재 교회는 주단위로, 또는 월단위로 회합을 가지는 형식을 취하고 있다. 재택근무와 마찬가지로, 인터넷의 확산, 보급은 교회의 회합이라는 공간적인 의미를 가상공간으로 이끌어, 아주 멀리 떨어져 있는 사람들과 같이 할 수 있는 예배 서비스가 제공될 것이다.

이것은 인터넷이 가져오는 가장 큰 여파인 사회상의 변화, 즉 재택근무로 인한 노동환경의 변화와 기하급수적으로 늘어날 것으로 보이는 교통문제와 공간문제를 해결할 수 있는 이점을 살리는 방향으로 제공될 것이다.

2) 설교자를 선택할 수 있다

재택예배가 가능한 것과 같이하여, 현재 일방적으로 정해진 절차나 설교자가 아닌 자신의 취향에 맞는 서비스를 제공받을 수 있게 될 것이다. 이것은 인터넷과 멀티미디어에 익숙해진 세대가 가지는 당연한 현상으로, 마치 텔레비전을 시청하므로 얻는 즐거움과 마찬가지로 자신이 선택 가능한 즐거움을 얻고자 할 것이기 때문이다. 이에 발맞춰 웅변식의 설교보다는 보다 친근하고 격식이 없는 신앙정보가 제공될 것이다.

3) 대화식 설교

인터넷과 멀티미디어의 결합은 사용자로 하여금 단방향적 관계가 아닌 양방향성을 가질 수 있도록 해 주었다(대표적인 예가 바로 LOD이다). 즉 교회의 설교도 이제 단방향성을 지양하고 양방향성을 갖게 될 것이다. 기존의 일방적이고 하향적인 명령이나 지시, 훈계는 커다란 저항을 받게 될 것이며, 결국 신도들의 건의 사항이나, 의견의 지속적이고 포용력 있는 청취만이 교회의 나아갈 방향으로 보인다.

4) 인터넷에서 목회자료 검색

목회자들이 설교를 비롯한 목회 자료 부족으로 허덕이는 경우가 많았다고 한다. 뿐만 아니라 설교를 준비하기 위해 밤낮으로 고시생 이상으로 기도 속에 많은 서적과의 싸움을 한다고 하며, 몇 주간 설교가 없는 경우에는 심지어 5킬로그램이나 살이 찐다고들 한다. 그러나 이젠 설교 준비를 위해 성서에 관련된 서적에만 의존하지 않아도 될 것이다. 그것은 가상 세계인 인터넷을 통해서 설교 자료를 구하면서 새로운 목회 방향을 추구하여 목회에 활기를 되찾을 수 있다.

목회자들은 정보의 바다인 인터넷 세계를 통해서 세계 교회와 신학 및 목회 공감대를 형성하여 보다 개방적이고 포용적인 목회 방향을 설정할 수 있으며 이는 한국교회의 성숙과 발전에 크게 기여할 것이다.

다음 자료들은 목회자를 위한 인터넷 웹 사이트(Web site)의 예제이다.

― 설교 준비를 위한 자료

신구약 성경 연구 자료 성경신학을 근거한 강해 해설
http://users.aol.com/exeout/

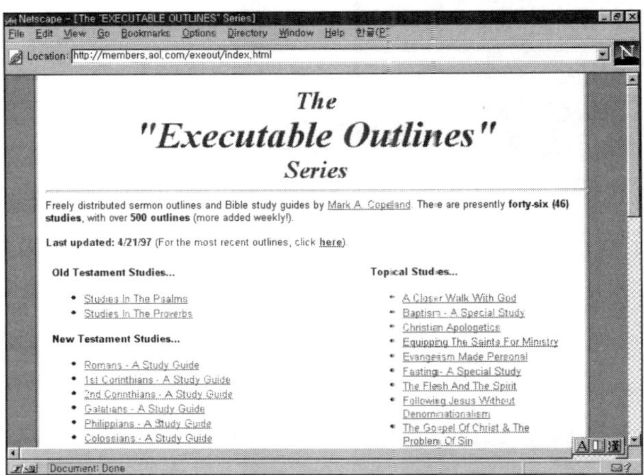

강해 설교를 위한 수백 편의 예제가 있는 인터넷 사이트
http://www.pbc.org/dp/stedman/

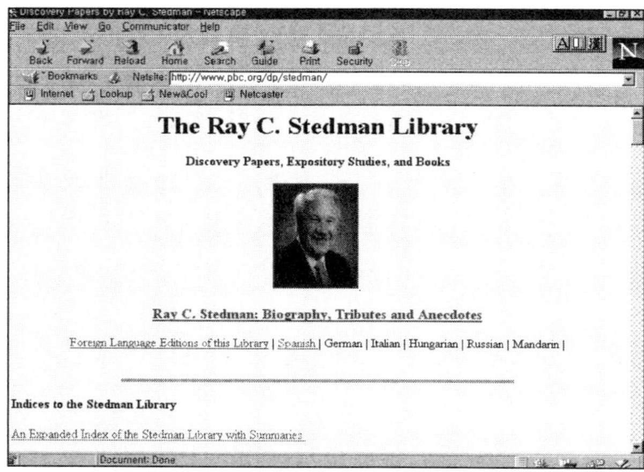

성경과 과학을 잘 연결시켜 하나님의 사역을 증명(1)
http://www.christiananswer.net/menu-ac1.html

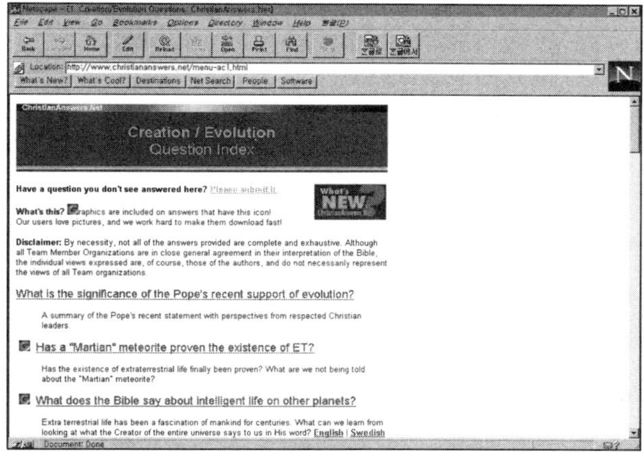

성경과 과학을 잘 연결시켜 하나님의 사역을 증명(2)
http://www.gocin.com/probe/wp-wview.htm

— **성경에 관한 명화 정보**

성경 속에 나타난 사건과 인물에 관한 명화 정보를 제공하는 인터넷
사이트
http://kcn.co.kr/bible 01

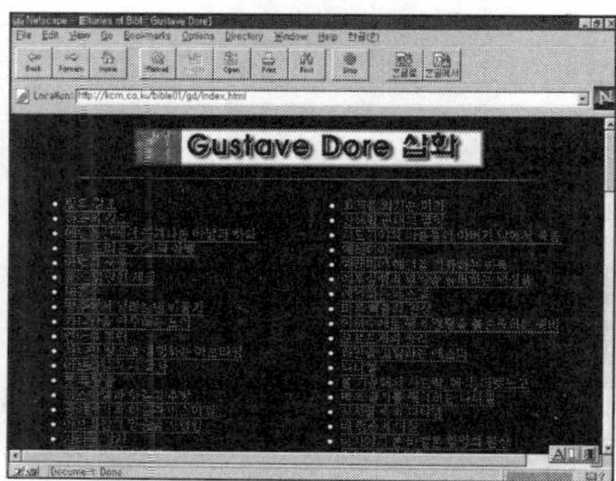

성경에 관한 명화 정보 자료(1)

성경에 관한 명화 정보 자료(2)

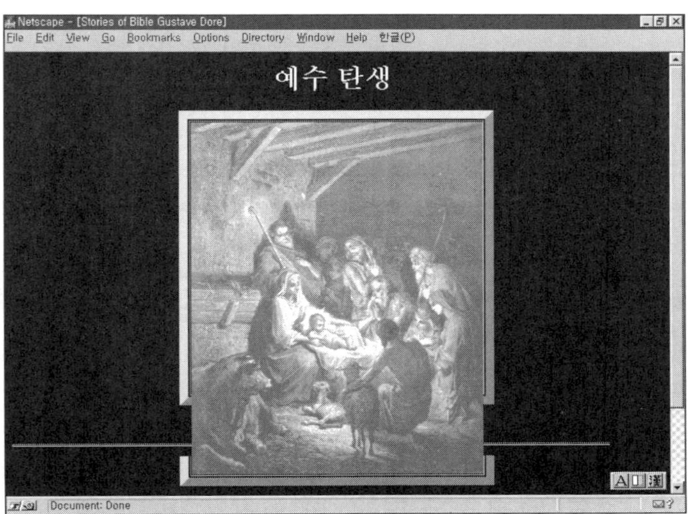

　　그밖에 한국교회 선교회의 인터넷 홈페이지를 소개한다. 주소는 http://203.240.190.33:80/index.html를 선택하면 아래와 같이 나타난다.

을 선택하면 선교회의 새로운 소식을 볼 수 있다.

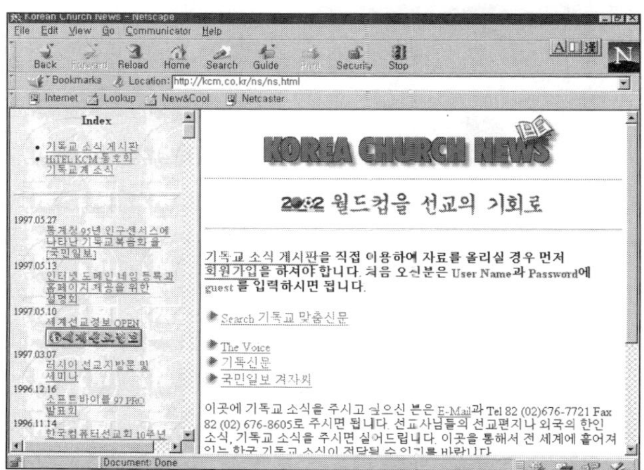

을 선택하면 성서에 나타난 사건과 인물에 관한 정보가 있다.

을 선택하면 선교에 관한 소식을 볼 수 있다.

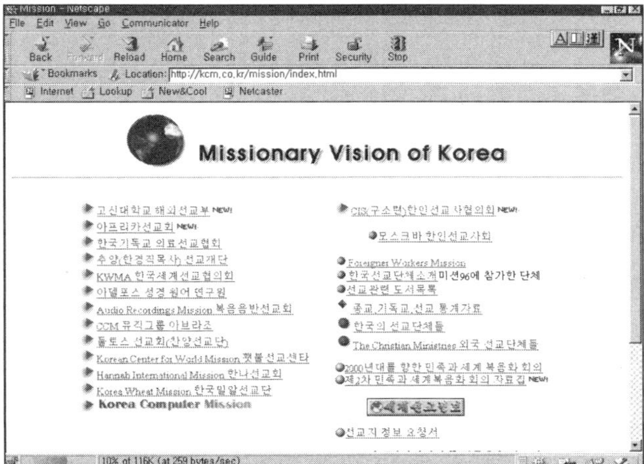

을 선택하면 성서 연구의 모든 정보가 있다.

을 선택하면 세계 선교에 관한 정보를
얻을 수 있다.

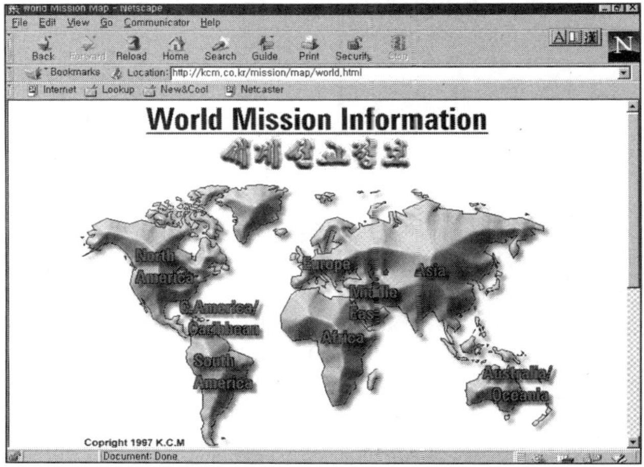

그밖에 가정 예배를 위한 정보도 아울러 제공하고 있다.

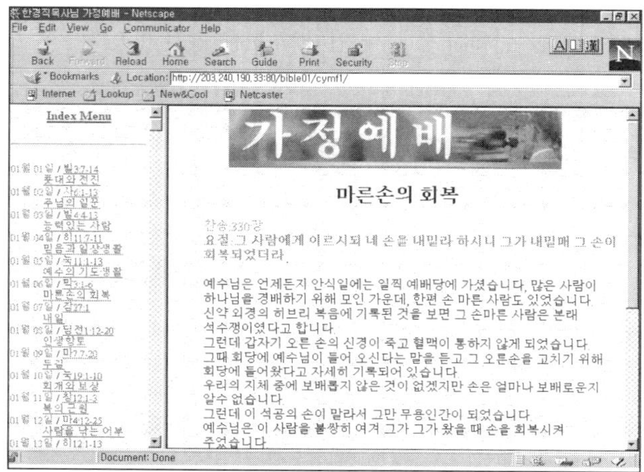

4. 인터넷을 이용한 미래의 교회

교회 행정의 전산화 및 가상 교회(Cyber Chapel)의 운영으로 인해 효율적인 신자 관리 및 새로운 개념의 미래 교회가 등장한다.

1) 교회 행정 분야 및 신자 관리 분야에도 인터넷을 이용한다

현재의 각 교회에서 컴퓨터를 이용하여 처리하고 있는 업무는 회계 관리, 예산 관리, 교회 재산 관리, 신자 헌금 관리 등일 것이다. 그러나 각 교회는 개척 교회에서 수십 교구를 두는 초대형 교회가 등장하고 있는 이때에 교구별 등록 신자 관리는 아주 심각하다. 따라서 심방 관리, 새신자 관리, 직급별 신자 관리를 인터넷을 이용하여 호스트 서버에 등록하여 효율적으로 신자관리를 하므로써 적극적인 신앙 생활에 도움을 줄 수 있다.

또한 각 전도회(남전도회, 여전도회)별 회원들에 관한 정보 인터넷 서버에 저장하여 전도회의 모임이나 새로운 내용을 매번 모여서 하지 않고 전자 게시판을 이용하여 모든 신도들에게 광고할 수 있고, 전자 우편을 이용하여 초신자를 위한 성서신학에 관한 교리의 상담이 가능하며 때로는 질의와 응답을 할 수 있다.

2) 인터넷을 이용한 교회 소식 홍보

대부분 큰 교회에서는 해외 파견 전도사와 각 지방 파견 전도사에 의해 개척교회를 운영하는 경우가 많다. 이때 각 지교회에 대한 지원 사항이 발생하게 되며, 수시로 지교회에 대한 정보를 필요로 하며, 심지어 설교 및 교회 운영의 지침 사항과 개척교회 운영 사항에 대한 정보를 지교회에 홍보를 할 필요가 많이 발생한다. 각 지교회에 본 교회 소식 또는 담임 목사의 연단위 교회 목표 및 설교의 주제 등을 인터넷으로 홍보하며, 아울러 신흥 종교 출현을 대비한 목회자, 신도를 위해 인터넷으로 교육홍보를 실시할 수 있다.

3) 가상 교회(Cyber Chapel)

규모가 큰 교회가 갖고 있는 고민거리 중 하나가 대예배당의 크기 문제이다. 모든 신도가 대예배당에 모여 주일 예배를 드릴 수만 있다면 얼마나 좋을까. 그러나 현실이 그렇지 못한 경우에는 교육관을 활용하여 케이블 TV를 이용하여 예배를 드리는 교회가 많다. 이러한 문제를 해결할 수 있는 방법 역시 인터넷과 멀티미디어 기술을 이용하는 방법이다. 주일 예배시 본당에 입장하지 못한 신도를 위한 무선 LAN을 구축하고 노트북을 이용하여 교회 어느 곳이든지 가족이 모여 앉아 예배를 드릴 수 있다. 또한, 주일 목회자의 설교를 멀티미디어 홈페이지에 작성하여 주일 예배에 참석하지 못한 신도나 다시 듣기를 원하는 신도를 위한 가상 교회를 운영하고, 목회자의 설교 및 축도를 동영상 제작, Real Audio를 통해 육성으로 청취할 수 있다. 만일의 경우 급한 일로 인해 주일을 지키지 못하는 현대인을 위해 바람직한 방법이며, 이렇듯 시간에 구애 받지 않는 가상 교회는 미래 교회의 상이 될 것이다.

21세기 미래의 교회는 목회자와 신자가 교회라는 테두리 안에서의 만남을 떠나 가상 공간(Cyber Space)이라는 새로운 개념을 사용한다. 현재 혹은 미래의 신도 모습은 그 시대의 문화와 시대적 배경에 따라 많은 변화가 있기 마련이다. 21세기를 앞에 두고 교회의 모습 역시 진보적으로 변화될 가능성이 있을 것이다. 모여서 예배 드리고 찬양과 경배의 모습이 변화되어 언제 어디서든 신도의 필요에 따라 예배를 드릴 수 있는 시대. 이것은 컴퓨터 기술의 발달에 의해 필연이라고 할 수밖에 없다. 이는 인터넷의 발전에서 오는 사회상으로 신도들이 변화를 요구할 것이다. 따라서 21세기에 번창하는 교회는 아마 인터넷에 의한 가상 교회(Cyber Chapel)일 것이다.